Rotraud A. Perner

LIEBEN!

Rotraud A. Perner

LIEBEN!

Über das schönste
Gefühl der Welt –
für Anfänger, Fortgeschrittene
und Meister

Orac

Der Einfachheit wegen werden nur bei beabsichtigter besonderer Betonung gendergerechte Formulierungen verwendet. Zitate wurden der neuen Rechtschreibung angepasst.

www.kremayr-scheriau.at

ISBN 978-3-7015-0602-6

Schutzumschlaggestaltung: Christine Fischer
Unter Verwendung einer Grafik von LaFifa/shutterstock
Typografische Gestaltung und Satz: Hermann Zanier
Druck und Bindung: Christian Theiss GmbH, St. Stefan i. Lavanttal

Inhaltsverzeichnis

Einleitung

Den Kern des von uns Liebe Geheißenen bildet natürlich,
was man gemeinhin Liebe nennt und was die Dichter besingen,
die Geschlechtsliebe mit dem Ziel der geschlechtlichen Vereinigung.
Aber wir trennen davon nicht ab, was auch sonst an dem Namen
Liebe Anteil hat,
einerseits die Selbstliebe, anderseits die Eltern- und Kindesliebe,
die Freundschaft und die allgemeine Menschenliebe,
auch nicht die Hingebung an konkrete Gegenstände und an
abstrakte Ideen.

Sigmund Freud

Lieben ist eine Seinsweise – die Verwirklichung einer bestimmten Art von Energie. Statt Energie könnten wir auch Lebenskraft sagen, und Kraft kann man bekanntlich **dosieren** ☞140 (wenn man es »kann«): Sie kann erdrücken oder aufbauen, zerstören oder kreieren – und jedes hat seine Zeit, seinen Beginn und sein Vergehen und trägt dennoch immer auch die Möglichkeit der Wandlung in sich.

Alles, was wir können, haben wir »gelernt«. Alles, was wir »können« wollen, müssen wir erlernen.

Dies ist daher ein Buch übers Lernen – übers Liebenlernen. Liebenlernen bedeutet auch, einzuüben, mit dieser besonderen – eigenen wie auch fremden – Energie »steuernd« umzugehen.

Wir alle haben Begrifflichkeiten und Erfahrungen mit dem, was wir Liebe nennen – und oft scheitern Beziehungen an diesen widersprüchlichen Lernmodellen der Beteiligten. Zur Liebe gehören aber nicht nur erlernte Gewohnheiten – »Liebhabereien« und »Vorlieben« –, sondern auch »Liebenswürdigkeit«. Die fehlt jedoch oft – nicht allein deshalb, weil auf ihre Sinnhaftigkeit vergessen oder verzichtet wurde, sondern weil es von klein auf an passenden

Vorbildern ☞141 gemangelt hat. In den audiovisuellen Medien wird ja eher ein Konträrprogramm vorgeführt. Vor allem wird »Kinozeit« vermittelt, und die unterscheidet sich von der Realzeit durch beschleunigten Zeitablauf – die Zusehenden sollen sich ja nicht langweilen, auf einen anderen Fernsehkanal ausweichen und damit die Einschaltquote mindern.

Lange Weile ist jedoch nicht gleichbedeutend mit Fadesse, ganz im Gegenteil, sie ist Voraussetzung, etwas, vor allem aber jemanden lustvoll zu erkunden und damit selbst reicher zu werden – an Erfahrung, daher an Wissen, Empfindungen, Gefühlen und auch an Inspiration.

Daher will dieses Buch auch Lernlust vermitteln, Aha-Erlebnisse in der Rückschau auf die eigene Entwicklung und Freude am Gegenwärtigen wie auch in der Vorschau auf Künftiges – und dazu gehört, die »schöpferische Expansion« zu spüren, wenn das Herz weit und manch ruhender Körperteil »lebendig« wird, wenn man auch geistig-seelisch wächst und wissender und hoffentlich liebevoller und liebenswerter wird.

Lernen soll in diesem Sinn als ein Erleben verstanden werden, in dem Informationen und Fähigkeiten neuronal – d.h. im zerebralen Nervengeflecht ☞142 – verankert werden. Je öfter oder je intensiver dies geschieht, desto dauerhafter sind diese Inhalte im Gedächtnisspeicher ☞143 vorhanden und können »bei Bedarf« abgerufen werden – vorausgesetzt, man hat dafür auch eine »Bedienungsanleitung« ☞143 verinnerlicht. Manchmal tauchen aber auch längst vergessene – mehr oder weniger »verlernte« – Kenntnisse oder Verhaltensweisen auf, und gelegentlich geschieht dies so unerwartet, überraschend, überflutend, dass man sich diesen Gefühlen oder auch Gedanken gegenüber hilflos ausgeliefert sieht. Das kann auch Liebesgefühle betreffen.

Gefühle kann man körperlich empfinden und seelisch aushalten oder abwehren – man kann sie aber auch bloß »denken« ☛*143*. Dann spürt man das vermeintliche Gefühl aber nicht »am rechten Platz« – dort, wo es eigentlich hingehört –, etwa in der Kehle (Angst, Scham), im Herzen (Liebe, Trauer), im Bauch (Kränkung, Wut) oder noch tiefer, im Unterleib (Begehren, Hingabebereitschaft), sondern im Kopf. Dann hat man vermutlich irgendwann einmal eine »Sperre« errichtet (bekommen): Man hat sich »zusammengenommen« und man ist »kontrolliert«.

Vielfach werden die Orte dieser »Absperrungen« sogar durch Kleidung verstärkt: Dann schnürt einem der Kragen die Luft ab, damit nur ja kein verräterischer Laut hervordringt – bis einmal doch »der Kragen platzt«. Oder der eng geschnallte Gürtel (von Korsagen ganz zu schweigen) verhindert, dass zu viel Lust bewirkende Energie den Unterleib durchflutet (und folglich im vernünftig denkenden Hirn fehlt), und das betrifft nicht nur die Liebeslust, sondern auch deren Ersatz: die Lust am Essen und Saufen. Wenn also Dichter schildern, wie »der Gürtel gelöst wird«, so ist damit auch die einengende Barriere zwischen »Oben« (Eltern, Gesellschaft, Sitte und Moral) und »Unten« (den Tiefen der Leidenschaft oder auch nur Egozentrik) angesprochen. Mit der sollten primär unerwünschte Liebschaften und ihre Folgen verhindert werden.

> *Lass' es leben,*
> *Gott hat's mir gegeben,*
> *mein Haar!*
>
> Liedtext aus dem Musical »Hair«

Sexuelle Befreiungsbewegungen präsentierten daher immer auch offene Hemdkrägen und Flatterhemden und jüngst den tiefgerutschten Hosenbund samt Nabelfreiheit. Und ungezügeltes **Haupthaar** ☛*144*. Krawatten, Büstenhalter und Korsette (und Kopfbedeckungen!) galten in solchen Epochen plötzlich nicht mehr als Symbole zivilisierter Zurückhaltung, sondern wurden auch als gezielte Zurichtung zu gehorsamen Untertanen enttarnt. Das betraf auch die jegliche Bewegung einschränkenden, früher üblichen Wickelpolster für Säuglinge.

Lieben bedeutet immer »aufzumachen«. »Der Liebe sich zu öffnen, heißt offen zum Tode zu sein«, heißt es bei Ulla Berkéwicz. Ich präzisiere: Offen dem »kleinen Tod« in der orgastischen Selbstentgrenzung gegenüber – wie auch dem unvermeidlichen Tod der Liebesbeziehung, der irgendwann eintritt, biologisch oder psychologisch, sozial oder auch in der spirituellen Transformation (nämlich im Übergang zum zeitlosen »ewigen Leben«).

Wenn man hemmende Selbststeuerung bewusst, zielorientiert und auf den kurzen Augenblick einer Verlockung (z.B. Süßigkeiten) angelegt ausführt, beschädigt sie die Fühlfähigkeit kaum; wird diese Verhaltensweise aber chronisch und damit zur Charaktereigenschaft, leidet nicht nur das Mitgefühl, sondern auch die Selbstwahrnehmung. Alexithymie, die Unfähigkeit, Gefühle bei sich wie bei anderen wahrzunehmen, ist laut der Weltgesundheitsorganisation WHO ☞ 144 im Zunehmen und eine der Ursachen von steigender Gewalttätigkeit, Ausbeutung, Missachtung und psychischer Verwahrlosung. Das hat mit den permanenten Geschwindigkeitserhöhungen im Beruf, aber auch im Privatleben zu tun, denn in der gegenwärtigen Warenwelt braucht man immer mehr Zeit zum Kaufen – zum Konsumieren kommt man ja oft gar nicht mehr und zum Genießen noch weniger. (Die angeblich im Internet-Shopping eingesparte Zeit verliert man in Wirklichkeit durch das übergroße Angebot und die verlängerte Qual der Wahl, aber zur Abhilfe kann man ja einen Einkaufsberater – Partnerschaftsvermittlungen mitgemeint – buchen!)

Fühlen braucht Zeit. Man muss dazu alle Wahrnehmung erweitern, verfeinern und vertiefen, und das geht nicht schnell – außer man gehört zu den hypersensiblen ☞ 145 Menschen, die aber unter dieser steten Reizüberflutung echt leiden und **bedauerlicherweise** oft als Hypochonder verspottet werden. Man sollte dieses hochsensible Wahrnehmen auch wieder einbremsen können, um in einer wenig rücksichtsvollen Alltagswelt selbstschützend zu bestehen. Aber wie alles, was wir »können«, muss beides, die Sensibilität und ihre Zurücknahme, erlernt und eingeübt werden: Wir brauchen dazu Wahrnehmungsnervenzellen, um bei uns wie auch bei anderen das Wahre wie auch das Vorgetäuschte zu erkennen, und wir brauchen Handlungsnervenzellen, um passende Verhaltensalternativen wählen zu können (Sprechen, Schweigen und Nichtstun mitgemeint).

Sigmund Freud soll den gesunden Menschen als »arbeits- und liebesfähig« definiert haben. In der gegenwärtigen »flüchtigen« Gesellschaft mit ihrer Forderung nach dem »flexiblen« Menschen läuft die Liebesfähigkeit Gefahr, unbedacht der Arbeitsfähigkeit geopfert zu werden. Wer nicht unbeschadet dem steigenden Tempo-Druck gewachsen – **»resilient«** ☞ *145* – ist, gilt als nicht belastbar und bietet damit als sogenannter »Minderleister« das ideale Mobbing-Opfer. Das führt wiederum dazu, dass man aus Selbstschutz zu-macht, damit erst recht an Liebenswürdigkeit verliert, meist (zumindest insgeheim) noch mehr abgelehnt wird (auch von sich selbst) und damit in einen Teufelskreis schwindender Liebe im Außen wie im Innen gerät.

Genau deswegen erscheint es mir wichtig, einige Aspekte dessen, was oberflächlich unter dem **Wort Liebe** ☞ *146* vermittelt wird, einer näheren Durchleuchtung zu unterziehen. Vieles davon zeigt sich als Bewahrung kindlicher Liebeserlebnisse – und das ist ja auch etwas durchaus Wertvolles! Manches hat sich als pubertäres Protzverhalten auf Dauer verfestigt, einiges kann als Nachahmung filmischer Vorbilder enttarnt werden, und etliches ist ein ehrliches Suchen nach einem passenden Stil für neue Situationen. Denn so wie wir mit erlangter Volljährigkeit noch lange nicht am Ende unserer Entwicklungsmöglichkeiten sind, sind wir es auch nicht in Bezug auf unsere Liebesfähigkeit.

Unser Liebesleben führt uns zumeist durch etliche Irrungen und Wirrungen, weil wir unbewusst die Bezugspersonen unserer frühesten Kindheit oder die medialen Vorbilder aus Film und Werbung nachahmen. Erst wenn es uns gelingt, diese Faktoren bewusst zu erkennen und darauf zu verzichten (und auch aufhören, den versäumten Gelegenheiten nachzutrauern), dann können wir danach trachten, dauerhaft im Zustand des Liebens zu verharren.

Denn dann währt die Liebe ewiglich.

Lieben für Anfänger

Du bist mein Problem
denn bei dir ist alles anders
Dein Bild fügt sich in keinen Rahmen ein
und nun stehe ich da
Mit dem Reichtum an Erfahrung
um ratlos wie mit 17 zu sein.

Liedtext Daliah Lavi

Schon bei kleinsten Kindern kann man beobachten, wie sie Vorbilder nachahmen. So zeigte sich, dass Babys, die erst wenige Tage alt waren, ihre Bewegungen mit dem Sprachrhythmus von Erwachsenen koordinieren konnten, und zwar auch dann, wenn es sich um eine andere Sprache als die ihrer vertrauten Bezugspersonen handelte und sogar dann, wenn ihnen nur ein Tonband vorgespielt wurde. Viele wissen auch, dass man einem Baby gegenüber nur den Mund aufzumachen braucht (ein alter Trick beim Füttern!) oder die Zunge herauszustrecken, und der Winzling macht es einem nach. Der Würzburger Gestalttherapeut Frank Staemmler nennt diese »körperbezogene Imitation und Synchronisierung« daher auch die aus entwicklungspsychologischer Sicht »basale und primäre Form der Einfühlung«. Ebenso kann man bei Erwachsenen beobachten, wie diejenigen, die sich aufeinander »eingestellt« haben, über kurz oder lang die gleiche Körperhaltung einnehmen – und manche gut geschulten Verkäufer tun dies mit voller Absicht, um sich bei ihren Kunden beliebt zu machen – und da steckt bereits das Wort Liebe drin!

Ursprung des Liebens

Aber nicht erst nach der Geburt ☞147 »lernen« Neugeborene im Austausch mit Menschen, die sich ihnen liebevoll zuwenden, die Fähigkeit, liebevolle Gefühle zu produzieren. Bereits im Mutterleib bilden sich die neuronalen Verschaltungen, die das Verhalten im späteren Leben wesentlich prägen – außer sie werden bewusst »verlernt« und durch andere ersetzt. »Wir brauchen Erinnerungsfähigkeit [...] nicht auf das Gehirn beschränken«, weiß der Körperpsychotherapeut David Boadella. »Organismen ohne Hirngewebe oder Nervensysteme haben Erfahrungen. Sie sind empfindungsfähig, reagieren auf ihre Umgebung und handeln danach. Es scheint, dass sogar einzelne Zellen ein bestimmtes System primitiver Erinnerungsfähigkeit an vergangene organische Zustände besitzen.«

Ob sich jemand später geliebt, angenommen und selbstsicher fühlt oder unerwünscht, abgelehnt und in seiner Sicherheit gefährdet, kann als Erfahrung oft bis in die Zeit der Schwangerschaft zurückverfolgt werden. Dabei sind es nicht nur mütterliche Stresshormonausschüttungen, die direkt auf das Ungeborene übergehen – wenn beispielsweise die Schwangere in ihrer Selbstachtung oder Selbstsicherheit bedroht wird, und wenn es nur »böse Worte« des Partners, der Eltern oder unwirscher Nachbarn sind, die wie ein Stich ins Herz erlebt werden (was das blitzartige Zusammenziehen der Herzkranzgefäße im Schock auf diese Attacke andeutet).

Die französische Kinderpsychoanalytikerin Caroline Eliacheff ☞147 hat aufgezeigt, wie auch unbedachte abwertende Worte, die in unmittelbarer Nähe eines Neugeborenen ausgesprochen wurden, Auslöser für Krankheitssymptome sein können – denn auch wenn das Baby den Sprachinhalt noch nicht semantisch entschlüsseln kann, spürt es die Negativenergie und versteht den verletzenden Sinn und reagiert darauf. Dann verändern sich der Gesichtsausdruck, die Atmung, oft auch die Körperhaltung. Um das zu registrieren, braucht es wiederum eine »qualifizierte«, sprich achtsame Wahrnehmung, und auch diese muss erst »erlernt« – vorgemacht und abgeschaut – werden. Dann gilt es aber, so einer Negativäußerung eine positive entgegenzusetzen – entweder gleich, aber man kann »Giftworte« auch noch mit Zeitverzögerung entschärfen.

Sehr schön symbolisiert ist dieses Geschehen im Märchen vom »Dornröschen«, wenn die verärgerte dreizehnte Fee, die nicht zur Feier der Geburt der Königstochter eingeladen worden ist (weil es nur zwölf Gedecke für die Festtafel gibt), die kleine Prinzessin verflucht, sie solle sich in ihrem 15. Jahr an einer Spindel stechen und tot hinfallen, und die zwölfte, die ja ihren Segenswunsch noch nicht ausgesprochen hat, sofort auf »nicht tot«, sondern nur »hundert Jahre Schlaf« korrigiert. Ähnliches berichtet Eliacheff, wenn sie die gedankenlose Kritik der Nahestehenden mit den fehlenden wohlwollenden Sichtweisen ergänzt und umformuliert und damit die eine oder andere Gesundheitsstörung zum Verschwinden bringen kann.

Alles, was wir wahrnehmen, nehmen wir »wahr«: **Wir »bilden« uns unser »Bild« der Welt, und wir »bilden uns etwas ein«.** ☞ *148* Tatsächlich. Nur vergessen wir zumeist, dass »die Landkarte nicht die Landschaft ist«, sondern nur *ein* Symbol dafür – wie etwa auch ein Relief oder ein Modell aus Pappmaché oder Plastilin etc. Denn ebenso symbolisieren wir auch »die Dinge« in Sprache und damit in Worten, aber diese »sind« nicht, was sie bezeichnen, sondern eben nur Lautbildungen, damit wir uns verständigen können. Allerdings **passt oft die Bezeichnung überhaupt nicht** ☞ *148* zu dem Gefühlten – man hat bloß nicht nachgeprüft, sondern das »erstbeste« Wort ausgesprochen, das sich rapid aufdrängte.

Mitte der 1990er Jahre entdeckten **italienische Gehirnforscher** ☞ *149* »das Geheimnis der Spiegelneurone«, dass nämlich »prämotorische« – also dem Beginn einer Handlung unmittelbar vorgelagerte – Nervenzellen nicht nur aktiv werden, wenn man selbst eine Handlung startet, sondern auch dann, wenn man solch ein Tun bei anderen beobachtet. Sie nannten diese Neurone Spiegelnervenzellen, weil sie wie ein Spiegel das Beobachtete reflektieren. Das erklärt auch, weswegen viele Menschen ärgerlich reagieren, wenn sie beobachten, wie andere Zärtlichkeiten austauschen: In ihrem Inneren entsteht genau solch ein Impuls – vielleicht auch geschlechtliche Erregung –, aber das durch die jeweilige Erziehung antrainierte Verhaltensprogramm verbietet, dass dieser Impuls dorthin »aufsteigt«, wo er hinwill – ins Herz oder in die gierig oder sehnsüchtig umschlingungsbereiten Arme.

Sobald kleine Kinder ihre Körpermuskulatur soweit einsetzen können, um sich auf andere zu- und auch hinaufbewegen zu können, werden sie versuchen, ihre Bedürfnisse nach Körperkontakt ☞ 149, nach Anschmiegen und Gehaltenwerden auszuleben – doch werden sie dann oft wortlos, mit einer widerwilligen Grimasse oder sogar mit Geschimpfe oder Drohungen abgewehrt. Auf diese Weise »erlernen« sie das Bewusstsein, nicht liebenswert (genug) zu sein (im Vergleich mit anderen, denn Vergleiche sind unvermeidlich, solange man sich noch nicht bewusst entschieden hat, mit voller Absicht darauf zu verzichten; gerade kleine Kinder beobachten aber noch mit dem Herzen und nicht unter Einsatz von Verstandeskräften – denn auch das muss man ja erst lernen).

Wir alle lernen lieben, indem wir geliebt werden. Oft ist es ein Großelternteil, der genug Zeit und Muße besitzt (und auch unerschütterte Beziehungsstabilität, weil er oder sie sich beispielsweise als »Single« vielerlei Beziehungsstress erspart und daher seinem »Fleisch und Blut in zweiter Generation« mehr Liebe »zuspiegeln« kann als die durch Erwerbspflichten und Paardynamik gestressten Eltern). Möglicherweise erklären sich damit auch optische und gestische Ähnlichkeiten – wer unbewusst das Mienenspiel anderer übernimmt, gleicht sich an ☞ 150.

Außerdem regenerieren sich viele Menschen im Kontakt mit kleinsten Kindern (deswegen sah ja der österreichische Medizinnobelpreisträger Konrad Lorenz in dem von ihm »Kindchenschema« ☞150 genannten Aussehen von Jungtieren, aber auch Menschenkindern, den psychologischen Auslöser für den »Brutpflegetrieb«): Sie partizipieren ☞150 an deren meist noch nicht belasteten »reinen« Ausstrahlung. Allerdings kann auch hier eine Fehlreaktion »erlernt« worden sein, nämlich wenn die Herzlichkeitsreaktion, die dieser Anblick auslöst, bei manchen Männern zu sexuellen Phantasien oder Erregungswellen führt und sie glauben, diese *sofort* in konkreten sexuellen Handlungen abreagieren zu müssen.

Lieben geschieht langsam und dauerhaft. Schnell »abgehandelt« – da steckt das Wort »handeln« drin –, ist es vielleicht Begehren bzw. Gier oder Angst, etwas zu versäumen oder auch etwas zu verlieren (z.B. die Erektion), aber Liebe ist es nicht; es ist vielleicht ein erster Start – und der erweist sich später oft als Fehlstart. Deswegen ist es so wichtig, dass die Bezugspersonen der frühesten Kindheit sich dem Nachwuchs mit Gelassenheit und Geduld ☞151 widmen und nicht unter Zeitdruck nur oberflächliche Pflichten abarbeiten – sie prägen ja das Zeitempfinden für Zuwendung.

Sich einem anderen liebend zuzuwenden, sollte in der sanft-geschmeidigen Bewegungsform geschehen, wie sie beispielsweise im Tai-Chi praktiziert wird, sonst wird eine andere nonverbale Botschaft vermittelt wie etwa: »Was treibst du denn da?« oder »Gleich hab' ich dich!« Dann kann sich freundlich gedachte Aufmerksamkeit zum möglicherweise schockierenden Überfall steigern – je nachdem wie sensibel die derart über-rasch-te Person ist.

Viele Menschen werden schon von klein auf wegen ihrer gesunden Sensibilität verspottet. Dabei ist gerade sie ein wesentlicher Überlebensfaktor. Denken wir nur, wie bereits Säuglinge Unmutsäußerungen (Schreien und Um-sich-Schlagen) von sich geben, wenn jemand Unvertrauter in ihr »Revier« eindringt ☞151. Kinder verlieren die Wahrnehmungsfähigkeit und werden leichter Opfer von Täuschung, Betrug und anderen Gewaltformen, wenn sie manipuliert werden, Grenzüberschreitungen hinzunehmen. Zu solchen Manipulationen zählen Geschimpfe (»Das ist doch die Oma! Wie kannst du nur so schlimm sein!«), Strafandrohungen (»Na warte – wenn du so garstig bist, hab' ich dich gar nicht mehr lieb!«) oder Wegsperren. **Verbannung** ☞151, d.h. Ausschluss und Verweigerung der sozialen Gemeinschaft, ist die ärgste Strafe, die es gibt. Diejenigen, deren Sicherheitsgrenzen von fürsorglichen Erwachsenen respektiert oder gar verteidigt wurden, lernen damit sowohl Grenzen wahrzunehmen wie auch zu verteidigen.

Wird also ein Kind (oder eine Partnerperson) mit Appellen wie »Wenn du mich liebhast, dann tust du ...« – im Klartext: »... was ich will« – angesprochen, so geht es dabei nicht um Liebe, sondern um Gehorsam und Unterwerfung. Nebstbei wird das Kind verunsichert und für die spätere Untertanenmentalität diszipliniert. Wenn auf diese Weise »gut erzogene« Kinder als Erwachsene vielfältige Gewalt erleben, reagiert ihr Umfeld mit Verwunderung und Zweifel, wieso sich die- oder derjenige nicht gewehrt hat, und bestreitet, dass sie, seltener er, sich gar nicht wehren konnte (weil sie nicht wissen, dass das nicht kann, wer – noch – keine Handlungsnervenzellen für Selbstverteidigung besitzt).

Das Wort Wahrnehmung beinhaltet Wahrheit, und Selbstwahrnehmung beinhaltet die eigene innere Wahrheit und damit auch die permanente Gefahr, diese um der sozialen Gemeinschaft willen zu verstecken, zu verleugnen oder umzugestalten. Wer kennt sie nicht, die »Schere im Kopf«, die oft Zug um Zug mit dem wahrhaftigen Impuls auffordert, sozial unerwünschte Gedanken oder Gefühle wegzuschnippeln? Mitgegeben haben sie die Bezugspersonen der frühesten Kindheit: manchmal unbedacht, weil sie selbst so erzogen wurden (»Das gehört sich nicht!« und »Wenn dich nur niemand hört!«), manchmal aus egozentrischen Zielen, etwa damit ihr Image keinen Schaden erleidet (denn »Kindermund tut Wahrheit kund«), und manchmal aus berechtigter Sorge vor verfolgenden oder strafenden Machthabern. Außerdem ist es leichter – und noch dazu viel schneller – zu verbieten als zu erklären.

Von Vorbildern und Vor-Bildern

Der Verzicht auf Schnelligkeit ist unabdingbarer Bestandteil jeder Form des Liebens! Gefühle, Empfindungen, Handlungsimpulse müssen keineswegs sofort durch Aktionen beseitigt werden – ganz im Gegenteil! Man kann sie auch »nur« zulassen, aushalten und genießen. Dazu braucht man den »langen Atem«, wie ihn viele ohne Absicht »so nebenbei« in Atemmeditationen erlernen. So schreibt auch der Freiburger Neuroimmunologieprofessor Joachim Bauer in seinem Buch über die Spiegelneurone, »dass jede ausgeführte willentliche Tat mit einer Aktivierung der Handlungsneurone beginnt, die den Plan bzw. das Konzept für die Ausführung der jeweils beabsichtigten Handlung im Programm haben. Erst kurz danach, etwa ein bis zwei Zehntel einer Sekunde später, kommt es zur Aktivierung der die entsprechenden Muskeln kontrollierenden Bewegungsneurone.« Und er betont: »Doch nicht jede Aktivität einer Handlungsnervenzelle führt zur Realisierung einer Tat. Das Handlungsneuron kann feuern, ohne die Handlung auszuführen, es also beim *Handlungsgedanken*, bei der *Vorstellung einer Aktion* bewenden lassen. Dies ist das Mindeste, was die Beobachtung oder das Miterleben der Handlungen anderer Personen in jedem Fall auslöst.«

Menschen, die bewusst eine Pause einlegen, bevor sie Impulse in die Tat umsetzen, wird ein »langer Atem« zugesprochen. Die vielen Menschen, die schon von klein auf zur Geschwindigkeit angehalten wurden, verfügen deswegen nicht über diesen langen Atem, weil sie ihn – meist mangels Vorbildern – noch – nicht erlernt haben. Wir lernen ja alle an Vorbildern und üben das abgeschaute Verhalten durch Imitation ein, und das umso mehr, je mehr wir Erfolg damit verzeichnen können. Wenn also in der Fernsehwerbung immer häufiger hörbar in Deutschland produzierte Spots nicht nur Worte wie z.B. »lecker« verbreiten, wird damit auch ein schnellerer und gefühlloserer Sprechrhythmus zur »Übernahme« mitgeliefert. Das mag zwar den Eindruck größerer Effizienz vermitteln, weil »Nachdenkzeit« eingespart wird, energetisch wird Nachahmungsdruck ausgeübt. Das ist grundsätzlich nichts Falsches – man muss nur wissen, dass Tempo nur in bestimmten Situationen angemessen ist (beispielsweise bei Gefahr im Verzug), aber nicht dort, wo wir lieben wollen.

Wir lernen an Vorbildern. Aber welche Vorbilder bieten sich fürs Lieben an? Eltern turteln meist nicht vor ihren Kindern, ganz im Gegenteil: Viele haben selbst keine passenden Modelle erlebt, wie man liebevoll miteinander umgehen kann, ohne die Inzestschranke zu verletzen, manche schämen sich oft auch zärtlicher Gefühle (weil man dabei meist nicht besonders intelligent aussieht und weil sie dafür verspottet wurden, nicht nur von Geschwistern oder Klassenkameraden, sondern oft auch von den Eltern, besonders wenn diese mit dem »Objekt der Begierde« nicht einverstanden waren) oder fürchten Eifersuchtsanfälle von anderen Familienangehörigen und halten sich deshalb zurück.

Ersatzvorbilder bieten Akteure in Film und Fernsehen – und deren Aktivität ist selten alltagstauglich, vor allem aber viel zu beschleunigt, um die Zuseherschaft zu »rühren«. Dass dies doch gelegentlich gelingt, zeugt von hoher Schauspiel- und Regiekunst – vor allem aber auch vom Geschick der Kameraführung.

Es ist ein Unterschied, ob man als Zuschauer aus dritter Position zusieht oder wie ein Beteiligter direkt angesehen wird. Das ist es, was z.B. den Film »Shining« so unerträglich macht: Wenn Jack Nicholson als psychotischer Jack Torrence mit der Hacke in die Tür donnert, hinter die sich Frau und Sohn geflüchtet haben, ist dies aus dem Blickwinkel des Buben aufgenommen, und das Publikum muss sich unfreiwillig mit dem Kind identifizieren und die immense aggressive Energie des Wahnsinns mitfühlen.

Joachim Bauer erinnert daher auch: »Handelt es sich bei einer beobachteten Aktion um ein Geschehen, das dem Beobachter bisher noch nie begegnet ist, zum Beispiel um eine Tat von bisher nicht erlebter Brutalität, dann wird sie als weiteres – potenzielles – Handlungsprogramm in den Bestand der handlungssteuernden Nervenzellen aufgenommen. Ihrer Art nach völlig ungewohnte, neu ins Leben getretene, dem betroffenen Menschen bisher nicht bekannte Handlungssequenzen werden sogar besonders intensiv abgespeichert: Eine Handlung, die wir zum ersten Mal wahrnehmen oder miterleben, sei es etwas Liebevolles oder etwas Fürchterliches, hinterlässt in uns besonders intensive *Vorstellungen von ihr*.«

Das erklärt, weshalb oft Filmbilder wie »Augenwürmer« (analog den »Ohrwürmern«) nicht aus dem bildhaften Gedächtnis zu vertreiben sind – außer man hat eine dazu passende »Technik« erlernt. Im dritten Band von »Harry Potter« (»Der Gefangene von Askaban«) wird solch ein **»Zauberspruch«** ☞152 – eine wirk-liche Autosuggestion – vorgestellt: »Riddiculus!« (das lateinische Vorbildwort lautet ridiculus und bedeutet lachhaft) und fordert auf, das, was Angst auslöst, lächerlich zu machen. (In diesem Zusammenhang sei an die P-Witze erinnert: Sie betreffen Personen, denen gegenüber man sich unterlegen fühlt, wie Pfarrer, Polizisten, Professoren, Psychiater ... und, Anfangsbuchstabe hart ausgesprochen, »Plondinen«.)

Wie tief sich in einem Menschen – und besonders in einem logischerweise noch wenig erfahrenen Kind – solch eine Intensivvorstellung einprägt, hängt auch davon ab, ob und wie Nahestehende (nicht nur familiär, sondern auch räumlich gemeint) Beistand leisten. Meist äußern diese nur **Durchhalteappelle** ☞153, die im Klartext befehlen: »Sei stark!« und insgeheim heißen: »Belästige uns nicht mit deiner Bedürftigkeit!« Hilfreich ist Anerkennung des augenblicklichen So-Seins (im Verhalten wie im Fühlen, letzteres muss aber überhaupt erst »gekonnt« werden!) und der Frage, was der oder die andere jetzt braucht, um wieder »Fassung« zu gewinnen.

Jeder Mensch braucht wertschätzende Zuwendung. Sich dem anderen aufmerksam und wohlwollend zuzuwenden, ist sozusagen der erste Puzzlestein im Gesamtbild einer liebenden Beziehung und bedeutet: »Ich nehme dich wahr – denn du bist es mir wert, dass ich dich anschaue.«

Von der Zauberkraft des Auges

Schauen kann man auf zweierlei Weise: aufnehmend oder anstrahlend. Das Auge gilt oft als Fenster der Seele und Fenster dienen zum Hinein- wie Hinausblicken (sofern beide nicht durch zu viel Schmutz trüb geworden sind), aber auch, um etwas herein- oder hinauszulassen. Man kann sich darin aber auch spiegeln.

»In der individuellen emotionalen Entwicklung ist *das Gesicht der Mutter der Vorläufer des Spiegels*« schreibt Donald W. Winnicott. »Die Mutter schaut das Kind an, und *wie sie schaut, hängt davon ab, was sie selbst erblickt.*«

Deswegen wäre es wichtig, dass Frauen schon in der Schwangerschaft Modelle der Selbststeuerung kennenlernen, um nicht die eigene, alte oder aktuelle Verzweiflung, Wut oder Trauer auf das noch völlig ungeschützte Kind loszulassen.

Der austro-amerikanische Psychoanalytiker Heinz Kohut erinnert: »Die wichtigsten Interaktionen zwischen Mutter und Kind liegen gewöhnlich im visuellen Bereich: Das Kind bietet seinen Körper der Mutter dar, und sie reagiert darauf mit dem Aufglänzen des Auges.« Umgekehrt schildert er beispielhaft die Entstehung der oft lebenslangen »Sehnsuchtsspannung« am Beispiel einer Klientin und ihrer Erfahrung aus der Kinderzeit: »Sie lief damals heim so schnell sie konnte und freute sich darauf, der Mutter von ihren Erfolgen in der Schule zu erzählen. Sie erinnerte sich dann, wie die Mutter die Tür öffnete, aber das Gesicht der Mutter leuchtete nicht auf, sondern blieb ausdruckslos; und wie die Mutter, wenn die Patientin über Schule und Spiel und über ihre Leistungen und Erfolge berichtete, scheinbar zuhörte und teilnahm, aber unmerklich wurde der Gesprächsgegenstand gewechselt, und die Mutter begann von sich selbst zu sprechen, von ihrem Kopfweh und ihrer Müdigkeit und von anderen Sorgen über ihr eigenes körperliches Befinden. Von ihren eigenen Reaktionen konnte die Patientin nur erinnern, dass sie sich plötzlich energielos und leer fühlte ...« Die Bedürftigkeit dieser offensichtlich depressiven Mutter erscheint hier so groß, dass sie ihrer Aufgabe, ihr Kind emotional zu nähren, nicht nachkommen kann, sondern umgekehrt ihre Tochter in die Situation einer Quasi-Therapeutin drängt. Der Psychoanalytiker Mathias Hirsch zitiert in diesen Fällen das Wort vom »Terrorismus des Leidens« und zählt diese Form der emotionalen Ausbeutung von Kindern zu Missbrauch in der Familie. Man kann dieses »Spiel« ☞153 aber auch anders interpretieren – beispielsweise als Ausdruck der Bedürftigkeit des Erwachsenen, der nicht ahnt, dass er oder sie dem Kind Energie entzieht – weil das Kind dabei »angelernt« wird, für den leidenden Elternteil eine Quasi-Therapeuten-Rolle zu übernehmen, eine totale Überforderung!

Oder der Erwachsene ist so übervoll von seinen eigenen Erlebnissen, dass er jede Gelegenheit wahrnimmt, sich aus-zu-drücken, und gar nicht merkt, wie er dem anderen die soziale Bestätigung verweigert.

So habe ich mich erst kürzlich bei einer beruflichen Kooperationspartnerin über das Befinden ihrer erkrankten Tochter erkundigt und damit bloß ein Stichwort geliefert, dass die Frau ihre eigenen Krankengeschichten zu referieren begann. Mich hat das an meinen Vater erinnert: Wann immer ich etwas von meinen schulischen Herausforderungen erzählen wollte, unterbrach er – Mittelschuldirektor – mich mit den Worten: »Ja – da hab' ich auch einen in der x.ten Klasse, der hat auch ...«, und dann monologisierte er über diesen Schüler. Möglicherweise liegt darin die Wurzel meiner Gewohnheit, Konkurrenzen dadurch zu vermeiden, dass ich mich zurückziehe und einfach was Neues erfinde.

Wenn Winnicott betont, das Kind lerne am Blick der Mutter (»Wenn ich sehe und gesehen werde, so bin ich«), so rate ich dringend, die Bedeutung des Wortes »wenn« auch durch das Wort »wie« zu ergänzen.

Der zärtliche Glanz im Auge der Mutter spendet Liebes-Energie. Die Stolzes-Energie im Blick des Vaters kommt erst später und wird meist an besondere Leistungen geknüpft – wie es der traditionellen Erziehung zur Männlichkeit entspricht (und Leistungsdruck wird gegenwärtig auch immer mehr Frauen vermittelt – die Wirtschaft will ja expandieren und denkt dabei gewohnheitsmäßig nur quantitativ und selten qualitativ). »Bedingte« Liebe – gekennzeichnet durch Fluchreden ☞154 wie »Wenn du mich lieben würdest, dann würdest du ...« bis zu »So habe ich dich lieb ...« oder eben »... gar nicht lieb ...« – ist aber keine Liebe, sondern das Anbot eines Tauschgeschäfts. Und oft sind solche Tauschgeschäfte nicht freiwillig, sondern blanke Erpressung.

Der Glanz im Auge der Mutter erfordert ein Gefühl zumindest von Staunen über das Winzige, das frau selbst geschaffen und geschafft hat: Da wird sie erlebbar, die bereits zitierte »schöpferische Expansion«, aber diese braucht immer auch Raum (und Zeit) zur Entfaltung. Wenn man sich in Angst oder Not kleinmachen muss, um sich zu schützen, verliert man diesen »Freiraum« zum persönlichen Wachstum.

Für das Kleinstkind sind diese Augenblicke des Geliebtwerdens – Augen-Blicke! – unverzichtbar, um wenigstens einen Ansatz von Liebe in seinem zukünftigen Entwicklungspotenzial zu beherbergen.

Das ist die Tragik von Menschen, die in Angstzeiten – Verfolgungszeiten, Kriegszeiten, Fluchtzeiten – hineingeboren wurden, dass sie Nähe oft nur körperlich als Suche nach Wärme und in Verbindung mit Angst und Verzweiflung vermittelt bekommen. Ähnlich tragisch ist es, wenn sie schwer depressive Mütter hatten.

So erzählte mir eine Klientin, sie habe ihre Mutter immer nur erschöpft auf dem Sofa liegend erlebt, mit dem Gesicht zur Wand, und sie habe nicht geantwortet, nur geseufzt und gestöhnt. An ärztliche Hilfe dachte niemand, und psychologisch-psychotherapeutische gab es damals noch nicht. Eine andere Klientin, die nach der Entbindung in einen schweren Baby-Blues gefallen war, hörte von ihrer Schwiegermutter, die im selben Haus wohnte und nicht berufstätig war, nur böse Kritik: Sie versorge das Neugeborene nicht perfekt (und ebenso den Ehemann). Dabei hätte sie dringend eine einfühlsame Unterstützung benötigt. Die Kritik verstummte nicht einmal, als die junge Frau wegen akuter Suizidgefahr stationär aufgenommen (und im Spital kunstgerecht behandelt) wurde.

Nach den Erfahrungen der Kinderpsychoanalytikerin Caroline Eliacheff sind es aber genau diese Fluchreden, die nicht nur der Mutter Schaden zufügen, sondern auch deren Kind. Deswegen ist es wichtig, dass irgendwer selbst dem kleinsten Kind erklärende Worte zuspricht, dass die üble Rede nicht wahr ist, sondern eine **»Fehleinschätzung«** ☞ 155, ein Irrtum, ein Missverständnis. Es geht in solch einem Fall nicht darum, ob oder dass das Kind den sprachlichen Inhalt »versteht«, im Sinne von »entschlüsseln kann«, sondern dass sein aufkeimendes Liebespotenzial nicht durch abwertende Worte zerstört, hingegen durch liebevolle Worte geschützt wird. Die Herausforderung besteht darin, die emotional heilsamen Worte zu finden. Für erfolgreiche Psychotherapeuten ist das Teil ihrer Sprachkunst, für alle anderen eine Übung in Einfühlsamkeit. Deswegen sind auch alle, die für sich in Anspruch nehmen, liebevolle Menschen zu sein, gefordert, im Sinne von **Erster Hilfe** ☞ 155 zumindest ein bisschen mitzuhelfen, dass solche Augenblicke der Schutzbereitschaft möglich werden.

Phasenweise Lernen
Nicht nur die Bedeutung und die Häufigkeit der sexuellen Betätigung im Leben insgesamt, auch die Fähigkeit und die Bereitschaft zu lieben, sind bei einem sechsjährigen Kind schon weitgehend festgelegt.

Eric Berne

So wie sich das Neugeborene »schubweise« körperlich entwickelt, durchläuft es auch seinen seelischen Wachstumsprozess: Gestern noch krabbelnd, steht es plötzlich von einem Tag auf den andern auf. Es ist das Verdienst von Sigmund Freud und Erik H. Erikson, aufgezeigt zu haben, dass und wie diese psychische Ent-Wicklung geschieht – nämlich in aufeinanderfolgenden Phasen, in denen unterschiedliche »Lernaufgaben« bewältigt werden. (Das soll nachfolgend aufgezeigt werden.) In jedem dieser Zeitabschnitte werden bestimmte Fähigkeiten eingeübt, und die können auch die späteren Formen von Liebes- und Beziehungsfähigkeit charakterisieren. Manche sprechen deshalb auch von oral, anal, phallisch oder ödipal »betonten« Menschen, wenn die eine oder andere Verhaltensweise an ein Kind im jeweiligen Alter erinnert.

— In der sogenannten **oralen** (von Lateinisch os, oris, der Mund) Phase findet die Wahrnehmung der Welt über Lippen, Zunge und Mund statt, deshalb schnappt der aufnahmebereite Säugling nach allem – und wenn es sich nicht als wohlschmeckend und sättigend erweist, spuckt er es schnell wieder aus. Und genau darum geht es auch in diesen ersten Lebensmonaten: vertrauen zu lernen, dass man bekommt, was man braucht, weil achtsame Bezugspersonen verstehen, dass das im Mutterleib über Nabelschnur und Fruchtwasser »automatisch« ernährte Ungeborene nunmehr dieser Sicherheit ermangelt. Es braucht daher beruhigende Worte, um gefühlsmäßig zu erfahren, dass jemand Fürsorge spendet, »that somebody cares«. Das englische Wort care entspricht der lateinischen caritas, und diese ist eine der vielen Formen echter Liebe. Nächstenliebe. Wer lernt, Schritt für Schritt eine kleine Zeitspanne länger zu warten, läuft weniger Gefahr, zum Sklaven seiner Gier (und damit prädestiniert für Suchterkrankungen) zu werden. Er lernt außerdem, nicht in Passivität zu resignieren und ist weniger gefährdet, einer depressiven Störung anheimzufallen. Warten ist der Schlüssel, um aktiv problemlösendes Verhalten zu erlernen. Dazu zählt vor allem, seine Befindlichkeit in Worten mitteilen zu können – und das lernt man im Dialog mit jemandem, der oder die liebevoll danach fragt, was das Kind braucht.

Der österreichisch-ungarische Psychoanalytiker René Spitz beobachtete in der Zeit nach dem Ersten Weltkrieg, dass bei Kindern, die in Waisenhäusern lebten, trotz bester Ernährung und Hygiene wesentlich häufiger körperliche und emotionale Störungen auftraten als bei Kindern, die von ihren Müttern oder anderen privaten Bezugspersonen versorgt wurden. Manche der Heimzöglinge schwächelten trotz korrekter Pflege dahin, manche starben an psychisch bedingter »Auszehrung« (Marasmus), also an Formen von Energiemangel. Spitz, der dieses Phänomen anaklitische Depression nannte, führte dies auf mangelnde »Stimulierung« zurück: zu wenig Anlächeln, Ansprache, Berührung, Körperkontakt. Eric Berne, der Begründer der Transaktionsanalyse, wählte für das zugrundeliegende Bedürfnis das Wort stroke (im Deutschen mit »Streicheleinheit« übersetzt, bedeutet es im Englischen aber auch Streich, wie in Backenstreich, und auch Schlaganfall). Auch als Erwachsene, betonte Berne, sehnen wir uns nach Körperkontakt, aber wir lernen, uns an dessen Stelle mit anderen Formen von »Anerkennung« – wie einem vorwurfsvollen Blick oder einer Beleidigung – zufriedenzugeben, denn all dies beweise, dass man zur Kenntnis genommen werde. Der Volksmund spricht bei solchen, oft vergeblichen Bemühungen um Aufmerksamkeit vom »Rütteln am Watschenbaum«, die Transaktionsanalytiker Ian Stewart und Vann Joines hingegen formulieren: »Jede Art von Stroke ist besser als überhaupt kein Stroke.«

Im Idealfall hat man in dieser Entwicklungsphase warten gelernt und ebenso genießen, was ja auch damit zu tun hat, Zeit »dehnen« zu können – und auch, auf die anderen, die Adressat*innen der eigenen Wünsche und Notwendigkeiten, zu achten, um die passende Zeit abzuschätzen.

Wer noch im Alter von einem Jahr samt erstem kleinen Wortschatz immer nur zu toben weiß, wenn er oder sie nicht unverzüglich bekommt, was man will, wird auch später, babygleich, Druck und Drohung und Draufschlagen ausüben. Umgekehrt werden in dieser Phase Unterversorgte dazu neigen, ewig stumm zu warten oder gehemmt herumzureden, in der Hoffnung auf hinreichende Decodierungskompetenz der Bezugsperson, und je mehr man diese liebt (oder von ihr nur psychisch abhängig ist, egal aus welchen Motiven), desto schwerer wird es oft fallen, sich zu verdeutlichen. Ich habe dieses Phänomen vielfach bei Bauernkindern erlebt, die sich daran erinnerten, wie sie an der einen Grenze des Ackerfeldes nach ihren Eltern riefen, während diese – weil am anderen Ende – sie nicht hören konnten, und die sich auch späterhin nicht vorstellen – und es oft auch nicht aushalten – konnten, dass jemand wirklich an ihnen interessiert war.

Besonders deutlich erlebte ich dies bei einem extrem aggressionsgehemmten Mann: Er war als Baby von seinen Eltern, die als Forscher in einem ehemaligen Schloss arbeiteten und lebten, immer wenn er schrie, in ein anderes Stockwerk und in einen anderen Trakt des weitläufigen Gebäudes »verbannt« worden, wie sie ihm – lachend! – erzählten. Irgendwann hatte er aufgehört, sich und sein Wollen »bemerkbar« zu machen, vor allem in der Kontaktanbahnung bei den Frauen, die er verehrte und deren Zärtlichkeit er ersehnte, oder gegenüber Männern, die er als dominant erlebte und gerne in größerer Distanz, weiter weg haben wollte.

Das »rechte Maß« zwischen Über- und Unterversorgung zu treffen, hängt eben nicht nur von der Bereitschaft und Fähigkeit der Bezugspersonen der ersten Monate (ich vermeide absichtlich die Beschränkung auf Eltern oder Großeltern) ab, sondern ebenso von all den Störungen oder Optionen, die diese Qualitäten behindern oder fördern. Was jedenfalls fördert, ist, auch kleinsten Kindern solche Störungen zu »erklären« – denn wie die Forschungen von Caroline Eliacheff (oder die »basale Stimulation« von Koma-Patient*innen) aufgezeigt haben: Auch wenn das Kind (oder wer auch immer) die Grammatik der Worte nicht entschlüsseln kann – die mit ihnen transportierten Gefühle und Absichten werden »aufgenommen« und wirken. Später kann kritische Selbsterforschung helfen, Über- oder Unterversorgungen wahrzunehmen und gegebenenfalls zu betrauern (anstatt sich als »braves«, sprich angepasstes Kind einzureden, es wäre »eh alles okay« gewesen).

— Die zur Selbstbehauptung erforderliche »gezielte« Aggression entwickelt ein Kind üblicherweise erst gegen Ende des zweiten Lebensjahres: Dann ist die Muskulatur bereits so erstarkt, dass das Kind gut greifen, schlagen, zwicken, beißen, vor allem aber auch festhalten und ja-nicht-loslassen gelernt hat. Wo das Erstjährige noch in »ungerichteter Motilität«, also im Ausdruck von Wut bzw. Verzweiflung, »blind« ☞ 156 um sich schlägt, kann das Zweijährige seine »Körperwaffen« bereits auf ein Ziel »gerichtet« einsetzen und tut es auch gerne im Vollgefühl seiner phantasierten Allmacht; dieses Verhalten kann später dann im Erwachsenenalter beispielsweise als Gewaltausbruch oder Stalking wiederholt werden.

Oft zeigt sich dabei auch die Unfähigkeit oder Unwilligkeit zum Loslassen: So wie das Kleinkind in diesem Alter phasenweise nichts hergeben will (»Teile von sich« wie Exkremente, Haare, die Finger- oder Zehennägel, aber auch »liebe Dinge«, die eben als Teil von sich verstanden und deshalb geliebt werden), kann sich dieses Verhalten dauerhaft verfestigen, wenn niemand liebevoll-sanft (und nicht schimpfend, befehlend, strafend) Anleitung zum Loslassen gibt und vor allem vorlebt.

Weil in dieser Phase auch die Beherrschung der Schließmuskulatur eingeübt wird, wird sie als »**anale**« (vom lateinischen anus, der After) bezeichnet. Zusammennehmen, Zurückhaltung, Durchhalten – das sind für Menschen, die in dieser Entwicklungsphase streng dressiert wurden, hohe Werte, die sie sich selbst, aber auch anderen abverlangen. Sie werden daher von ihren Partnerpersonen oder Berufskollegen oft als geizig, hartherzig und grausam empfunden – und beweisen doch nur, wie sie selbst erzogen oder trainiert wurden.

Besondere Aufmerksamkeit gewann dieser sogenannte »anale Charakter« bei der Frage nach der Psychostruktur der Personen, die in der Zeit des Nationalsozialismus unbedenklich Menschen mit eigener Hand ermordeten (privat aber oft als romantische Schwärmer erschienen). Der Volksmund pflegt Menschen, denen Disziplin, Gehorsam und Ideologietreue über alles gehen, mit der Redewendung »Der geht über Leichen« zu kennzeichnen; ich habe unzählige Gattinnen solcher »Macher« kennengelernt, die an der Härte und »Eiseskälte« ihrer Ehemänner verzweifelten – und gleichzeitig das einst »dressierte« Kind erspürten, es aber seelisch nicht erreichen konnten.

Der amerikanische Psychotherapeut und Schüler Wilhelm Reichs, Alexander Lowen, merkt zu dieser Bezeichnung kritisch an, dass sie ja nur auf bestimmten Symptomen und Zügen beruhe, aber das Wesen dieser Züge – Ordentlichkeit, Eigensinn, Sparsamkeit und Geiz (und damit auch das Zurückhalten von »weichen« Emotionen) – beizubehalten, erfordere beträchtliche Rigidität. Der »orale Charakter« habe keine dieser Eigenschaften. Sogenannte Masochisten könnten sie nur in dem Grad besitzen, in dem sie die notwendige Kraft zum Festhalten entwickeln könnten, die durch früher erlittene Entbehrung und Unterdrückung geschwächt worden sei. Dem sei hinzugefügt, dass es Wilhelm Reich war, der erkannte, »dass jede Gesellschaftsordnung sich in den Massen ihrer Mitglieder diejenigen Strukturen erzeugt, die sie für ihre Hauptziele braucht.« Denn »die Ideologie jeder gesellschaftlichen Formation hat nicht nur die Funktion, den ökonomischen Prozess dieser Gesellschaft zu spiegeln, sondern vielmehr auch die, ihn in den *psychischen Strukturen der Menschen dieser Gesellschaft zu verankern*. Die Menschen unterliegen ihren Seinsverhältnissen auf doppelte Art: direkt der unmittelbaren Einwirkung ihrer ökonomischen und sozialen Lage und indirekt vermittels der ideologischen Struktur der Gesellschaft.« So zeichnete etwa Adolf Hitler in seiner Rede vom 14. September 1935 vor 50.000 Jungen der Hitler-Jugend (und vorher schon in »Mein Kampf«) den Menschen der Zukunft, wie er ihn haben wollte: »Schlank und rank, flink wie Windhunde, zäh wie Leder, hart wie Kruppstahl.« Ähnliche Anforderungen werden auch an Topmanager gestellt, wenn sie Karriere machen und diese behalten wollen: Sie sollen mobil und flexibel – ohne festere Bindungen und daher räumlich wie zeitlich verschiebbar – und schnell – daher ohne Bedürfnis nach zeitintensivem Nachdenken über Sinn und Ethik ihres Handelns – sein. Und sie sollen gehorchen. Der Parteidisziplin wie auch den jeweiligen Leitungsgremien.

Durchaus vergleichbare Wunschvorstellungen finden sich auch in **traditionellen, christlich betonten Erziehungsratgebern** ☞ 156, und dort besonders hinsichtlich Liebe und Ehe. Wenn also der Volksmund rät, man möge sich den jeweiligen Elternteil des gleichen Geschlechts der oder des Erwählten genau ansehen, denn mit großer Wahrscheinlichkeit wird sie oder er sich im Laufe des Älterwerdens angleichen, so trifft dies nicht nur auf Äußerlichkeiten zu, sondern auch auf die im Langzeitgedächtnis verankerten Glaubenssätze und Denkweisen, die für die Eltern bzw. Großeltern bestimmend waren.

Historisch gesehen waren es die vom Schicksal Begünstigten, die sich die oralen »Privilegien eines Babys« leisten konnten – Reiche und Mächtige. (Auch heute noch werden Topmanager chauffiert, mit Nahrung versorgt und durch »Wachpersonen« im Vorzimmer vor

Störungen »behütet«. **Frauen führen** ☞156 meist anders und legen daher zur wertschätzenden Entlastung ihrer Mitarbeiterschaft – nicht Untergebenen! – aus Selbstversorgung selbst Hand an, und geben auch persönlichen Kontakten Vorrang vor hierarchischer Abgehobenheit. Am anderen Ende der Sozialleiter zeigt sich der Rückfall in die orale Betäubung durch Drogen (vor allem Alkohol) dann, wenn sich jemand den Anforderungen nicht gewachsen fühlt und resigniert. Beim Topmanager hingegen wird lange weggesehen, wenn er durch Alkoholabusus Ausfälle hat und produziert.

Die gegenwärtige Arbeitswelt bevorzugt **»anal betonte«** ☞156, hoch leistungsbereite Menschen (die die eigenen Bedürfnisse oder die ihrer Familien und Freunde hintanstellen) nicht mehr nur an der Spitze betrieblicher oder ideologischer Hierarchien, sondern auf allen Ebenen, während sie die genussfreudigen, oralen als Minderleister oder gar Durchschummler ablehnt (ohne nach den Ursachen – beispielweise depressiven Erkrankungen – zu fragen). Sogar im Schulbetrieb werden sowohl die Schülerschaft als auch die Lehrerschaft – und auch Eltern – vielfach derart in »Besorgte« oder »Desinteressierte« eingeteilt und »zensuriert«, d.h. bewertet! Und diese beiden gegensätzlichen Charaktere finden sich auch überproportional häufig in privaten Paarungen mit der klassischen **»Beziehungskiste«** ☞157: »Warum bist du nicht wie ich?« – Genau genau das ist die Herausforderung in Paarbeziehungen, Ergänzendes wertzuschätzen und möglicherweise zu übernehmen.

Dabei brauchen anal, d.h. Leistungsbetonte, genau diese genussfreudigen Menschen, um nicht total zu »versauern« (permanente Muskelanspannung übersäuert tatsächlich den Körper!) »Wer nicht genießt, wird ungenießbar!«, unkt der Volksmund, ohne aber zu dieser Warnung eine Hilfsmethode anzubieten. Dabei ist sie logisch erkennbar: Wer über Leistung Anerkennung und Liebe zu gewinnen hofft, für den ist Kritik oder Nörgelei – und beides sind keine Zeichen von Liebe! – nur neuerlicher Ansporn, mehr zu leisten, um endlich anerkannt – »erkannt« – zu werden! Er oder sie braucht im Gegenteil Lob, und das kann man »so nebenbei« mit dem »Ausgleich« verbinden: »Wow, wieviel du geleistet hast – bewundernswert! Du hast dir jetzt eine Pause verdient!«

— In der nächsten Phase der sogenannten psychosexuellen Entwicklung beginnt das nunmehr Dreijährige – zumindest gelegentlich – absichtlich seine Vor-Bilder nachzuahmen. Es schlüpft in verschiedene Rollen und Kleidungsstücke und findet sich selbst großartig, weswegen diese Phase auch als »**phallische**« ☞ 157 bezeichnet wird. Diese »schöpferische Expansion« des Selbst wird zur gleichen Zeit durch Phantasiewesen bereichert, denen die Missgeschicke des Alltags zugeschrieben werden. »Magisches Denken« wird das dann oft genannt und leider oft lächerlich gemacht. Ich sehe darin eher einen Versuch, Empfindungen, also Eigen-Wahrnehmungen bzw. Nicht-Wahrnehmungs-Bemühungen in Sprache zu kleiden. Dort, wo Erwachsene oft verständnislos vor ihren eigenen Handlungen stehen (»Das kann doch nicht ich gewesen sein!«), erklärt das Kleinkind sich selbst wie auch anderen die Situation, indem es diesen Teil von sich abspaltet und in ein anderes Wesen »hineindichtet«: »Das war der rosarote Panther!« – oder sonst eine »Märchenfigur«.

Seelische Anteile abzuspalten und »aus sich hinaus« in etwas anderes hineinzuprojizieren, gilt bei Kindern als naiv und bei Erwachsenen als krank. Man könnte es aber auch als eine wertschätzende Form der Auseinandersetzung mit sich selbst betrachten – als eine Art »innerer Dialog« und nicht nur als Ausrede oder Lüge. Immerhin gibt es in manchen Psychotherapiemethoden analoge Techniken, um sich beispielsweise mit seinem »**Schatten**« ☞ 158 zu konfrontieren.

Andererseits verfügen kleine Kinder oft – noch – über intuitive Wahrnehmungen, die ihnen meist deswegen als Phantasie ausgeredet werden, weil es dafür keine allgemein anerkannte Sprache gibt. Von Franz von Assisi heißt es, dass er mit allem Getier redete. Ähnlich gehört der slowenische Bildhauer Marco Pogačnik zu denjenigen naturverbundenen Menschen, die bekennen, dass sie mit »Elementarwesen« kommunizieren.

Intuition ist eine der **vier Formen der Wahrnehmung und des Bewusstseins** ☞158 (ich spreche lieber vom »Denken« als Überbegriff), wie sie C. G. Jung zusätzlich zum Vernunft-, Gefühls- und Körperdenken beschrieben hat: Sie verbindet uns vorbewusst miteinander und warnt daher oft, vor allem auch vor bösen oder nur unerwünschten (z.B. sexuellen) Absichten anderer, und deswegen wird sie als sechster Sinn lächerlich gemacht und ausgeredet.

Dieses Denkverbot ist später meist stärker als vielfache Erfahrung. Was bei Freud noch als Kommunikation von Unbewusst zu Unbewusst verstanden wurde, erweist sich seit der Entdeckung der Spiegelneurone als naturwissenschaftlich nachweisbares Phänomen von Einfühlung, worin manche Menschen eingeübt sind, während andere sich nach wie vor weigern, das Erleben anderer Menschen zu respektieren, wenn sie es von sich nicht kennen (wollen).

Wenn man intuitiv (oder, anders gesagt, »energetisch«) Liebesenergien – das »Knistern« – bei sich oder anderen wahrzunehmen meint, stellt sich früher oder später, und oft zu spät, die Frage: Wahr oder phantasiert? Wahr oder vorgespielt? Bei genügend Zeit für den analytischen Gang in die Vergangenheit findet man die eigenen »Urszenen« der späteren Verhaltensmuster und kann diese bewusst kontrollieren, verändern oder auch beibehalten – und sich selbst allfällige Rückfälle in Liebeswahn oder Hochstapelei liebevoll verzeihen. (Wir sollen uns ja nicht als Richter über andere aufspielen (vgl. Matthäus 7,1), denn selbst wenn diese die Grenzen des Strafgesetzes z.B. durch Stalking oder Betrug überschritten haben, sind dafür staatliche Instanzen zuständig, die uns entlasten – und wie wir damit umgehen wollen, ist unsere höchstpersönliche Vernunft-Entscheidung, und die hilft, Gefühle der Enttäuschung zu ertragen.)

— Nach diesen drei ist die sogenannte **»ödipale«** als vierte Phase der psychosexuellen Entwicklung zumindest als Phrase wohlbekannt. Freud sah in der Liebe des etwa fünfjährigen Knaben zu seiner Mutter eine Analogie zur antiken Sage vom Königssohn Ödipus, dem zu seiner Geburt prophezeit wurde, er würde seinen Vater töten und seine Mutter heiraten, deswegen von den Eltern todgeweiht in der Wildnis ausgesetzt, von einem kinderlosen Königspaar aufgezogen und sich auf tragische Weise das Orakel erfüllte. »Ich heirate Mami!« (oder Papi) lauten in diesem Alter die kindlichen Zukunftswünsche, vorausgesetzt, sie orientieren sich an dem, was sie als Paarbeziehung beobachten und »auch haben« wollen: Vertrautheit, Intimität – und der oder die störende Dritte soll weggehen.

Gelingt es einem Kind, den Störenfried wirklich zu vertreiben, besteht die Gefahr, dass später auch nur gebundene Menschen attraktiv sind. Wiederholt wird dann der Triumph der Zerstörung einer bestehenden Paarbeziehung. Ich habe dieses Phänomen immer wieder bei Dreiecksbeziehungen beobachten können, deshalb warne ich vor dieser Dynamik, vor allem dann, wenn der Haussegen aktuell schief hängt und die Gefahr besteht, Sohn oder Tochter als Trostmenschen emotional oder gar sexuell zu miss-brauchen. Es wird dem Kind eine Fremd- wie auch Selbst-Verantwortung aufgedrängt – und damit tun sich auch viele Erwachsene schwer.

So erinnere ich mich an eine Klientin, die als ca. Acht- bis Neunjährige den Vater am Tag der elterlichen Scheidung auf einem Waldspaziergang begleitete und zu trösten versuchte, als sie seine Verzweiflung spürte. Diese Situation seelischer Nähe bekam plötzlich eine erotische Aufladung: Beim Vater aktivierte sich offensichtlich eine analoge Neurosignatur. (Die Tochter hatte noch keine derartigen Erfahrungen in ihrem Nervengeflecht erworben.) Er deflorierte seine Tochter – und warf ihr nachher vor, sie hätte ihn verführt. So hatte *er* das Geschehen *interpretiert* – und seine Tochter auf Jahre hinaus *definiert*.

Aus psychotherapeutischer Sicht ist Trösten immer ein Kunstfehler – ein »Niederstreicheln« –, und Trostbedürfnisse sind Rückfälle in frühkindliche Hilflosigkeiten. Wirklich hilfreich ist, Gefühle auszuhalten zu lernen – eigene wie fremde –, und dazu braucht man wieder ein Vorbild, und das bedeutet gleichzeitige Anleitung. Will man helfen, genügt mitfühlendes, schweigendes (!) Akzeptieren in der Dauer, solange es der bedrückte, verzweifelte, traurige oder wütende Mensch braucht, und eventuell Körperkontakt. Hand halten. Verzicht auf Selbstdarstellung als Trostexperte. Weniger ist mehr.

In den ersten sechs Lebensjahren werden wesentliche Verhaltensmuster geprägt. Verdichtet erscheinen sie dann als Charakter – und im Paarungsverhalten wiederholen sich die Umgangsformen der Annäherung und Distanzierung wie bei den Liebesobjekten der frühen Kindheit: Wer mit seinen Bedürfnissen nach körperlicher Geborgenheit abgewehrt wurde, wird auch späterhin solche Personen attraktiv finden, die ein Problem mit Nähe haben und daher abwehren, weil ihnen »Körperer« auf die Nerven gehen. Diese haben ihr Berührungsverhalten eben konträr »erlernt«.

Angstabwehr

In seiner tiefenpsychologischen Studie »Grundformen der Angst« unterscheidet der Psychoanalytiker Fritz Riemann zwei Gegensatzpaare:

* diejenigen, die Angst vor Nähe haben und lieber allein sind, gegenüber denjenigen, die aus Angst vor der Einsamkeit immer mit anderen zusammensein wollen (meist oral Betonte), und

* diejenigen, denen Unordnung Angst macht und die daher fixe und verlässliche Strukturen für ihr Wohlbefinden benötigen (meist anal Betonte), gegenüber denjenigen, die mit Ordnung und Strukturen nichts anfangen wollen und denen Freiheit von jeglichem Zwang alles bedeutet.

Oft fällt auf, dass sich Menschen mit gegensätzlichen Charakterzügen zusammentun: Sie finden (oder suchen) die Eigenschaften, die ihnen fehlen, im anderen – und oft spiegelt sich darin das Elternpaar (Stiefelternteile mitgemeint) wider. Leider ergeben sich daraus allerlei Konflikte à la »Du bist nicht wie ich, daher bist du nicht normal!«, statt diese potenziellen Ergänzungen wohlwollend als Möglichkeit der Selbsterweiterung zu betrachten: Meist ist ja am anderen gerade das anziehend, was man sich selbst nicht traut, was einem verboten wurde oder weshalb ein Elternteil dem anderen Vorwürfe machte. Solche Vorwürfe will man sich unbewusst ersparen – oder ertrotzen (hemmende Kritik gilt übrigens auch hinsichtlich Geschwistern und Kollegen im Beruf!).

Der Psychoanalytiker Tilmann Moser schreibt: »Ideal wäre also, die Epochen der vereinfachenden kindlichen Gefühle im Erwachsenenleben nicht total verraten, verdrängen, begraben zu müssen. Gefühle sollten reifen dürfen, aber dafür brauchen sie ein Klima, das Kontinuität und Veränderung gleichzeitig erlaubt, nicht jedoch zu Brüchen zwingt, die Abspaltung, Selbstverrat, Verschüttung notwendig machen.« Es lohnt sich, diese »historischen« Puzzlesteinchen genau zu betrachten, aus denen unsere Liebesfähigkeit zusammengesetzt ist. Aus ihnen können oft auch die vom sogenannten Normalen abweichenden sexuellen Vorlieben geformt sein.

Der lange Zeit führende deutsche Sexualwissenschaftler Volkmar Sigusch bezeichnet all das als Neosexualitäten, was im 19. Jahrhundert noch **Perversion** ☞ 159 genannt wurde. Freud hingegen sprach vom »polymorph perversen« Säugling, bei dem sich noch all die Verhaltensweisen finden, die später als unanständig, gesundheitsschädlich, krank oder kriminell verpönt werden oder besser: wurden. Denn in der heutigen, nach meinen Worten »vierten sexuellen Revolution«, der kommerziellen – nach der künstlerischen Ende des 19. Jahrhunderts, der wissenschaftlichen Ende der 1920er und der soziologischen Ende der 1960er Jahre –, wird heute versucht, durch das Angebot jeder nur denkbaren sexuellen Ausbeutung Neugier und Erwerb zu stimulieren. Aus diesem Grund empfehle ich, jedes Mal zwischen unbedacht Neugierigen und an Gefühlsabläufe fixierten Abhängigen zu unterscheiden.

Ein Beispiel für Abhängigkeit: Ein Adam kommt in die Sexualberatungsstelle, weil ihm das Geld ausgeht, Prostituierte zu bezahlen, damit sie ihn fesseln und anpinkeln, denn nur so komme er zur sexuellen Entspannung. Unter Anwendung einer bestimmten **Rückführungsmethode** ☞160 taucht folgende »Urszene« auf: Er ist etwa zwei Jahre alt (anale Phase) und sitzt, im Sportkinderwagen angebunden, im Garten in der prallen Sonne. Seine Großmutter stürzt auf ihn zu – »Oh Gott – dich haben s' ja ganz vergessen!« –, besprengt ihn mit der Gießkanne und löst die Riemen. Im kreativitätsfördernden Dialog findet er selbst eine »trainierbare« Alternative eines Badewannenspiels, das er seiner Ehefrau zumuten könnte.

In traditionellen Kulturen kannte man sogenannte **Übergangsriten** ☞160, mit denen junge Menschen ins (sexuelle) Erwachsenenleben geleitet wurden und dabei auch Vorgaben für das erwünschte Sozialverhalten erhielten. Im Zuge der dritten, der soziologischen sexuellen Revolution, meinte man, auf derartige »Weihen« verzichten zu können (und überließ sie religiösen oder ideologischen bzw. parareligiösen Gemeinschaften). Diesen Freiraum besetzten triviale wie verbotene audiovisuelle Medien, und dadurch wurde die Weltsicht ihrer Drehbuchautoren und Regisseure – oder Financiers – in Bild und Ton verbreitet, denken wir nur an die unterschwellige politische Propaganda in den deutschen Filmen der NS-Zeit: Treudeutscher Jüngling wird von slawischer Femme fatale umgarnt, erkennt ihre Untugend und kehrt zur geduldig verzeihenden blonden Braut zurück. Nicht viel anders versuchte in den 1950er Jahren die sowjetische Besatzungsmacht in den »Russenzonen« Österreichs der Jugend ihr Gesellschaftsmodell – Arbeit für die Partei geht vor Liebe, aber Liebe hält das aus – nahezubringen. Das Gegenmodell aus den USA hingegen bewarb demgegenüber statt Berufsarbeit den American way of life in Form von Freizeit und Konsum und da vor allem Coca-Cola und flotte Autos, mit denen die Boys die Girls zum Dating abholten. Mit diesen Idyllen in Technicolor konnten die farbblassen Sowjetfilme nicht mithalten – wohl aber die österreichischen und deutschen Heimatfilme. Französische (und italienische) Filme zeigten die dunklen oder leidenschaftlichen Seiten von Liebesgeschichten (ohnedies Jugendverbot, daher ohne viel erzieherische Wirkung) – logischerweise in Schwarz-Weiß. Im Laufe der 1960er Jahre fielen im Laufe der dritten, der soziologischen sexuellen Revolution schrittweise die bisherigen Tabus wie Nackt-Szenen und damit auch die schwarzen Balken über den Brüsten der Filmdiven. (Ich habe da ein Bild der damals sehr populären französischen Filmschauspielerin Françoise Arnoul vor meinem geistigen Auge, und dessentwegen machte ich am Heimweg von der Schule extra einen Umweg, um das Szenenfoto im Aushang beim Wiener Neustädter Theaterkino sehen zu können.) Der schwedische Film »Das Schweigen« aus dem Jahr 1963 mit einem undeutlich abgebildeten Geschlechtsverkehr war noch ein Skandal, der dänische Film »Stille Tage in Clichy« von 1970 schon nicht mehr, obwohl der Schock des Tabubruchs darin größer war. Sex war in, Romantik out. Liebe in den Augen eines Mannes – das gab es nur bei Gary Cooper in »Wem die Stunde schlägt«, andere Versuche mündeten in Kitsch. Und der begeisterte nur mehr die »Braven«, die den Moralappellen ihrer Mütter und Großmütter folgten (und die entstammten den Geburtsjahrgängen vor 1940).

Werden solche Vor-Bilder nicht kritisch diskutiert – und das wurden sie damals nicht, und heute gilt es eher, sich als allwissend und kompetent auszugeben und daher alles, was in eine Art Belehrung ausufern könnte, zu ignorieren, lächerlich zu machen oder zu verweigern –, verankern sie sich als Modelle von Normalität im individuellen Verhaltensrepertoire und werden in analogen Situationen nachgespielt – oder sogar absichtlich herbeigeführt.

Dazu kommt noch die **Sprachlosigkeit** ☞ 161: Über Erfahrungen oder Unklarheiten sprechen zu wollen/sollen, bei denen heftige Gefühle ausgelöst werden können, löst meist schon im Vorfeld ein Gefühlschaos aus. Man fürchtet zu erröten, zu stottern, Schweißhände zu bekommen – und man kompensiert mit gespielter Coolness oder auch Gefühlsrohheit. Für beides gibt es reichlich mediale Vorbilder im Film und Comics.

Die Konfrontation mit fremden wie mit eigenen Hormonwallungen bedeutet Stress – aber viele Unaufgeklärte halten diese Stresshormonausschüttungen für Liebe, und manche werden sogar süchtig nach *diesem* Kick. Ich nenne ihn »Verliebtheits-Liebe«, weil es nicht um die Person eines Du geht, sondern um die Gefühlsberauschung. (Andere »Adrenalin-Junkies« organisieren sich diese ihre Droge – ihren Negativ-Stroke – durch gezielte Tabubrüche. Dahinter verbirgt sich, meiner Erfahrung nach, immer eine »**Urszene**« ☞ 161, in der es das »erste Mal« zu diesem Hormondurchbruch kam. Wenn man diese Urszene in kundiger psychotherapeutischer Begleitung wieder durchlebt, kann man das Verhaltensmuster zum Verschwinden bringen – wenn dies erwünscht ist. Manche Menschen halten allerdings ziemlich starr an ihrer »Verschiebung ins Gegenteil« fest und reden sich ein, Dysstress wäre Eustress.)

Als Jugendliche*r sucht man einerseits Orientierung fürs Mann- oder Frau-Sein, andererseits will (und muss) man sich von den Eltern abgrenzen, um eine eigene, unabhängige Identität zu entwickeln (eine Lebensaufgabe). Da man die Elternpersonen kaum bei ihren Liebes- oder Sexaktivitäten beobachten kann (außer man wird als Akteur*in missbraucht), bieten sich als Vorbilder nur die aus dem Pornofilm – oder von **Zoo und Bauernhof** ☞ 161. Das Niveau ist das gleiche. Das beobachtete wohl auch die amerikanische Krankenschwester und Frauenrechtlerin Margaret Higgins Sanger, berühmte Vorkämpferin für Empfängnisverhütung, die den Durchschnittsmann und seine Sexualtechniken mit einem »Orang-Utan, der versucht Geige zu spielen« verglich.

Die Unsicherheit bleibt. Sie wird zusätzlich genährt durch die unsichtbare oder auch reale Konkurrenz (und wurzelt in der ödipalen Phase). Sie kann mit künstlich gefördertem Narzissmus gefestigt werden – nämlich seit es die Möglichkeit gibt, sich selbst zu filmen. Das begann mit den Selbstauslöser-Kameras, mit den Videocams und steht jetzt bei Smartphones und sozialen Netzwerken als kostenloser Quasi-Filmverleih für ein unzähliges Publikum, und dem kann man die Möglichkeit von Rückmeldungen wegnehmen und so seinem Selbstdarstellungsbedürfnis (wurzelt in der phallischen Phase) in »splendid isolation« frönen (wohingegen man sich früher nackt ans Fenster stellen oder im Park entblößen musste, wenn die körperlich drängende Paarungsbereitschaft kein wohlwollendes Gegenüber hatte).

Energieübertragungen

Nicht nur im Austausch von Angesicht zu Angesicht (oder von Ohr zu Ohr) kann Erregungs-Energie übertragen werden, sondern auch durch die grenzüberschreitenden Kommunikationsmöglichkeiten in den sozialen Medien. Was das Sehen betrifft, konnte die computergestützte Gehirnforschung nachweisen, wie die Aktivität von Spiegelnervenzellen entsteht und verläuft. Wie das beim Lesen stattfindet, harrt noch der wissenschaftlichen Erforschung – offenbar will das niemand wissen –, »es sind ja nur Phantasien«. Dabei ist Wissen über all diese Mechanismen wichtig für das Erlernen von Selbstkontrolle und damit Selbstschutz vor realem – heutzutage dazu auch virtuellem – Partner- oder Gruppendruck.

Jugendliche stehen immer vor dem Dilemma, welche Reaktionsmöglichkeiten »richtig« oder »falsch« sind: Den Eltern glaubt man kaum mehr was (außerdem stammen sie aus einer anderen Generation und waren meist Objekte anderer staatlich oder kirchlich verordneter Erziehungsziele), weil die Peer Group der Gleichaltrigen wichtiger ist – und die spielt sich heute über die sozialen Medien ab, ist daher viel umfangreicher, aber nicht frei von »getarnten« Manipulatoren, die politische, religiöse oder sexuelle Ziele verfolgen – oder narzisstische. Konnte man früher noch erahnen, welche filmischen Vorbilder modern waren und **nachgespielt** ☞162 wurden, trifft das heute nur mehr auf die Kleidermode zu. Die Vielzahl von einschlägigen Informationen und individuell zielgerichteten Aufforderungen hat sich in den sozialen Medien derart vervielfältigt, dass man meist nur mehr aus zweiter Hand – von den Fachleuten, die bei Störungen und Entgleisungen zu Hilfe gerufen werden – erfährt, was gerade »in« ist. Was früher kleinere, aber reale Subkulturen waren, sind heute vielfach virtuelle Parallelwelten, die ab und zu in die Realität einbrechen.

Was die heutige Zeit kennzeichnet, ist die fast unüberschaubare Menge von propagierten Idealbildern und Verhaltensoptionen bei gleichzeitiger Abwertung kritischer Gegenpositionen. Gezeigt wird Sex in allen möglichen Variationen bei gleichzeitigem Hinausschieben traditioneller Tabugrenzen. Ich nenne die Abstumpfung des »Kenn' ich schon – gibt's nichts Neues?« den »Zuckerbäcker-Effekt«: Wenn man beim Backen andauernd kostet, vergeht irgendwann der Appetit auf das bereits oberflächlich Bekannte. So entsteht einerseits das Phänomen einer »Generation Porno«, die über viele Bilder im Kopf und wenig Gefühlskompetenz in Leib und Seele verfügt, die aber andererseits doch auch noch nostalgische Glückserwartungen hegt. Die Folgen der quantitativen Überforderung sind Orientierungslosigkeit, Neugier und Experimentierdruck sowie Resignation oder Aggression. Wenn Paarungen in jungen Jahren dennoch, für einige Zeit zumindest, gelingen, grenzt es fast an ein Wunder ...

Sexualaufklärung in den 1950er Jahren beinhaltete vor allem die Warnung vor Geschlechtskrankheiten und unehelichen Schwangerschaften (ohne zu erklären, wie diese zustande kämen, und schon gar nicht, wie man sie verhüten könnte). Ab den 1970er Jahren dominierte der Kampf gegen die »repressive Sexualmoral« (vor allem der katholischen Kirche), und parallel dazu widmeten sich die professionellen Sexualaufklärer*innen einerseits der »Zeit für Zärtlichkeit«, andererseits bildeten sich Lobbys zur Entdiskriminierung bislang verfolgter sexueller Minderheiten. Was nicht geschah, war eine wertschätzende Erklärung der widersprüchlichen Positionen der von mir »Sexualoptimisten« genannten Romantiker gegenüber den um nachhaltige Moral besorgten »Zuchtmeistern«. Vor allem aber fehlten Informationen über die biologischen Gegebenheiten – und wie man diese steuern kann.

Ich führe das darauf zurück, dass man kaum über Liebe, intime Beziehungen und Sexuelles sprechen kann, ohne die eigenen Gedächtnisspuren zu aktivieren und sich damit selbst als Zeuge oder Zeugin der eigenen Biographie zu präsentieren: Man sieht einem an, ob man sich authentisch mit den vielen Formen von Liebeserfahrungen bzw. -enttäuschungen auseinandersetzt oder nur theoretisiert, ob man sich dabei lüstern begeilt oder verklemmt abquält. Oder nur blutleer seinen Job macht. Das betrifft vor allem auch viele derjenigen, sie sich angestellt oder freiberuflich sexualpädagogisch engagieren.

All das hängt auch mit fehlenden Sprachformen zusammen: War es in den 1950er Jahren unter »anständigen« Menschen noch verpönt, Ausdrücke der Fäkalsprache zu gebrauchen, hat sich diese Benimmregel (wohl angeregt durch das Vorbild deftig polternder Helden der Action-Filme) seither weitgehend verflüchtigt. Dieser »spontanen« sprachlichen Verrohung steht die prinzipielle Ablehnung »progressiver« oder »libertiner«, oder wie man sonst noch die zunehmend kommerziell vermarkteten Tabubrüche nennen mag, gegenüber.

Ein Tabu wird aber leider nicht gebrochen: Das Verbot, die eigenen Schwächen – unerfüllte Sehnsüchte, unspezifische Ängste und Leidenszustände – offen und folgenlos in Sprache ausdrücken zu dürfen, ohne gleich »niedergestreichelt« und damit mundtot gemacht zu werden. Gerade dann, wenn wir unsere ersten Liebesbeziehungen verarbeiten (müssen), lassen sich diese energieraubenden Erfahrungen nicht vermeiden. Sie gehören zum Erwachsenwerden – und sie bedeuten Fortschritt.

Mir scheint, dass der Dialog über Ängste
und Identitätskrisen die im Moment
einzige Brücke der Begegnung ist.

Jutta Voss

Lieben für Fortgeschrittene

Ist die sexuelle Beziehung nicht
vollkommen ehrlich und vollkommen befriedigend,
dann verbrennt der Respekt bald in der Glut einer
verhängnisvollen Leidenschaft, und in der übriggebliebenen
Asche schwelt die Verachtung weiter.

Eric Berne

Sobald der jugendliche Körper »geschlechtsreif« (ein äußerst unpräzises Wort!) geworden ist, also Sexualhormonausschüttungen erlebt, stellt sich die Herausforderung, wie man damit – mit der Sexualenergie und ihren körperlichen, seelischen und geistigen Verwirklichungen – umgehen darf, soll, muss, will, mag oder auch kann.

Das jedoch hängt wiederum weitgehend davon ab,

- was man an **genetischer Ausstattung** ☞162 mitbekommen hat und ob man eher introvertiert (nach innen gekehrt, »verschlossen«) oder extravertiert (nach außen gerichtet, »empfänglich«) ist,
- weiters was einem die Eltern und andere Bezugspersonen an »Erziehung« (meist die ihnen selbst gegebenen – daher mindestens zwei Generationen alten – Gebote und Verbote) vermittelt haben, und
- welche Beziehungsmuster (vermutlich eher Energieraub, Energiediebstahl, Energiebombardements, Energieverweigerung und nicht Energiespenden) sie vorgelebt haben.
- Dazu kommen aber noch mehr die »Beziehungskisten« der heute allgegenwärtigen virtuellen Identifikationsfiguren aus Film, Fernsehen, Computerspielen etc., vor allem aber auch die als nachahmenswert propagierten Vorbilder aus der Werbung und die zahllosen Meinungsmacher in sozialen Medien,

- außerdem noch regionale und zeitabhängige soziale und kulturelle Einflüsse (wie etwa die gegenwärtig medial präsente Vorstellung, dass schnell praktizierter Sex und tiefgehende Liebe zwei voneinander unabhängige »Wege zum Glück« seien),
- verbale Meinungsbeeinflussungen oder -differenzen von und mit Partnerpersonen (inklusive Gewalterfahrungen)
- sowie deren subjektive Bewertung bzw. die tiefere Bedeutung, die man dem allen zumisst (falls man es bewusst überprüft).

Wen wundert es dann noch, dass heute oft Orientierungslosigkeit beklagt wird? Und dass viele »es laufen lassen«, wie es kommt, und lieber resignativ oder wütend enttäuscht sind, als ihre eigene Gefühlswelt wie auch die der anderen achtsam zu erforschen?

Im »vollberechtigten« Erwachsenenleben – das zeitlich kulturell unterschiedlich angesetzt wird und Grenzen setzt, wofür man angeblich zu jung oder zu alt sein soll – stellt »die Gesellschaft« die Frage der Fortpflanzung und versucht sie, je nach **Bevölkerungspolitik** ☞163, in die bildende und darstellende Unterhaltungskunst und in die Medien einfließen zu lassen. (Im Gegensatz dazu kann man aber auch wie das »rote China« mehr als ein Kind pro Paar gesetzlich verbieten.)

Stolperfallen

Kunst kann man passiv konsumieren oder aktiv gestalten. In beiden Fällen nimmt man über Vorbilder bzw. Vorgaben Lebensweisen in sich auf, denn deren gibt es viele. Dabei drohen drei Fallen:

- Darauf zu warten, dass das, was einem erstrebenswert erscheint, von außen »zufallen« wird – oder zu wähnen, man könne als »einsamer Glückesschmied« sein Leben vorprogrammieren,
- das eigene Leben mit dem anderer zu vergleichen, anstatt sich zu bemühen herauszufinden, was im eigenen Lebensweg entwickelt werden soll,

- immer nur an die Zukunft zu denken – was noch alles zu tun, vor allem zu verbessern wäre –, statt im Hier und Jetzt zu l(i)eben.

In all diesen drei Fällen findet kein Energieaustausch oder Energiezuwachs satt. Man »schmort sozusagen im eigenen Saft« und schlittert entweder in eine resignative Grundstimmung oder verkrampft sich in chronischen Neidgefühlen (wobei kurz andauernde Neid-Impulse durchaus gesund sind – sie können Hinweise auf eigenes Entwicklungspotenzial vermitteln).

> *Energetische Sinnlichkeit*
> *Beziehungen entstehen nicht zwischen den Menschen, sondern zwischen ihren Ich-Zuständen.*
>
> Eric Berne

Diese »Fallen« kann man vermeiden, wenn man sich angewöhnt, »in Energie zu denken«: Hat bzw. bekommt man zu wenig oder zu viel Energie? Ist die Energiebilanz in einer Beziehung auf halbwegs gleichem Niveau ausgeglichen oder beutet einer den anderen energetisch aus – bzw. tut man das selbst, bei sich oder beim anderen? Und wenn man noch nicht gelernt hat, sich selbst zu spüren – weil man dazu ja auch meist ein Modell und Anleitung braucht, wie bei allem, außer man ist naturbegabt, d.h. nicht »verzogen« worden –, dann ist es Zeit für ein »autogenes Training«.

Die **Vielfalt der Gefühle** ☞ *163* nimmt man im Bereich zwischen dem Herzen (das einem »aufgehen« oder auf einen sogenannten »Stich« blitzartig zusammenziehen und ärgstenfalls verhärten kann) und der Kehle wahr (die es einem »abschnüren« oder, wenn das Herz voll ist, den Mund übergehen lassen kann). Demgegenüber spürt man Empfindungen an bestimmten Körperstellen. Zu diesen zählen auch sexuelles Begehren und Paarungsbereitschaft (was nicht unbedingt zusammenfallen muss, es kann auch das eine ohne das andere erlebt werden). Beides beinhaltet zumindest den Keim von Aggression: Man muss ja auf den anderen zugehen (Lateinisch aggredi bzw. adgredi), und dazu braucht man einen Energieimpuls über den gleichmäßigen »Normalzustand« hinaus – wobei der Begriff »Normalzustand« kritisch zu hinterfragen ist.)

Als es noch die Ausnahme war, aus dem Heimatort wegzuziehen und womöglich an vielerlei Orten der Welt zu arbeiten und zu leben, war es für Anfänger leichter, sich zu einem wohlgelittenen – den Ansprüchen der Gesellschaft wie auch künftiger Geliebter – Mitmenschen zu entwickeln. Heute muss man damit rechnen, dass viele Kulturen aufeinanderstoßen, Subkulturen mitgemeint – weit über die kleinen Familien- und Ortskulturen mit ihren Differenzen darüber, was »sich gehört«, hinaus.

In der Adoleszenz, die der Strafgesetzgeber als mit 14 Jahren abgeschlossen wähnt, distanzieren sich Jugendliche üblicherweise von den Vorgaben ihrer Erziehungspersonen, und das geht oft nicht kampflos ab. Dabei handelt es sich aber »nur« um die Suche nach dem »Eigenen«: dem Platz in der Arbeitswelt, in der sozialen Gemeinschaft, vor allem aber dem Entdecken und Verwirklichen der eigenen Begabungen, und da gehört auch die Liebesfähigkeit dazu.

Bei allem, was wir tun und wie wir uns aufeinander beziehen, läuft im Hintergrund immer die Suche nach Energie mit (oder auch der Kampf um bzw. Verzicht auf **Energie** ☞ 164). Damit sind nicht nur die Kalorien der Nahrung gemeint oder der Heizung (der inneren wie der äußeren Wärme), sondern vor allem die Energie der Herzenswärme – am liebsten in der Form von positiven Strokes und am intensivsten im Austausch »von Herz zu Herz«, wenn diese Lebensenergie langandauernd den ganzen Körper durchflutet (und sich nicht nur als »Hitze« im Unterleib staut).

Energie haben wir mal mehr, mal weniger, registrieren dies aber meist nicht bewusst (weil uns kaum jemand auf diesen »Prozess« aufmerksam macht), sondern agieren unbewusst (»automatisch«) entsprechend der Muster, die wir bislang erworben haben. Wir könnten aber auch neue erfinden – dazu braucht man jedoch wiederum (neuronales) Wissen und Können, wie man das **konkret** ☞ [164] macht. In meinem Sprachgebrauch läuft das unter dem **Prinzip Salutogenese** ☞ [165].

Ein Beispiel: Ein Adam ist von seiner Partnerin enttäuscht – die Domina, die er als Kunde hinreißend gefunden hat, entpuppt sich nach der Heirat als »ganz gewöhnliche Ehefrau«, der »Kick« ist verloren gegangen. Ob er diesen Kick auch aus anderen Erlebnissen kenne, frage ich. Ja, antwortet er – er habe früher einen östlichen Kampfsport ausgeübt, und wenn er da seinem Gegner gegenübergestanden sei und dessen Energie gespürt habe, da wäre es ähnlich gewesen. Ob er sich im Hier und Jetzt vorstellen möge, seiner Frau genauso gegenüberzutreten und sie so anzusehen, lade ich ihn ein. Sofort verändern sich seine Atmung und seine Körperhaltung. Überrascht stellt er fest: Er habe immer darauf gewartet, dass sie aktiv sein müsse – dass auch er ihre Reaktionen hervorrufen könne, sei ihm noch nicht in den Sinn gekommen.

Der Körper ist sichtbar, die Seele und der Geist (im Sinne von »mind«) sind es nicht – auch wenn sich beide »verkörpern«. Der Körper ist jedoch grundsätzlich spürbar (wenn einem diese Wahrnehmung nicht von klein auf ausgeredet wird) – für sich selbst wie auch für andere; damit sind nicht allein Berührung und Bewegung gemeint, sondern vor allem auch die Energieaufladung und **-abstrahlung** ☞ [166]. In allen dreien befindet sich »Geist« (im Sinne von »spirit«) – und der kann ein Geist der Liebe, des Friedens, der Salutogenese sein oder aber ein Geist der Missachtung, des Krieges, der Pathogenese.

Üblicherweise wird Liebe von klein auf als Grundhaltung erwartet und gefordert – und zwar ohne Anleitung, wie man das »machen« soll. Außerdem verbergen sich in diesem Anspruch (von »ansprechen«) Gehorsamspflichten und Unterwerfungsaufgaben. Es wird erwartet, dass jeder Mensch, und sei er oder sie noch so klein, lieben »kann« – und sogar muss: die Eltern und Großeltern nämlich und auch die ersten Rivalen, die Geschwister. Im Wort »können« liegt aber Doppelsinn verborgen: Etwas nicht zu können kann heißen, man hat es nicht »gelernt« – hat keine entsprechende Neurosignatur –, oder es kann auch heißen, die Fähigkeit sei schon da gewesen, wurde aber massiv behindert.

Nehmen wir als Beispiel eine Bootsfahrt auf stürmischer See: Der Inhaber eines entsprechenden Schiffspatents »kann« lenken im Sinne von »besitzt die Fähigkeit«, aber er »kann« es »nicht«, wenn er umfällt, egal aus welchen Gründen, oder wenn ihm jemand ins Steuerrad greift.

Eltern, Geschwister und andere nahe Verwandte könnte man schon lieben – vorausgesetzt, man hätte erstens bereits »Liebesnervenzellen« geformt (und wie wir wissen, hängt das mit dem »Glanz im Auge der Mutter« zusammen), und zweitens, diejenigen potenziellen »Liebesobjekte« wären auch liebens-wert. Wenn aber diese Bezugsperson tyrannisiert, nörgelt, beschimpft, kurz die Lebensenergie des anderen schwächt, schafft sie sich einerseits einen augenblicklichen Energievorteil für sich selbst – was mit Liebe nichts zu tun hat –, und andererseits gibt es ihr auch einen auf Dauer, denn sie kann dem Unterlegenen immer wieder seine »Schwäche« vorwerfen. Ist jemand mit dieser Überlegenheits-Taktik erfolgreich, schafft er oder sie beim anderen mit großer Wahrscheinlichkeit Schuldgefühle oder einen Minderwertigkeitskomplex.

Schuldgefühle kann man als nach innen gewendete Aggression enttarnen: Eigentlich müsste man sich gegen die Abwertung wehren, weil niemand das Recht besitzt, einen anderen Menschen minder zu bewerten, außer es wurde dazu ein (auch **konkludenter** ☞ *166*) Vertrag geschlossen wie etwa beim Eintritt in eine Bildungsinstitution, Arbeitsstelle oder bei Unterwerfung unter eine Jury. Aber viele wissen nicht, wie man solche Abwehr korrekt ausspricht – sie spüren nur ihren Zorn, und der beweist nur ihre Kampfkraft. Weil sie aber die Folgen eines Kampfes scheuen, wird die Kampfkraft von den »Braven« zurückgehalten. Dahinter steckt die Sorge, dass in der Familie »alle über einen herfallen« oder in einer Liebesbeziehung der Abbruch droht. Letzteres gibt es auch in Familien, wenn das »schwarze Schaf« – psychotherapeutisch: »der identifizierte Patient«, nämlich der oder die, die angeblich an allem schuld ist – aus der Gemeinschaft ausgeschlossen wird. Was vom »Schuldbeladenen« oft als Verrat an der Familienharmonie gedeutet wird, ist aber tatsächlich Verrat an sich selbst, weil man auf die eigene Selbstbehauptung verzichtet hat. Daraus kann ein Lebensmuster (in der Sprache der Transaktionsanalyse: ein »Spiel«, mehr dazu später) erwachsen.

Dieses erwartete »Lieben« wird daher aus subjektiven oder objektiven Gründen – oder auch aufgrund eines Beziehungsgeflechts von beidem – gelingen oder misslingen. Zu den subjektiven gehört alles, was man von klein auf an realen wie auch virtuellen »Modellen« verinnerlicht hat, ergänzt durch die »Appelle« all derer, die sich für berechtigt halten, »Erziehungsmaßnahmen« (Gebote und Verbote) zu setzen, vor allem aber auch die positiven oder negativen Erfahrungen der ersten Liebesbeziehungen innerhalb wie außerhalb der Familie.

Wer schon im Kindergarten bzw. in der Grundschule wegen seines situationsadäquaten »Herzerl-Blicks« verspottet wurde, wird mit großer Wahrscheinlichkeit späterhin versuchen, sich ein undurchschaubares Poker-Face anzutrainieren und damit seine Möglichkeiten des Gefühlsausdrucks erstarren lassen – nicht nur die mimischen, sondern auch die emotionalen.

Energetische Schieflagen

Liebe wird aber auch »angetan«. Solch ein Beglückungsterrorismus kann nicht nur unangenehm, sondern sogar traumatisierend sein, wenn er zum falschen Zeitpunkt, in der falschen Weise, von der falschen Person kommt, und aus Angst oder Höflichkeit (also doch wieder Angst – der Begriff stammt ja aus der Etikette bei Hof, die Unterwürfigkeit sicherstellen sollte) nicht abgewehrt wird.

So kann ich mich an einen TV-Spot der Österreichischen Nationalbank in der Zeit rund um die Jahrtausendwende erinnern, in dem sich ein junger Bub widerwillig von einer ältlichen Verwandten küssen lässt und dafür »sein erstes selbstverdientes Geld«, wie es hieß, erhält. Ich diskutierte diese »Anleitung zur Prostitution« mit meinen Student*innen in Linz, die sich bei mir in Lebens- und Sozialberatung mit besonderem Schwerpunkt auf Fragen der Gewaltprävention und Sexualität ausbilden ließen. Sie schrieben dann einen Protestbrief, und kurz darauf war diese Werbung verschwunden (wobei ich nicht weiß, ob aufgrund dieser Aktivität – ich vermute eher, es werden sich wohl auch andere dagegen ausgesprochen haben). Ich bringe dieses Beispiel, um aufzuzeigen, dass vieles, was noch im 20. Jahrhundert als witzig oder auch normal galt, im 21. ein »No-Go« geworden ist (mehr dazu dann unter »#MeToo«).

Ich erinnere mich aber auch an ein Beratungsgespräch mit einem Paar, bei dem sich der Mann über die mangelnde sexuelle Zugänglichkeit seiner Frau beklagte, und nachdem sie mehrfach betonte, sie fühle sich von ihm nicht geliebt, verzweifelt rief: »Aber das *muss* ihr doch guttun!«

In einem anderen Fall wurzelten die Paarstreitigkeiten darin, dass der Mann bei jeder Gelegenheit seine Frau berührte, was sie – ein mehrfaches Missbrauchsopfer – nicht leiden wollte, was er wiederum nicht verstand: Aus seiner Sicht von Ehe gehörte andauernde körperliche Nähe einfach dazu. Die Lösung des Konflikts gelang dadurch, dass die beiden vereinbarten, dass die Frau von sich aus den Mann mehr berühren würde und er dies nur genießen, aber nicht gleich retourgeben würde.

Wenn solche »schiefen« Beziehungen (»von oben herab« oder »von unten hinauf«) daraufhin überprüft werden, wie die an Alter, Körperstärke, Wissen und Sprachmacht, Finanzkraft oder auch nur an Ausdauer überlegene Person seine (oder ihre) »Potenz« auf jemand anderen loslässt, merkt man, dass es sich dabei um gezielte Manipulation oder auch subtile oder auch brutale Gewalt handelt. Leider gilt dies aufgrund der zahlreichen familiären (Schule, Sport, Militär und Arbeitswelt) und medialen Vorbilder vielen als »ganz normal« im Sinne von üblich. »Normal« im Sinne von salutogen ist es nicht. Ich schlage daher vor, alles, was oberflächlich unter dem Namen Liebe bezeichnet oder zusammengefasst wird, daraufhin zu überprüfen, welche Energien dabei wie eingesetzt werden und zu welchem Ziel.

Liebe durch das Mikroskop der Biologie betrachtet

»Alle Tiere, alle Pflanzen, alle menschlichen Berufsstrukturen und alle Erwerbsbetriebe haben die gleiche zentrale Ausrichtung [...], sie sind alle darauf ausgerichtet, ihr Energiepotenzial zu erhöhen. Ihre Existenz steht und fällt mit dieser einen Tätigkeit«, betont der Zoologe und Meeresforscher Hans Hass. »Nur wenn es ihnen glückt, eine im Durchschnitt aktive Energiebilanz zu erzielen, können sie bestehen. Sie müssen mehr nutzbare Energie einnehmen, als ihre Erwerbsanstrengung sie selbst an Energie kostet. Wird ihr Saldo passiv, dann mögen sie sich noch aus der Reserve oder durch Abbau der eigenen Struktur existent erhalten, bleibt es jedoch passiv, dann zerfallen sie, vergehen sie.« Und Hass pointiert sogar: »Das gilt für jeden Wurm ebenso wie für eine Lokomotivfabrik, für jedes Bakterium ebenso wie für einen Geldschrankknacker.«

Energie sei ungemein wandlungsfähig, erinnert Hass, und zählt auf: Sie trete als Wärme in Erscheinung, als kinetische Energie, Elektrizität und chemische Energie, als Magnetismus, Massenanziehung, Kernkräfte und Ruhemassenenergie – und jedes dieser Phänomene lasse sich messen. Er erinnert dazu an die Maßeinheiten Erg, Kalorien, Pferdekraftstunden, Elektronenvolt, Wattsekunden, und: »Jedes dieser Maße lässt sich in jedes andere umrechnen. Aber was das so ungemein Wandlungsfähige ist, das hier gemessen wird, das wissen wir nicht.« Ich ergänze: Auch das, was sich zwischen aufeinander bezogenen Menschen abspielt, sind Spielarten von Energie bzw. Energieaustausch, und auch das kann sich jeweils in andere Energieformen verwandeln – in Liebe, Freundschaft, Fürsorge, Treue, aber auch in Hass, Feindschaft, Verfolgung, Ablehnung.

Was Hass noch betont, ist der »Konkurrenzkampf der Energieanwärter«, denn »fast immer stehen einer Erwerbsquelle mehrere Energieanwärter gegenüber«. Statt Erwerbsquelle können wir auch von der Bezugsperson sprechen, um deren Aufmerksamkeits-, Zuwendungs-, Liebesenergie konkurriert wird. Hans Hass kommt in seinen Beobachtungen der dabei angewandten Strategien im Tierreich wie im Wirtschaftsleben (z.B. Aufpassen, Verteidigen, Verstecken, Einschließen) zu dem Schluss: »Der einzig wirksame und für das Individuum rationelle Schutz besteht in der Schaffung einer Interessensgemeinschaft mit Arbeitsteilung.« Heute bleiben die meisten Motive zu Paarbildungen, Familiengründungen, Kommunen (im Mehrfachsinn) unbewusst, weil das medial propagierte Ideal-Bild von romantischer Liebe (für die Zielgruppe Frauen) oder leidenschaftlicher Liebe (für die Zielgruppe Männer) ein vertieftes Nachdenken über Sehnsüchte und Wünsche, Ängste oder auch strategische Überlegungen durch Zuschauen und Abschauen ersetzt.

Das hängt aber auch damit zusammen, dass es keine anerkannte »sachliche« Sprachform gibt, mit der man diese Interaktionen bzw. Transaktionen kommunizieren kann – ein Mangel, der auch beim Versuch, über Sexuelles zu reden, bemerkbar wird. Will man nicht nur theoretisieren, sondern mehr von seiner Innenwelt herzeigen als nur Plastikworte zu produzieren, wird Intimes offenbar werden. Ich verwende zur Abhilfe oft Vergleiche mit Musik: So wie dort Luft (Wind, Spirit) mittels verschiedenster materieller Hilfsinstrumente in Schwingung gebracht wird und die Absicht (und die Kompetenz) der Musizierenden entscheidet, ob eine Melodie als Kriegsgetös, Marsch, Schlummerlied, Choral oder auch Liebesserenade gehört, gefühlt und verstanden wird, kann das menschliche Musikinstrument Stimme, also Atemluft, echte oder falsche Töne hervorbringen. »Stimmung« wird im Atmen, Singen und Sprechen gehört, wenn man nur darauf achtet. Sie ist aber auch spürbar, wenn man sich nahe genug befindet – und das betrifft nicht bloß räumliche Nähe, sondern vor allem seelische. Deswegen vermeiden viele Menschen dieses Mitfühlen und reden es auch in bester (liebevoller) Absicht schon kleinsten Kindern aus, um sie – angeblich aus »Liebe« – gegen die Härten des Lebens zu desensibilisieren. Das Motiv dahinter ist aber nicht Liebe, sondern der Wunsch, sich selbst unangenehme Gefühle zu ersparen.

Eine meiner Klientinnen folgte jahrelang dem Gebot ihrer Mutter, ihr alles Erlebte haargenau berichten zu müssen, um dann immer wieder deren Klage: »Kind – was tust du mir an?!« zu hören. Ihre Vergewaltigung durch einen Schulkollegen erzählte sie nicht – sie hätte von der Mutter ohnedies kein Mitgefühl erhalten und vom Vater nur einen öffentlichen Rachefeldzug. Jahre später schickten sie die Eltern zum Psychiater, weil sie sich nicht erklären konnten, wieso die junge Frau andauernd unter unbegründeten Schuldgefühlen litt.

Das entspricht in etwa auch dem, was ich »Dornröschen-Strategie« nenne: Alle Spindeln verbieten, in der Hoffnung, dass die junge Prinzessin dann nicht gestochen werden kann – ein klassisches Symbol für Missbrauch und Vergewaltigung –, statt sie aufzuklären, wie Spindeln aussehen und wie man mit ihnen selbstschützend umgeht. (Ähnliche Illusionen hegen diejenigen, die wähnen, allein Schusswaffenverbote könnten Morde verhindern.)

Es bildet einen wesentlichen Unterschied, ob man nur unbewusst schnell »sich Luft machen«, also sprachlich von Erregungs- oder Leidensdruck erleichtern will, oder auch »Wind machen«, also Erregung auf andere übertragen, oder ob man ruhig und ernsthaft nach Erklärung, vor allem aber Aufklärung sucht.

> *Dem anderen sofort alles erzählen »müssen«,*
> *ist ein Zeichen von kindlicher Unreife,*
> *mit der ich den Partner zur Mama oder zum Papa mache.*
>
> Hans Jellouschek

Aus meiner Sicht wäre der richtige Weg, schon von klein auf anzuleiten, die verschiedenen Energieformen (Kampf- oder Paarungsbereitschaft, Widerstand, Abwehr und Rückzug wie auch Energieverlust) zu erkennen, vor allem aber auch zu lernen, die eigene Energie zurückzuhalten. Leider können – und wollen – das die wenigsten Menschen im mitteleuropäischen Kulturkreis, es sei denn, sie sind in einer fernöstlichen Kampf- bzw. Meditationstechnik geübt. Es geht dabei nämlich nicht um Unterdrückung, sondern um »Wandlung«: Aus einem unbedachten Impuls soll salutogene Kraft werden, und die liegt bekanntlich vor allem in der Ruhe. Das gilt auch für die Kraft der Liebe.

Liebe durch das Teleskop der Zeit betrachtet

Zum Aufrechterhalten der Lebensfunktionen braucht man Energie. Diese »Bio-Energie« kann man erzwingen, stehlen, erbetteln, tauschen ... aber auch vortäuschen. Gleichzeitig mit dem Übergang vom Nomadentum zur Sesshaftigkeit und zu bodenverhaftetem Eigentum entstand auch die eigene Ortsbindung und die von anderen Menschen, um über deren Energie (Leistungskraft, insbesondere zur Verteidigung des Besitzes) verfügen zu können. Die Historikerin Gerda Lerner formuliert: »Die Sklaverei ist die erste *institutionalisierte* Form hierarchischer Dominanz in der Geschichte der Menschheit«, und zitiert als Begründungen Gefangennahme im Krieg, Strafe für ein Verbrechen, Verkauf durch Familienangehörige, Selbstveräußerung aufgrund von Schulden und Schuldknechtschaft. Sklaven galten als Eigentum.

Dieses »ökonomistische« Bewertungsdenken verbirgt sich auch heute vielfach in der Partnerwahl, sei sie auf Dauer angelegt oder auf Einmaligkeit (zeitlich gemeint, nicht als Vergleichskriterium!): Unbewusst erhofft man sich einen Energiegewinn – oder zumindest die Vermeidung eines größeren Energieverlusts – durch die Bildung einer »Interessensgemeinschaft« (siehe das Zitat von Hans Hass).

Blickt man in die Geschichte zurück, kann man beobachten, wie sich gesellschaftliche Erwartungen entwickelt und verändert haben: Abgesehen von Frauenraub, waren es die dominierenden Männer, die nach Maßgabe des zu erwartenden Machtzuwachses die verfügbaren Frauen selbst schwängerten oder teuer verkauften. Das erklärt das Leiden unfruchtbarer Frauen – sie galten einfach als nichts wert. Dieses **Mem** ☞167 wirkt vielfach heute noch im Unbewussten. Das hängt einerseits damit zusammen, dass die multimedial propagierte Bevölkerungspolitik des Nationalsozialismus im Denken der Menschen, die mit der damaligen Familienideologie indoktriniert wurden, noch wirksam ist und von ihnen an ihre Nachfahren weitergegeben wird, wohingegen sich die meisten Repräsentanten christlicher Kirchen im Westen mit Fruchtbarkeitsgeboten ebenso zurückhalten wie mit Verhütungsverboten.

Die heutigen Opinionleader und Influencer finden sich demgegenüber im kommerziellen Bereich: Gesundheits-, Ernährungs- und Kosmetikindustrie werben mit Bildern glücklicher Paare und Familien und suggerieren damit, dass nur wertvoll, nämlich der Aufmerksamkeit wert ist, der ihren Bildvorgaben entspricht.

Wenn ein erfolgreiches Model Mitte der 40 sich mit einem singenden Endzwanziger **paart** ☞167 und damit die üblichen Klischees (Mann muss älter, größer und reicher sein) ad absurdum führt, so mag dieser Beeinflussungsmodus antidiskriminierend wirken. Diese veröffentlichte »Werbung« für Liebe jenseits der traditionellen Stereotypen gilt leider nicht im räumlichen Nahfeld, wo noch soziale Kontrolle und damit Kritik ausgeübt, d.h. positive Aufmerksamkeitsenergie in negative verwandelt wird. Auch wenn manche PR-Berater im Sinne von »Negative Strokes sind immer noch besser als gar keine Strokes« dem Leitsatz der Boulevard-Medien »Only bad news are good news« zustimmen mögen, bewahrheitet sich das nicht im privaten Alltag – vor allem für die Angehörigen. Dann erhebt sich die Frage, wie viel Kritik kann ein psychisch gesunder Mensch aushalten, ohne sich seelisch (und damit in der Folge auch körperlich) zu verhärten.

Liebens-Wert

In diesem Zusammenhang stellt sich auch die Frage: Wo bzw. wem will **manfrau** ☞168 wert-voll sein? Den Medien (Bezirkszeitung mitgemeint)? Der Nachbarschaft? Der Clique? Einer Gesinnungsgemeinschaft? Wechselnden Partnerpersonen? Oder einem intimen Freundeskreis? Oder vor allem sich selbst (ohne gleich die **Narzissmus-Diagnose** ☞168 zu provozieren)?

Heute werden einerseits Öffentlichkeitsarbeit, Imageberatung, Beziehungscoaching professionell vermarktet, andererseits beginnt das Sammeln von Followern auf Blogs und anderen sozialen Medien, seriös erlernte Erwerbstätigkeiten zu ersetzen. Hier kann man beobachten, dass mit diesen Visionen von leicht zu erreichender – auch finanzieller – Zuwendungsenergie neue Formen von Energiediebstahl entstehen: Statt sich auf den eigenen Entwicklungsweg im Hier und Jetzt zu konzentrieren, wird scheelen Auges auf andere nebenan geschaut oder weit in die Zukunft phantasiert, und damit werden die gegenwärtigen Chancen oder Wagnisse des nahen und dennoch distanzierten Energieaustausches verabsäumt.

Schon in den 1970er Jahren ließ der Historiker Christopher Lasch mit dem Schlagwort von »Kultur bzw. **Zeitalter des Narzissmus«** ☞ 169 aufhorchen: Auch wenn aus psychoanalytischer Sicht etliche Narzissmus-Entschlüsselungen von »krank« bis »hochbegabt« in Konkurrenz stehen (und beispielsweise zwischen dem beharrlichen Verweigern der Erkenntnis der eigenen Unvollkommenheit und Begrenzung und demgegenüber dem drängenden Streben nach Verwirklichung schöpferischer Ideen bei Künstlern oder Wissenschaftlern), ist doch auffallend, wie stark sich die sozialen Gebote von »Bescheidenheit« hin zu »Selbstpräsentation« verschoben haben.

Alles hat heutzutage seinen Gipfel erreicht,
aber die Kunst, sich geltend zu machen, den höchsten.

Baltasar Gracián

Ich führe das auf die kommerziellen Angebote à la »Sei dein eigener Kameramann/Journalist« zurück (was auch zeigt, dass diese Berufe in der gesellschaftlichen Wertschätzung gestiegen sind). Da gab es zuerst Fotoapparate mit Selbstauslösefunktion, dann Videokameras für den Hausgebrauch. Derzeit boomen Mobiltelefone zur Produktion von Selfies (und Abstandhalterstäbe zur Panoramaerweiterung).

Sie alle stießen auf »narzisstische« Begeisterung – und liefern möglicherweise einen Beitrag zur Salutogenese psychischer Gesundheit. Dahinter zeigt sich das Bedürfnis, angesehen zu werden – und deutet auf einen Mangel am »Glanz im Auge der Mutter« oder einer anderen Person, die für einen ebenso wert-voll ist – von der man einen besonderen Energiezuwachs nicht nur in der Zweierbeziehung erwarten kann, sondern auch in der sozialen Gemeinschaft.

Partnerwahl

Der texanische Psychologieprofessor David Buss gehört zu den sogenannten Evolutionspsychologen, die mit Berufung auf tierische Vorfahren als Paarungsmotiv allein die instinktive Suche nach dem besten »Fortpflanzungserfolg« gelten lassen: »Genauso wie wir Sexualstrategien entwickelt haben, um einen guten Partner auszuwählen, für uns einzunehmen und zu halten, haben wir auch Strategien entwickelt, wie wir einen schlechten Partner wieder loswerden«, denn »Wir haben so unsere Methoden, abzuschätzen, ob uns ein Partner mehr Kosten verursacht als er an Nutzen bringt.« Das mag wohl überall dort stimmen, wo Erwerbsverbote bzw. extreme wirtschaftliche Ungleichgewichte das Hauptmotiv für die Bildung von geschlechtlich definierten »Interessensgemeinschaften« darstellen. Um solche Verbindungen zu stabilisieren, muss man sie »rechtmäßig« machen. Traditionell geschah dies durch Eheschließungen – unter ökonomischer Bedachtnahme ausgehandelt von den Vätern oder Ältesten eines Clans. Durch die Verfügbarkeit hormoneller Antikonzeptiva, die zunehmende Berufstätigkeit und Selbsterhaltungsfähigkeit von Frauen sowie die Zurückdrängung vatikanischer Moralgebote konnten sich seit der zweiten Hälfte des 20. Jahrhunderts alternative Formen und Bewertungen des Zusammenlebens etablieren. Nicht mehr die Energie der finanziellen Potenz machte attraktiv, sondern die, die in romantischen oder erotischen Filmszenen vorgeführt wurde. Liebe war nicht mehr als Aufopferung für ein größeres Ganzes (das man lieben und dem man seine Energie spenden muss) definiert, wie in den Propagandafilmen der NS-Zeit (und der Sowjets in der Besatzungszeit), sondern wurde immer mehr als Zweier-Trutzgemeinschaft (die sich gegenseitig mit Liebesenergie versorgt) gegen eine feindliche Umwelt inszeniert. Zumindest das weibliche – bekanntlich **beziehungsorientiertere** ☞170 – Publikum fand in diesen Vor-Bildern von »Die Liebe siegt immer zuletzt« eine Bestätigung dessen, was es tief innen ersehnte. Ich führe diese Geschlechterdifferenz darauf zurück, dass männliche Kinder noch immer vielfach nach einem **militärischen Rollenbild** ☞170 erzogen werden (außer sie haben Unterstützung für alternatives Verhalten durch künstlerisch, spirituell oder wissenschaftlich orientierte Bezugspersonen).

Nun mag der Unterschied zwischen unbewusstem Suchen nach »Versorgungsenergie« und der antidepressiv wirkenden »Idealisierungsenergie« der Verliebtheit nicht besonders groß sein. Was die **linear** ☞170 auf die **diachrone** ☞170 Urgeschichte der Menschheit blickenden Evolutionspsychologen (deren fokussierte Sichtweise ich als historische Erklärung durchaus schätze) aber nicht beachten, sind die gleichzeitig **komplex** ☞170 wirkenden sozioökonomischen, pädagogischen wie auch tiefenpsychologischen Wirkmechanismen.

»Ist die Ehe aber der Heilsweg aller?«, fragt der Schweizer Psychiater und Jungianische Psychoanalytiker Adolf Guggenbühl-Craig und erinnert, dass man ja auch nicht von jedem verlange, dass er sein Heil beispielsweise in der Musik finde, doch werde erwartet, dass ein »normaler« Mensch nach einem bestimmten Alter heirate. Und er resümiert: »Heute sind unzählige Menschen verheiratet, welche in der Ehe nichts zu suchen haben.« Immerhin gäbe es Frauen, die nur Kinder, aber keinen Mann wollen.

Ehen haben, so der Tiefenpsychologe, im westlichen Kulturkreis unterschiedliche Funktionen, je nach Ehevorstellungen und Phantasien. Als solche macht er aus

- die »bäurische Ehe«, in der Mann und Frau (heute muss man gedanklich immer auch gleichgeschlechtliche Paarungen einbeziehen) einen gemeinsamen Besitz (z.B. Hof, Geschäft, Hotel, Laden ...) bearbeiten und in der Ehe eigentlich als Geschäftspartnerschaft verstanden wird. Ich ergänze: zumindest von einem Teil des Paares.
- Die zweite Vorstellung der Ehe charakterisiert er als »Kinderheim«. Hier liegt das wesentliche Ziel darin, Kinder in einer liebevollen und geschützten Atmosphäre aufwachsen zu lassen. Ich ergänze: Genau darin liegt auch der Anziehungspunkt für pädophile Männer, die insgeheim nur die Nähe von Kindern begehren und die Einsamkeit und Unterstützungsnot alleinerziehender Mütter ausnützen.
- Ein anderes Bild der Ehe sieht Guggenbühl-Craig in der »politischen« Ehe: In dieser verbinden sich Sprosse mächtiger Familien, befreundeter (aber auch verfeindeter) politischer, wirtschaftlicher oder krimineller Gruppierungen.
- Zuletzt nennt er noch die Möglichkeit, einen Menschen zu besitzen, die »Sklavenehe«: »Der Mann nimmt sich eine Frau und gebraucht sie als Haushaltssklavin. Oder aber umgekehrt: Die Frau besitzt ihren Mann als Arbeitskraft und Ernährer.«

Liebe findet sich in seiner Auflistung nicht. Deshalb erklärt der Autor auch: »Ich muss die mannigfaltigen Möglichkeiten der Ehe, die wechselnden Gesichter, die sie im Laufe der Geschichte zeigte, und ihre kulturelle Abhängigkeit, die verschiedenen Bilder, die auch am selben Ort und zur selben Zeit die Ehe bestimmen, deshalb unterstreichen, um zu zeigen, dass die Ehe nicht etwas Gegebenes, etwas biologisch Vorbestimmtes, etwas sogenannt Natürliches ist. Die Ehe ist ein Menschenwerk, das immer wieder neu geschaffen und neu verstanden wird.« Dazu ergänze ich: indem Macht und Verantwortung selten gleichberechtigt verteilt ist, weil immer einer erwartet und einfordert, vom anderen mit Liebesenergie versorgt zu werden wie einst als Kind.

> *Aber Verantwortung für einen anderen darf auch nicht zu weit gehen;*
> *sie darf ihm nicht die Verantwortung abnehmen wollen,*
> *die er selbst zu übernehmen lernen muss,*
> *will er nicht ein unverantwortliches Kind bleiben,*
> *das alle Entscheidungen und die Übernahme von Pflichten*
> *an den anderen delegiert.*
> *In vielen »Versorgungsehen« ist das der Fall, in denen ein Partner*
> *auf Kosten des anderen lebt und ein Parasitendasein führt.*
>
> Fritz Riemann

Energievampire

Wir kennen sie aus Filmen: Sie kommen in dunkler Nacht (daher sieht man sie nicht so klar wie in des Tages Helle), ihr Glutblick ist intensiv und ihr Gehabe höchst erotisch, sie scheinen die perfekten Liebhaber*innen zu sein – aber statt zu küssen, beißen sie und saugen ihren Opfern die Energie aus: Vampire.

Besonders gefährdet sind Menschen, die schon in ihrer Kindheit im Namen von Liebe »ausgesaugt« wurden. Nicht nur Pädosexuelle, die Kinder für ihre sexuellen Bedürfnisse oder Zwänge missbrauchen (und Pädokriminelle, die solche Untaten real oder virtuell vermarkten), sondern auch gehemmte Pädophile, die Kinder und Jugendliche nur »anbeten« wollen, wie sie sich einreden, begehren die »reine«, d.h. unbeschädigte Energie des Kindes. So eröffnete mir einmal ein Klient in der von mir 1987 mitbegründeten Ersten Wiener Sexualberatungsstelle, ihn könnten sexuelle Darbietungen rein gar nicht mehr erregen – außer »mit Unschuld«, also mit Kindern.

Kinder benützen oft das Wort »komisch«, wenn sie nicht wissen, wie sie verständlich machen könnten, dass sie sich bedrängt, bedroht fühlen – aber das, was gerade abläuft, in ihrem Erfahrungs- und Wortschatz noch nicht eingespeichert ist. Bleibt es bei diesem Mangel, besteht die Gefahr der Fixierung auf diese Form sexueller Ausbeutung: Dann gerät jemand immer wieder in Situationen, in denen sie oder er sich deutlich abgrenzen müsste, aber der Übergriff ☞ 171 kann oft gar nicht oder erst im Nachhinein wahrgenommen werden – eben weil die Verteidigungsenergie bereits im Entstehen der »Urszene« vernichtet wurde.

Wer in einem Helferberuf arbeitet – oder wem es auch privat ein besonderer Wert ist, für andere hilfreich zu sein –, kennt das Phänomen, dass man sich bei manchen Menschen nachher ausgelaugt, in der Begegnung mit anderen hingegen aufgebaut fühlt. Besonders Lehrkräfte kennen das: Wenn die Schülerschaft aufmerksam ist und im Unterricht »mitgeht«, ist man auch nach sieben Stunden Vortragen putzmunter, sitzen die Kids aber demonstrativ desinteressiert mit dem »faden Aug'« da, ist man schon in der ersten Unterrichtseinheit des Tages »erschöpft«: Im ersten Fall hat man Zuwendungsenergie (Strokes) erhalten, im zweiten wurde sie verweigert und damit »abgezogen«.

Der Psychologe Volker Elis Pilgrim schreibt in seiner Forschungsnovelle »Der Vampirmann«: »Nicht jeder Mensch lädt jeden anderen ab. Und nicht jeder Mensch lässt sich von jedem anderen abladen.« Auf seiner Suche nach den spezifischen Anzeichen, die zwischen Menschen Ab- und Aufladevorgänge in Bewegung setzen, wie es »auch bei Körpern und Pflanzen besondere Merkmale gibt, die sie dazu bringen, Energie zwischeneinander zu verschieben«, fand er »drei andere Phänomene, die mit dem Vampirismus in Zusammenhang stehen«: Depression, Schlafstörungen (ich ergänze: ein klassisches Symptom bei Depressionen) und das, was er »biographischen Energietransport« nennt: das lebensgeschichtliche Auslaugen einer Person durch eine andere. Er schreibt: »Ich sah oft zwei Menschen, die zusammenleben, in unterschiedlichen Verfassungen: er = rot, jung, geballt, strahlend – sie = weißgraugelb, angealtert, dünnig-blaß oder dicklich aufgedunsen, Ringe unter den Augen, kalte Hände, mit einem Schweif von schwer zu definierenden Unpässlichkeiten. In Ausnahmen erblickte ich die Extreme vertauscht – sie im Licht, er im Schatten. Ich horchte auf, wenn Partnerlebensläufe ungleich verliefen: Sie stirbt in jüngerem oder mittlerem Alter, meist an Krebs, er bleibt leben, verbindet sich neu. Nicht selten wiederholt sich das Ungleichgewicht. Auch die nächste Gefährtin gerät in Jammer, ist geduckt, von schleichender Auszehrung, stirbt ebenfalls vor dem Mann, wenn sie sich nicht scheiden lässt oder zäh durchhält und erst nach dem Tod des Mannes aufblüht.«

Ich habe genau das bei meiner Mutter erlebt: Mehr als ein Dutzend Operationen hatte sie, an Berufstätigkeit gehinderte, leidenschaftliche Pianistin und »daneben« auch Volksschullehrerin in ihrer 44-jährigen Ehe mit einem dominanten Mittelschuldirektor überlebt – und ihre restlichen 13 Lebensjahre glücklich bei bester Gesundheit selbstbestimmt »gelebt«.

Pilgrim stellt fest: »Mein **unerwidertes Offensein** ☞171, das folgenlose Mich-Öffnen, lässt mich nachts auslaufen.« Ich kenne das aus meiner mehr als 40-jährigen Beratungs- und Psychotherapiepraxis. Da klagen die Frauen: »Ich fühle mich nicht wirklich gemeint!«, und die Männer sagen: »Sie könnte ja auch einmal anfangen!«. Beide meinen das Gleiche: Sie »machen Liebe« miteinander, experimentieren mit all den Sex-Anregungen aus Zeitschriften (Durchschnittsmänner beschränken sich vornehmlich auf Sportberichterstattung und eventuell Innenpolitik) oder Pornomedien und vermissen immer den Energieaustausch »von Herz zu Herz«, den »Glanz im Auge«.

Depression kann, grob gesprochen, als Energiemangel verstanden werden.

Wenn wir verliebt sind – was bei Erwachsenen auch paarungsbereit bedeutet –, glänzen unsere Augen. Wir strahlen – nicht nur im Anblicken des oder der Geliebten, sondern immer und überall. Vermutlich ist das eine Wirkung des »Liebeshormons« **Oxytozin** ☞ 172. Allerdings kann man auf diesen Zustand »schöpferischer Expansion« süchtig werden – und sucht dann permanent nach seinem »Suchtmittel«, um den »Entzugserscheinungen« zu entkommen. Diesen Zustand kann man aber auch unabhängig von einer realen Beziehung leben – und so verstehe ich auch die wiederholten Bibel-Worte, **»in der Liebe zu bleiben«** ☞ 172.

Hinter jeder Sucht steht eine Sehnsucht

Der Mailänder Soziologieprofessor Francesco Alberoni differenzierte die Erotik von Männern und Frauen nach ihren literarischen Vorlieben: Männerpornos gegenüber Frauenschnulzen. Man könnte darin auch das Fortleben der veralteten Rollenbilder von »harter« Männerenergie (wie sie von Soldaten im Nahkampf – aber auch nur dort – gefordert wurde) gegenüber »weicher« Frauenenergie (die Widerstand verunmöglichen und Unterwerfung belobigen sollte).

Alberoni konstatierte: »In der (männlichen) Pornographie werden Frauen zu Phantasiegestalten, vollkommen im Banne des Sex, getrieben von dem unwiderstehlichen Drang, sich auf jeden nächsten Penis zu stürzen. Genauso also, wie Männer sich in ihrer Vorstellung am liebsten ihrerseits auf jede nächste Frau stürzen möchten.« Ich ergänze: oder das nur so »spielen«, weil er eigentlich burned-out ist oder erholungsbedürftig seine Ruhe haben will. Alberoni schreibt aber weiter: »In der Vorstellungswelt der Pornographie treffen beide Begierden auch stets zusammen. Alle geben alles und bekommen auch alles.« Genau das ist das Dilemma auch in jeder Intimbeziehung, nicht nur in den sexuellen: Aus den kurzen ersten Augenblicken gleichzeitiger Wahrnehmung und aufkeimenden Interesses wird geschlossen, dass dieser energetische Gleichklang immer so bleiben wird – nicht nur sexuell, sondern auch sozial.

Eine Phantasiegestalt ist eine Vision: Man erschaut etwas vor dem geistigen Auge – oder man schaut etwas aus der verschriftlichten oder verbildlichten Vision eines anderen ab. Mit Fühlen hat das wenig zu tun – außer jemand hat sich aus Übungsfleiß antrainiert, auf bestimmte **optische Reize** ☞ 173 emotional zu reagieren.

Ein Beispiel: Eine Eva, feministische Kämpferin, Mitte dreißig, erfolgreich in einem Medienberuf und aus konsequenter Selbstbehauptung zweimal geschieden, erzählt stolz über ihre neueste Eroberung, einen charmanten Frauenarzt: »Und dann habe ich mit ihm ausgemacht, dass wir eine schöne Beziehung miteinander aufbauen wollen.« Wie ich mir denn so eine »schöne« Beziehung vorstellen solle, frage ich. »Na, mit einem schönen Abendessen bei Kerzenlicht und leiser Musik, und dann trägt er mich ins Bett …« Wie in einer Filmszene! Leider waren diese Beglückungsphantasien nicht mit seinem Dienstplan im Spital und in der Ordination vereinbar – und sie nicht bereit, auf ihre Vorstellungen zu verzichten.

Menschen, die von Liebe und Romanzen abhängig sind, beziehen ihren Rausch, ihren »Kick«, aus ihrer Verliebtheit in ihre höchstpersönlichen Vorstellungen von Romantik, erklärt die amerikanische Psychologin Anne Wilson Schaef. Solange sie diese »Inszenierungen« selbst gestalten und aushalten, dass die andere Person eben andere Vorstellungen hat, vielleicht sogar verlangt, dass sie nicht zwangsbeglückt wird, wäre das aus meiner Sicht eher ein gesunder Impuls, dem anderen Wertschätzung zu zeigen – nur Liebe ist das nicht.

Schaef wird dazu deutlicher, wenn sie aufzeigt, dass solche Illusionen von Liebe in Wirklichkeit Liebe und Nähe im Hier und Jetzt verhindern. Romanzensüchtige **»schauen« in die Zukunft** ☞ 173 des erwarteten Glücks und, um die Vision dazu zu verwirklichen, diene ihnen die »äußere Form« (»wie im Film«), nicht aber Empfindung und Gefühl. Sie vertrauen darauf, die ideale Partnerperson durch ihre eigene Perfektheit anzuziehen. Schaef schreibt dazu: »Im Leben von romanzensüchtigen Menschen dreht sich alles um den oberflächlichen Schein. Sie wollen ihre möglichen Partner gar nicht *richtig kennen*. Sie wollen lediglich *eine gute Figur mit ihnen machen*.«

Eigentlich wiederholt sich in der Romanzensucht das Drama eines vernachlässigten Kindes, das nur über Leistung Zuwendungsenergie erhalten hat. Wird er oder sie irgendwann einmal wirklich, nämlich bedingungslos geliebt, können viele das gar nicht ertragen – wie jemand, der lange Zeit im dunklen Keller leben musste, das Sonnenlicht nicht aushalten kann.

Ähnliches findet sich auch beim sogenannten Helfersyndrom: Auch hier bestimmen oft filmische Vor-Bilder die Berufswahl und die unbewusste Erwartung von Dankbarkeitsenergie. Wenn man »den Beruf liebt«, liebt man »die Szene« und sich selbst als Hauptdarsteller*in – oder man pflegt eine Illusion. Seinen Beruf korrekt auszuüben, reicht.

Im Gegensatz zur Beziehungssucht, in der die Betroffenen wähnen, ohne Partnerperson nicht leben zu können (was auf Kleinstkinder wohl zutrifft), leben Sexsüchtige eine Beziehung mit sich selbst, betont Anne Wilson Schaef. Ich ergänze: Manche suchen einen bestimmten Kick, andere wollen nur »irgendetwas erleben«, was bedeutet, die innere Leere zu füllen – und das Füllmittel kann auch in Schuldgefühlen bestehen.

> *Vielleicht nimm i mi selber viel zu wichtig,*
> *wenn di des manchmal stört – vergib!*
> *I kann eigentlich nur besser werd'n,*
> *weil i ständig von mir lern',*
> *und dafür hab i mi ganz einfach lieb …*
>
> Liedtext Stefanie Werger

Das einzig wahre Füllmittel ist aber Selbstachtung und Selbstliebe: Sich auch zu mögen, wenn man Schuldgefühle erlebt (oder gemacht bekommen hat), egal aus welchem Anlass, oder mit einer Ent-Täuschung fertig werden muss oder selbstquälerisch den Begriff des Scheiterns auf sich anwendet.

So höre ich immer wieder die Klage von Frauen, »Ich habe ihn nicht halten können!«, und sage dann immer mimisch übertrieben, gespielt vorwurfsvoll, »Aber ein Mann ist doch kein Hund, den man an der Leine führt!«, um die Absurdität dieser Selbstverpflichtung deutlich zu machen. Sie stammt noch aus dem 19. Jahrhundert, als »anständige« Frauen auf einen »Erhalter« angewiesen waren.

Von dem ehemaligen österreichischen Bundeskanzler Fred Sinowatz (SPÖ) ist das Zitat »Ohne die Partei bin ich nichts« zu Internet-Ehren gelangt. Sein Nachfolger Franz Vranitzky soll auf eine analoge Frage dagegen geantwortet haben, er sei auch »ohne Partei« was. Ich denke, jeder Mensch sollte sich immer wieder in Erinnerung rufen: Er und genauso sie »sind was« – und was, das unterliegt ihrer Selbstbestimmung, und zu der gehört, energetische Ausbeutung nicht zu dulden, auch wenn sie unter der Deckflagge »Liebe« dahersegelt. Es gibt viele Formen, wie man sich dagegen schützen kann, und die kann man lernen. Eine davon besteht darin, aus betontem eigenem Willen, aber nur für den Einzelfall, das zu »schenken«, was jemand anderer erzwingen will: »Aber gerne komme ich Ihnen dieses Mal entgegen.« Allerdings gehört dann auch das Limit bzw. die sonst vielleicht nicht klar erkennbare Grenze verdeutlicht.

Das »seltsame Spiel«

Die Liebe ist ein seltsames Spiel –
sie kommt und geht von einem zum andern.
Sie nimmt uns alles, doch sie gibt auch viel zu viel –
Die Liebe ist ein seltsames Spiel.

Liedtext Connie Francis

All diese Verhaltensweisen können auch als »Spiele« verstanden werden. Die meisten dieser Spiele werden unbewusst gespielt. Bei »echten« Spielern (meist männlich) drängt sich aber gelegentlich ein triumphierendes Lächeln in die Gesichtszüge und verrät, dass hier absichtlich »gespielt«, um einen Sieg – also Gewinn von Energie – gerungen wird. (Wenn beide absichtlich »spielen«, z.B. einander necken, wird hingegen Energie ausgetauscht, halt auf eher kindliche Weise.)

Spiele sind Verhaltensmuster, die von Vorbildern abgeschaut wurden, mit denen man sich identifiziert hat. Sie können überall beobachtet – und entschlüsselt – werden, wo Menschen mit anderen Personen – aber auch Tieren! – kommunizieren. Sie finden auch nonverbal statt, durch Blicke und Körperhaltungen oder unartikulierte Laute, und selbst wenn jemand sich bemüht, keinerlei Körpersignale auszusenden, »spüren« sogenannten Hochsensible, was er oder sie bewirken will. Manche dieser Signale werden bewusst eingesetzt – »Glutblicke«, »Sehnsuchtsseufzer« oder scheinbar unbeabsichtigte Berührungen können echter Gefühlsausdruck sein oder taktisch eingesetzte Manipulationsversuche. Frauenzeitschriften sind voll von solchen Tipps, um in der Zeit vor der Abschaffung der »sexuellen Zwangsmoral« (Wilhelm Reich) gelangweilten Gesellschaftsdamen ein bisschen Energiezuwachs zu verschaffen – konnten sie doch flirten, also erotische Angebote vorspielen, ohne diese erfüllen zu müssen.

Seit der zweiten Hälfte des 20. Jahrhunderts hat sich das geändert: Die von mir als dritte sexuelle Revolution (der 1960er Jahre) bezeichnete, sogenannte Befreiung von Eltern-, Kirchen- und Gesellschaftsgeboten wie auch Ängsten vor unerwünschten Schwangerschaften haben das »Spielerepertoire« erweitert: Es sind neue ideologisierte Zwangsspiele dazugekommen. Eric Berne unterscheidet bei den Spielarten zwischenmenschlicher Beziehungen die sachorientierten Bekanntschaften – Arbeitskollegen, Vereinsmitglieder, Gefährten und Freunde – von den emotionalen Beziehungen. Letztere beruhten auf Respekt (basierend auf Zuverlässigkeit und Pflichterfüllung), Bewunderung (die durch von anderen ausgesprochene Anerkennung ausgelöst wird), Zuneigung (auf der Basis eines echten Gefühls), Intimität (also einer aufrichtigen Nahebeziehung ohne Hintergedanken und Ausbeutung) sowie Liebe – und Unzucht. Letztere bezeichnet er als »eine Beziehung zwischen zwei Menschen, bei der jeder nur an den technischen Fertigkeiten des anderen interessiert ist«.

Wenn ein »Gut« knapp ist, steigt sein Preis; ist es hingegen in Überzahl vorhanden, sinkt nicht nur der Preis, sondern auch sein Wert. Mit der freien Verfügbarkeit empfängnisverhütender Hilfsmittel in den 1960er Jahren fiel das traditionelle Selbstverteidigungsargument der auf Keuschheit ☞ 173 eingeschworenen unverheirateten Frauen männlicher Überredungskunst (anstelle der vorher geübten Balzkompetenz) zum Opfer. Frauen wurden nicht nur (wie bisher) mit Gewalt verfügbar angesehen, sondern als austauschbare Objekte in einem unüberschaubaren »Warenangebot«: »Wenn du mich nicht lässt, finde ich mir eine andere!« Disziplinierung durch Drohung mit Liebesentzug – *das* klassische Machtspiel (Powerplay).

Allerdings fiel bald auf, dass der Glutblick des begehrenden Mannes nur eine Täuschung – ein Vertauschungsgeschehen – war: Der von der Frau erwartete physische, psychische und oft auch soziale Energiegewinn verflüchtigte sich bei Auftauchen eines »Konkurrenzangebots«. Gewinner war und blieb der »Vampirmann«.

Eric Berne veranschaulicht dieses Ausbeutungsgeschehen mit Hinweis auf Gleichsetzung des Energiediebes mit dem verinnerlichten Elternteil, der immer wieder sagt: »Genieße, verdammt noch mal! Das ist das wahre Vergnügen!« Zuerst sage das Kind: »Du hast recht!«, dann: »Ich glaube schon«, dann: »Ich bin mir nicht so ganz sicher ...« und schließlich: »Es macht überhaupt keinen Spaß!« Und dann beginne es zu rebellieren, aber diese Rebellion drücke sich in Reue aus. So formuliert er: »Tugend ist Unterwerfung, Reue dagegen Rebellion gegen den korrupten Elternteil in uns.« Rebellion – Einsatz von Kampfenergie – ist jedenfalls nötig, um sich aus der Unterwerfung unter die Macht verinnerlichter, liebloser, verständnisloser und respektloser Autoritäten zu lösen (und, wie schon Paracelsus formulierte, die Dosis macht das Gift).

Rebellion bedeutet, eigene unterdrückte Kraft freizusetzen

Es reicht, das eigene Weltverständnis dem anderer »informativ« entgegenzusetzen, um deren als einzige richtig propagierte »Ordnung der Welt« explizit abzulehnen und sich von ihnen zu distanzieren ☞ 173. Es ist immer erlaubt, ein Spiel abzubrechen und in Zukunft nicht mehr mitzuspielen. Manchmal braucht man dazu Verbündete – auch um eine neue, liebevollere Welt aufzubauen.

> *Wer a sagt, muss nicht b sagen.*
> *Er kann auch erkennen, dass a falsch war.*
>
> Bert Brecht

Seit den 1970er Jahren bemühten sich Fachfrauen, die energetische »Kleinhaltung« von Frauen – vergleichbar einer »Kleintierhaltung« mit Versprechen von Sicherheit im Gesellschaftszoo gegen Freiheit – aufzuzeigen. Dass diese Sicherheit eine Chimäre war und noch immer ist, beweist sich an den Zahlen häuslicher Gewalt. Dazu zählen auch die individuellen wie kollektiven Schuldumkehrversuche, in denen Frauen eine Mitschuld zugewiesen wird, wenn sie sich nicht »erwartungsgemäß« anpassen: Genau das soll nämlich antrainiert werden, wenn schon dem kleinen Kind wiederholt angedroht wird: »Wenn du nicht tust, was ich dir sage, habe ich dich nicht mehr lieb!«. Später pflegen dann Personen, die privat Führungsansprüche durchsetzen wollen, Widerstand als mangelnde Kooperationsbereitschaft (Männer) oder Störung von Harmonie (Frauen) zu »benennen« und als Berechtigung für körperliche Strafaktionen (vom Fremdgehen bis zu mittelalterlichen Körperstrafen) zu interpretieren. Wenn dann plötzlich eine Leiche daliegt, heißt es: »Das war nicht meine Absicht«. Tödliche Spiele sind das – aber sie werden nicht als solche erkannt. Das hängt mit den »Programmierungen« aus der Kindheit zusammen: Wenn einem Kind immer wieder versichert wird, man »müsse« es bestrafen (als gäbe es keine anderen Methoden für Problemlösungen), dann wird es dem als Glaubenssatz sein ganzes weiteres Leben folgen – sofern es nicht »aufgeklärt« wird. Und es wird in seinen Liebesbeziehungen mit großer Wahrscheinlichkeit solche Menschen attraktiv finden, die über genau diese peinigende Eltern-Energie verfügen.

Eric Berne nennt die Personen »Auslöser« ☞[174], die bei anderen die Hoffnung säen, sie könnten endlich das bekommen, was ihnen in ihrer Kindheit versagt geblieben ist: die Liebesenergie der bedingungslosen Akzeptanz ☞[175]. Ich nenne es gerne »Rumpelstilzchen-Syndrom«, die Sehnsucht nach jemandem, der einem hilft, ohne zu fordern. Bekanntlich zerreißt sich der Helfer-Zwerg im gleichnamigen Märchen, nachdem man seinen Namen, d.h. seine wahre Natur, erkannt hat: Er hat den Retter in der Not gespielt, indem er der Müllerstochter half, Stroh zu Gold zu spinnen. Aber schon im Vorhinein wollte er damit erzwingen, was er sonst nie bekommen hätte: ein Liebesobjekt, das er sich nach eigenem Willen zurichten könnte (das erstgeborene Kind der frisch verheirateten Königin, die aber auch nur geehelicht wurde, weil der König an ihre Wunderkraft glaubt. Also auch er wollte sie gar nicht wirklich »erkennen« ☞ 175, sondern nur ausnützen).

Wenn einer Person etwas unterstellt wird, das sie angeblich kann oder macht (»Du hast doch gesagt, dass du mich liebst!«), und ihr bei abweichendem Verhalten Vorwürfe gemacht werden, um Schuldgefühle auszulösen (damit sie doch noch das tut, was man verlangt, egal ob sie es kann, mag oder will), beweist man damit nur Desinteresse.

#MeToo ☞ 175

Freundlich blick' ich auf diese und jene,
Die wie Sterne mich leuchtend umschweben.
Doch mich fesseln soll nie eine Schöne,
Denn ich glühe für keine allein.

Auftrittsarie des Herzogs von Mantua,
Giuseppe Verdi, »Rigoletto«

So wie der Jäger voll freudiger Erwartung auf den kalorienreichen Energiegewinn im Verzehr seine Beute heimschleppt, locken manche Energiejäger ihre sexuellen Eroberungen in Hotelzimmer, ganz mutige in Büros (wo noch der Kick der möglichen Überraschung durch pflichtbewusste Securities droht) und kleinliche ins Auto.

Eric Berne berichtet allerdings: »Die meisten Geschäftsleute meiden Sexualität mit ihren Angestellten aus der Überlegung heraus, dass es leichter ist, eine gute Mätresse als eine gute Sekretärin zu finden«.

Wer sich als Fürst fühlt, wie der Herzog von Mantua in Verdis »Rigoletto«, findet es ganz selbstverständlich, dass ihm Erstnachtsrechte zustehen – und in manchen Branchen muss man damit rechnen. Der geheimnisumwitterte Londoner Psychiatrieprofessor

A. David Jonas deckte diese Tendenz pointiert bei Primarärzten auf: »Indem der Mediziner auf den Sprossen der Berufsleiter höher und höher steigt, wird sein Gebaren jetzt von jenem Verhaltensautomatismus gesteuert, der die Rivalität unter gleichgeschlechtlichen Artgenossen hervorruft. Sticht er seine Konkurrenten aus, wird er zum Alpha-Männchen mit der für dieses typischen erhöhten Sexualität. Die Folge davon ist der oft unterstellte polygame Lebenswandel der Klinikärzte. Sie werden von den Frauen ihrer Umgebung angehimmelt, und diese nehmen auch ihr untreues Verhalten nicht allzu übel.«

Jagen hat antidepressive Wirkung – nicht erst nach dem Gewinn der möglichen Siegesenergie und der Anerkennungsenergie der Jägergilde, sondern weil allein die Ausrichtung auf ein lustvoll phantasiertes Zukunftsziel physiologisch aktiviert und Eu-Stress ☞[176] auslöst. Zumindest beim jeweiligen Nimrod ☞[177]. Für ihn ist es ein Machtspiel – Betonung auf Spiel, denn die Macht hat er allein dadurch, dass er bis vor kurzem der Akklamation seiner Geschlechtsgenossen sicher sein konnte – und oft sogar auch seiner bisherigen »Trophäen«.

So erinnere ich mich an eine Klientin, die in der Großküche eines bedeutenden Krankenhauses arbeitete. Als der Küchenchef auch sie seiner Sammlung »einverleiben« wollte, wehrte sie sich und wandte sich an vorgesetzte Stellen. Die Folge war Isolation in der überwiegend weiblichen Kollegenschaft, die alle zum Chef hielten, weil sie nichts dabei fanden, dass er immer wieder bedrohlich durchblicken ließ, dass man sich mit ihm »gut stellen« sollte. Keine trat solidarisch an ihre Seite – keine holte sich die gestohlene Energie zurück.

Für viele ist es ja auch energiesparender, so meinen sie, sich ein- oder zweimal – öfter ist es selten – auf das Spiel »Ich weiß, dass du lügst, und doch ist es schön, deine Lügen zu hören« einzulassen, als Widerstand zu planen und auszuführen, und das gilt für alle Geschlechter.

Es ist oft schwierig, Jagdlust und Verliebtheit voneinander zu unterscheiden, denn die Aufmerksamkeitsenergie des Jagdbegeisterten »erwärmt« nicht nur sein Ziel der Begierde (außer dieses braucht und will keine feurigen Zugaben, weil ja sonst die Energiebilanz gestört würde – da helfen dann »kalte Duschen«), sondern auch ihn selbst. Diejenigen, die nur Jäger spielen wollen, ziehen sich oft verschreckt zurück, wenn es ernst, »zu heiß«, wird – manche spielen aber unentwegt weiter und nerven, obwohl das für beide Seiten Energieverlust bedeutet.

Der kalifornische Psychologe John Selby empfahl noch 1986 in seinem Übungsbuch »zur Psychologie in Begegnung Freundschaft, Beruf und Liebe« die Annäherung wie eine Jagd anzulegen, und als Beginn riet er, den »Blick des Jägers« einzuüben. Heute würden wohl etliche Fachfrauen gegen diese Aufforderung zum Stalking (siehe später) protestieren, denn das ist kein liebender Blick – auch wenn das gutgläubig behauptet wird, von Jagdliebhabern, die, wie das Wort schon sagt, nur die Jagd lieben. Demgegenüber spricht der Fuchs in Antoine de Saint-Exupérys Büchlein »Der kleine Prinz«: »Man sieht nur mit dem Herzen gut. Das Wesentliche ist für die Augen unsichtbar.«

Wer gejagt wird, hat Hochstress. Dann ist alle Energie in den Beinen, und oft sieht man nicht einmal den vor einem liegenden Fluchtweg genau. Da schaut man nicht nach hinten auf den Verfolger. Dabei wäre das *die* Problemlösung der Wahl, wenn man ein reines Gewissen, d.h. keine unterschwellige Angst vor berechtigter Rache hat: stehenbleiben, umdrehen, zur eigenen Kraft stehen und sich konfrontieren. Grenzen setzen. Kleine Kinder können das noch – bevor sie zu »braven« erzogen werden.

So erinnere ich mich an die Zeit, als ich mich für den Führerschein vorbereitete und eine Freundin mit mir auf einem öffentlichen Übungsplatz Runden drehte. Meinen zweijährigen Sohn hatten wir auch in ihrem Auto. Ein jagd-lustiger Mann fühlte sich dadurch inspiriert, unser ernsthaftes Bemühen zu hintertreiben. Er wollte offenbar aus unserem Leistungsenergie-Aufbau Portionen für sich abziehen. Während ich nur genervt seufzte, kurbelte der Kleine hinter mir das Fenster hinunter und begann den Mann mit Worten, die nicht meinem Sprachgebrauch entstammten (ich habe selbstverständlich schon auch einen passenden!), wüst zu beschimpfen. Ähnlich verteidigte ein etwa Gleichaltriger seine Mutter, als ich als deren Vorgesetzte irgendein Fehlverhalten meiner Mitarbeiterschaft kritisierte: »Lass meine Mama in Ruhe!«

Im Übrigen nehme ich an, dass auch Töchter über diese »Liebesdienste« verfügen, wenn sie ein Vorbild dafür haben (dürfen). Nur als Erwachsene scheuen sich viele, in der Situation selbst ihre Wahr-Nehmung gleich auszusprechen: »Was machen Sie denn da?« Oder wenigstens im Nachhinein: »Was hat er gemacht?«

»Anbraten, Einkochen, Anmachen« – alles Ausdrücke aus der Zubereitung der Jagdbeute. Es beginnt mit dem »gierigen« Blick, setzt sich im Lecken der Lippen fort und zeigt, auf welcher Entwicklungsstufe sich jemand »verortet«: auf der oralen. Zupacken zählt bereits zur analen: Wenn Zorro im Film seine Angebetete aufs Ross reißt und mit ihr davongaloppiert, spricht das vor allem Frauen an, die selbst derart »packende« Szenen bevorzugen. Die anderen werden davon weniger begeistert sein: Die oralen wollen bloß kuschelig im Arm gehalten werden, die phallischen brauchen Publikum, die ödipal ausgerichteten den Sieg über ihre Konkurrenten. Sie sind auch diejenigen, die Bemühungen um einen »Code of Conduct« (Benimmregeln) ins Lächerliche ziehen: Den eigenen Willen ohne physische Gewaltanwendung gegen den der anderen Person durchzusetzen, bestätigt ihnen ja ihre vermeintliche Attraktivität – dass sich die andere Person in einem Schockzustand (»freezing«) befinden könnte oder einfach soziale Negativfolgen befürchtet, kommt diesen **»Sexbels«** ☛ 177 nicht in den Sinn: Jenes ist eine körperliche Reaktion, dieses eine seelische. Beide bedeuten einen massiven Energieverlust, der Tage oder auch Wochen anhalten kann, und ist jedenfalls eine Gesundheitsschädigung, möglicherweise eine Retraumatisierung. Was eine Frau, die sexuell in eine ausweglose Situation gedrängt wird, braucht, ist Verstandenwerden in ihrem Schmerz und Halt, denn durch den Verlust an Selbstachtungs-Energie (die einen wesentlichen Teil der Selbstliebe darstellt) findet meist eine **Regression** ☞ 177 statt, wie man sie auch von Fiebererkrankungen kennt: Man will in einen vertrauten Schutzraum (Bett, Badewanne, Wald etc.), am besten in die Arme einer vertrauenswürdigen Schutzperson.

Leider verweigern die meisten Menschen unbarmherzig diesen Liebesdienst – vor allem weil sie nicht spüren können, eben nicht mit dem Herzen sehen. Manche glauben, körperliche Nähe stünde nur Gatten oder engen Freunden und Verwandten zu. Manche Epigonen der **Flowerpower- und Encounter-Bewegung** ☞ 177 hingegen sehen darin den immer und überall passenden Beweis, nicht altmodisch, verklemmt oder prüde zu sein, und fordern den auch von Menschen, die eher zu eigenbrötlerischem Rückzug neigen. Die #MeToo-Bewegung hat den **Grooming**☞ 178-Effekt des Unterwerfungs-Rituals aufgedeckt: Es wird schrittweise ausgetestet, wie weit der »groom« jeweils die Widerstandskraft seines Objekts des Begehrens schwächen kann. Mit jedem Etappensieg wächst sein Triumph – über seine eigene mangelnde Schönheit, über Rivalen (Ehemänner mitgemeint), über die Ansprüche der Frauen seiner Familie, über die Langeweile ... und über all das, was er an sich nicht mag, weil er sich selbst nicht genug wertgeschätzt fühlt (wie utopisch oder hybrid diese Erwartung auch sein mag). Irgendwann wird aus dem »Jagdsport« phantasierte Normalität. Unter den »Spielen« Eric Bernes findet sich eines, das er »Holzbein« nennt: Charakteristisch dafür ist die Verteidigung unerwünschten Benehmens (z.B. Anrempeln) mit dem Argument: »Was glauben Sie denn, von einem Mann mit einem

Holzbein (Blindheit, Rausch, Parkinson, etc. ...) anderes erwarten zu können ...?« »Holzbein« wird bei Gericht gerne durch die Formulierung »mit übermäßigem Sexualtrieb« ersetzt, kann aber auch umgekehrt bei Frauen »mit solch einem erotischen Outfit/Minirock/tiefem Dekolleté ...« bebildert werden.

Narzissten

Die ganze Welt dreht sich um mich,
Denn ich bin ein Egoist.

Falco

Männer vom Don-Juan-Typ, die Frauen sammeln wie andere Briefmarken (und umgekehrt, Frauen vom Carmen-Typ), beziehen ihr Selbstwertgefühl aus dem »Haben« bzw. »Gehabt-Haben«. Berufung auf »Liebe« dient ihnen nur als »Schmiermittel« oder besser »Anschmier-Mittel«. Ihre Identität basiert auf dieser Aufblähung als Besitzende. In Federico Fellinis Film »Stadt der Frauen« gibt es eine Szene, in der der Held Snàporaz, gespielt von Marcello Mastroianni, in die Burg des Lebemannes Dr. Katzone, gespielt von dem während der Dreharbeiten auf mysteriöse Weise zu Tode gekommenen Ettore Manni, gerät, der ihm voll phallischem Protzstolz seine Flüsterwand quasi als »wall of fame« vorführt: Unter den Bildern seiner Verflossenen kann man auf Knopfdruck deren Seufzen und Stöhnen abhören. Die beiden Männer müssen die Wand ablaufen – so lang ausgedehnt ist sie.

Eine andere Sorte narzisstischer Männer summiert sich unter dem »Peter-Pan-Syndrom«. Peter Pan vollführt tolle Abenteuer – aber nur in »Neverland«, dem Niemandsland seiner Phantasie. Im Diesseits will er keine Verantwortung übernehmen, nicht für seine Gefühle und schon gar nicht für die anderer, denn das hieße, erwachsen zu werden. Deswegen ist eine »erwachsene« Beziehung mit ihm kaum möglich, nur eine permanent nachsichtige, und deshalb sucht er Mutterfiguren (oder Mutter-Institutionen wie Kirche, Partei, Sportverein oder »Schluckstuben«), die ihm alles verzeihen und überhaupt die ganze Beziehungsarbeit allein bewerkstelligen – und kontrollieren. Solche findet er immer wieder – denn sein jungenhafter Charme und seine ritterlichen Balz-Spiele zeigen immer aufs Neue Wirkung – und genau die sucht er: Bewunderungsenergie. Nur: Bewunderung ist keine Liebe.

Schau, Schatzi, tua da nix an
du hast halt glaubt, du bist so schlau.
Aba Schatzi, Gott sei Lob und Dank,
so schlau wia du bin i nu lang.

Liedtext Georg Danzer

Hinter der Bewunderung verbirgt sich meist ein gegenseitiges Ausbeutungsspiel, bei dem allerdings diese Peter-Pan-Typen in der Regel gewinnen. Denn erstens entspricht ihr »gewinnendes« Auftreten nicht der Norm männlicher Rollen und weckt daher Neugier, und zweitens wurde ihnen meist aufgrund einer noch immer vorhandenen Überbewertung männlicher »Stammhalter« schon als Kleinkind jeder Wunsch von den Augen abgelesen. Das bedeutet aber auch, dass sie nicht als widerborstige eigenständige Person angesehen werden wollen. Eine echte Beziehung, die auch Konflikte nicht scheut, können sie sich nicht vorstellen. Dieser Typ Mann findet meist mit sicherem Instinkt eine Pseudomutter, die das Spiel mitspielt (und seine latente Depressivität kleinhält). Wenn es nicht die Ehefrau ist, dann sind es wechselnde »Gespielinnen«. Damit toleriert er aber auch, auf diesem kindlichen Niveau zu verharren und sich emotional nicht weiterzuentwickeln.

Adam ist solch ein »puer aeternus« (ewiger Jüngling). Als Jüngster von jeweils mit sieben Jahren Abstand geborenen Geschwistern wird er von seiner Mutter verhätschelt – wahrscheinlich aus Schuldgefühlen, denn erst spät erfährt er, dass die Abtreibungs-Versuche der in der Nachkriegszeit schwer arbeitenden Frau fehlgeschlagen waren. Vielleicht ruht in ihm daher ein tiefes Ahnen, dass er eigentlich nicht erwünscht war, und bemüht er sich deshalb um Bestätigung als quasi »Mamas Liebling« von möglichst vielen Frauen, besonders solchen ohne besondere Mütterlichkeit. Auch seine permanenten Magenprobleme lassen tiefenpsychologisch auf eine gestörte Mutterbeziehung in den ersten (oralen) Lebensmonaten vermuten. Sie verhelfen ihm zu »Holzbein«-Spielen: In Konfliktsituationen bekommt er Koliken und »bringt keinen Bissen hinunter«, was auch die herzlosesten Mitmenschen zum **»Muttern«** ☞ 178 veranlasst. Nur: Entgangene Mutterliebe lässt sich nicht nachholen, sondern nur im Mitgefühl mit sich selbst betrauern.

Das weibliche Pendant hingegen gewinnt nur kurzfristig – wenn frau jung und zierlich ist (Hüninnen passen nicht ins Rollenbild). Mit zunehmendem Alter wirken »Kindfrauen« nicht nur auf die vormals komplementären (und damit auch finanzierungswilligen) Vaterfiguren befremdlich (und meist auch fluchtauslösend).

In Perfektion findet man dieses Verhalten bei Heiratsschwindlern beiderlei Geschlechts. Auch sie spielen perfekt die Rolle des Liebhabers und Retters – nur brauchen sie eben »vorübergehend« finanzielle Unterstützung einer liebesbedürftigen Person, egal ob es sich dabei um einen gefühlsarmen Topmanager oder eine kontaktgehemmte Singlefrau handelt, denen die Erfüllung ihrer Sehnsüchte eine Zeit lang vorgespielt wird.

Bar jeder Barmherzigkeit hingegen zeigen sich die (schizoiden) Narzissten vom Typ **»Eiskönig«** ☞ 179 bzw. »Eiskönigin«: Auch sie ziehen Menschen an, denen es von klein auf an echter Liebe gemangelt hat – ein homöopathischer Selbstheilungsversuch in der Hoffnung, sich als Gleiche zu finden und solidarisieren zu können. Wer diese Gefahr einer »nur« geschwisterlichen Liebesbeziehung erkennt, kann versuchen, den anderen im jeweiligen Anderssein zu »erkennen«, so wie er oder sie tatsächlich ist, und abzuwarten, ob dieses Fühlwissen die bisherige Beziehung überlebt.

Die anscheinend so harmonischen Philemon-und-Baucis-Ehen ☞ 179 entsprechen einem friedlichen Brüderlein-und-Schwesterlein-Modus: Es mangelt an der dynamischen Anziehungsenergie einer echt geschlechtlichen Liebesbeziehung, in der sich beide in Konfrontation einander gegenüber befinden, samt dem dabei immer wieder anfallenden konfliktträchtigen Aushandeln von Nähe und Distanz. Denn alles, was lebt, ist in Bewegung. Es macht jedoch einen großen Unterschied, ob man sich Seite an Seite auf ein Ziel zubewegt (oft ist es leider nicht einmal ein gemeinsames) oder von oben herab bzw. von unten hinauf immer wieder das Powerplay »Wer ist der Stärkere/Bessere/Erfolgreichere …« spielt.

Viele andere Beziehungen gleichen nämlich energetisch einer Mutter-Sohn- (verwöhnend oder nörgelnd) oder Vater-Tochter-Beziehung (kontrollierend bis strafend), emotional oder auch sexualisiert missbrauchende mitgemeint. Solange man noch umeinander wirbt, zählt aufmerksames Umsorgen zum Balz-Repertoire. Es entspricht es dem Umgang der guten Mutter mit ihrem Säugling und beinhaltet ein deutliches Machtgefälle. Auch heldengleiches Beschütztwerden hat außer filmischen Vorbildern das des verteidigenden Vaters der frühen Kindheit. In beidem verborgen liegt gezieltes Herstellen von Nähe zur Kontrolle – und oft auch zur Ausbeutung von Dankbarkeits- oder gar Schutzgeldablieferungsenergie. Oft wird dann dem anderen Undankbarkeit bzw. Schmarotzertum vorgeworfen – doch diese Form von Protest gleicht energetisch dem pubertären Widerstand als man daheim Freiräume und Eigenleben erkämpfen wollte. Nur: Eltern haben bei Minderjährigen andere Aufgaben als Partnerschaft.

Liebeswahn

In dem Film »Bus Stop« aus dem Jahr 1956 verliebt sich ein unerfahrener Cowboy, gespielt von Don Murray, in die Barsängerin Cherie, gespielt von Marilyn Monroe, und will sie mit allen Mitteln dazu bringen, ihn zu heiraten, obwohl sie ihm deutlichen Widerstand entgegensetzt. In einer Szene wirft er sie sich einfach über die Schulter, in einer anderen fängt er sie sogar mit dem Lasso ein, und zwar so, dass ihre Arme eng an den Körper gefesselt sind. Wir jungen Mädchen dachten damals: »Das ist wahre Liebe!« Heute wissen wir: Es ist Gewalt, seinen Willen unbedingt durchsetzen zu wollen – und die andere Person zu behandeln wie ein Spielzeug, und zwar in der Form, wie Dreijährige – »Haben! Haben!« – randalieren.

Dieses filmische Vorbild für Brutalwerbung tauchte damals in vielerlei Variationen besonders in Wildwestfilmen auf und fand entzückte Befürworter nicht bloß bei sprachinkompetenten Männern, sondern auch in vielen Müttern und Großmüttern, die nur die Zielstrebigkeit des männlichen »Machers« wahrnahmen und lobten, nicht aber die Verletzung der Selbstbestimmung der Frau und ihrer Wehrhaftigkeit. Die Soziologin Margit Brückner schreibt über diese Beziehungsgestalt: »Die gewalttätigen Männer geben ihren Frauen die Gewissheit, dass sie für ihre Männer von höchster Bedeutung sind, auch wenn die Männer ihre Bedürftigkeit in äußerst negativer Form ausdrücken: Sie wollen die ganze Fürsorge und Zuwendung ihrer Frau, die ihnen immer zu wenig vorkommt.« Der Mann versucht mit seiner Energie Druck auszuüben, damit bei der Frau das herauskommt, von dem er wähnt, dass es in ihr drinnen sein muss – nämlich was er für Liebe hält. Dieses Verhalten gibt es genauso umgekehrt, nur dass Frauen in solchen Konstellationen nicht körperlichen Druck ausüben, sondern exakt ihre seelische Befindlichkeit zeigen: Sie klagen und versuchen, durch psychische Öffnung Zuwendungsenergie zu erhalten (so wie die »schwarzen Löcher« im All Materie »schlucken«). Meist bekommen sie keine – sie werden eher als Nervensägen definiert und abgewehrt. Auch das ist Gewalt – verbale, psychische –, tatsächlich hat sie aber auch körperliche Auswirkungen, denn das Gehirn verarbeitet beide Arten von Schmerzzufügung auf gleiche Weise.

Schon Sigmund Freud hat Verliebtheit als »eine gewisse Beeinträchtigung des Ichs« beschrieben. Das kann zu einer vorübergehenden Idealisierung (Freud schreibt »Sexualüberschätzung«) führen, aber auch dazu, dass ein »größeres Maß narzisstischer Libido ☞179 auf das Objekt überfließt. Bei manchen Formen der Liebeswahl wird es selbst augenfällig, dass das Objekt dazu dient, ein eigenes, nicht erreichtes Ichideal zu ersetzen.« Dieses Ichideal kann auch im Umgang mit Außenseitern (positiver Elite wie Stars oder negativer wie Drogenabhängigen) bestehen oder in der Freiheit zu in der eigenen Subkultur verpönten sozialen »Auffälligkeiten«.

Ein häufiger Beratungsfall: Eva beklagt, dass ihr ehelich angetrauter Adam einer Prostituierten »hörig« sei, die Familie, vor allem aber deren Finanzgebarung vernachlässige, sich gegen Widerstand in deren Freundeskreis hineindrängen wolle, was bereits zu mehrfachen Übergriffen geführt habe. Adam, dem »mütterlichen« Druck seiner Ehefrau folgsam in Therapie gekommen, glaubt verbissen an seinen Edelmut, die »Traviata« (zu Deutsch: vom Weg Abgekommene) bessern und retten zu können. Dabei klagt er über die kraftzehrende Eintönigkeit seines Topmanagertums. Der wiederholte Abenteuer-Thrill im Rotlichtmilieu ist ihm gelegentliches Niedergeschlagen- und Ausgeraubtwerden wert.

Das kann bei unerfüllter »Liebe«, sprich Seelenleere, dazu führen, dass von den selbstschützenden Seelenkräften weg, über den Energietransfer zum Liebesobjekt hin, eine immer größere Kluft entsteht und das Ich immer mehr verarmt – bis der »Kipppunkt des Zorns«

erreicht wird und aus der Quelle der Hingabebereitschaft plötzlich Rache sprudelt samt Bestrafungsimpulsen: Sie sollen die beschädigte Selbstachtung reparieren.

Stalking

Every breath you take
And every move you make
Every bond you break, every step you take
I'll be watching you.

Liedtext The Police

Sehnsucht treibt viele Menschen dazu, die Orte aufzusuchen, an denen man die geliebte Person zu treffen hofft. Bleiben diese Hoffnungen unerfüllt, verliert man mit jedem Mal Energie (außer man betrachtet diese Aktionen als Einübung in christliche Geduld!). Wenn man hingegen die andere Person einlädt, ihr mitteilt, dass sie willkommen ist, macht man Raum frei für deren Energie. Es ist dann allerdings ihre Entscheidung, ob sie der Einladung folgen will.

Die Dosis macht bekanntlich das Gift – nämlich die Erfüllung des **Straftatbestands Stalking** ☞180: Darunter versteht man das Verfolgen, Belästigen und Drangsalieren von anderen Personen. Eine Kontaktnahme, die dem ortsüblichen Sozialumgang entspricht (ein Anruf, eine Einladung, eine geplant »zufällige« Begegnung etc.), einmal alle vier bis sechs Wochen, fällt noch nicht darunter, egal wie unerwünscht sie ist. Wöchentliches oder gar tägliches »Bedrängen« entspricht dem jedoch sicher – und es frisst Energie: Die Betroffenen müssen Energie für Selbstschutzmaßnahmen wie auch zur allfälligen Angstbewältigung aufwenden, werden in ihrer Lebensführung beeinträchtigt und haben oft psychosomatische Symptome (Schlafstörungen können z.B. gerichtlich als Körperverletzung qualifiziert werden). Und sie verlieren Vertrauen, und das zählt grundlegend zur eigenen Liebesenergie.

Man kann Stalker in verschiedene Typen einteilen: Lorraine Sheridan und Eric Blaauw beispielsweise nennen Ex-Partner-Stalker, Verliebtheitsstalker, die oft nicht ungefährlichen wahnhaft fixierten Stalker und sadistische Stalker. Ich selbst differenziere nur in

- Wahnstalker: Da denke ich an Männer wie auch Frauen, die sich eine nicht existierende Liebes- oder auch andere Beziehung (z.B. Verwandtschaft oder ein Versprechen) einbilden. Dahinter kann sich eine Psychose (Ersetzen der Realität durch »Umarbeiten« von Erinnerungen, Vorstellungen, Urteilen und Wunschneubildungen) verbergen, muss aber nicht. Hierzu zählen auch die Frauen und Männer, die Stars stalken, weil sie sie ja (von Film und Fernsehen, aber auch von der Kanzel oder anderen »Bühnen«) »kennen«. Zu den Wahnstalkern zähle ich aber beispielsweise auch Menschen, die »gar nicht mehr wissen, was ein **Flirt** ☞180 eigentlich ist« – oder die nicht die sprachliche Kompetenz besitzen, sich »in der Sprache des anderen« auszudrücken.

  In Ödön von Horvaths Volksstück »Geschichten aus dem Wienerwald« bedrängt der immer wieder abgewiesene Fleischhauer Oskar Marianne mit den Worten: »Ich werde dich auch noch weiter lieben, du entgehst mir nicht«. Unabhängig, wie ein Schauspieler diese Rolle konkret anlegt, zeigt dieses Verhalten, wenn sich einer (oder eine) jemanden »unbedingt einbildet«, anscheinend eine Drohung (oder nur mangelnde Realitätssicht und Unwillen, loszulassen); und doch kann es sich auch um den hilflosen Versuch handeln, seine emotionale Abhängigkeit zu erklären. Aus den Untersuchungen zu School Shootings zitiert Joachim Bauer, dass die Wiedererlangung von Respekt für viele Täter ein zentrales Tatmotiv war. Deswegen plädiere ich immer für achtungsvollen Umgang – für härtere Gangarten sind die Fachleute der Polizei zuständig.

Pathologisches Verhalten im Rahmen eines Liebeswahnes macht laut dem Münsteraner Evolutionspsychiater Martin Brüne nur 10% der Stalkingfälle aus; er verweist darauf, dass die Diagnose von Verhaltensstörungen ein **sozialpolitisches Konstrukt** ☞[181] darstellt: »Mit dem gesellschaftlichen Wandel der letzten Jahrzehnte in westlichen Kulturen, insbesondere hinsichtlich der Rolle der Frau, wurden repressive Verhaltensweisen von Männern gegenüber Frauen zunehmend weniger akzeptiert und auch dementsprechend rezipiert« – zumindest von den Männern, deren Selbstwert nicht zu sehr durch militärische Zurichtung beschädigt wurde.

- Rachestalker: In ihrer Biographie gab es sehr wohl eine private oder berufliche Beziehung, deren Verlauf aber aus Sicht des Stalkenden seine »Ehre« (seine oder ihre Ansprüche an Wertschätzung oder Gerechtigkeit, wie übertrieben diese auch sein mögen) verletzt hat. Sie wollen eigentlich dieses Energieloch schließen, und deshalb »potenzieren« sie ihre Kampfkraft zur Durchsetzung ihres Folge-mir- oder Wiedergutmachungs-Begehrens und verlieren nur noch mehr Energie; sie erkennen nicht, dass sie sich selbst schädigen, wenn sie andere schädigen, und dass das logischerweise in einem Teufelskreis enden wird.
  Zu dieser Gruppe zähle ich auch die Beziehungstäter, denen medial mit Hinweis auf ihre »Eifersucht« psychische Ausnahmezustände zugestanden werden. Besser wäre es wohl, meine Neuwortschöpfung »Wetteifersucht« zu verwenden – denn um Konkurrenz mit realen oder phantasierten anderen, liebens-werteren Männern und um eigene Unzulänglichkeiten geht es insgeheim.

Wenn es sich um Stalking von Männern an Frauen handelt, eint beide Verhaltenstypen die archaische Gleichstellung von Beziehung mit Besitz; dies wird noch dazu in Boulevard-Medien mit Formulierungen wie »Bundeskanzler Wundervoll mit seiner – und dann folgt der Vorname seiner Gattin« multipliziert, auch wenn sie meist einen interessanteren Beruf ausübt als er, aber die Aufmerksamkeitsenergie wird auf ihn konzentriert (er ist ja auch der, von dem Inserate zu erwarten sind). So wird unbedacht Konkurrenz zwischen den Geschlechtern geschürt, und viele Loser, die um ihre Selbstachtung kämpfen, orientieren sich an den »Top-Winnern« und sehen bei ihnen vermeintliche Freibriefe zum Anmachen, je nach Rangordnung. Die Historikerin Gerda Lerner erinnert: »Während die Klassenposition der Männer sich festigte und durch ihre Beziehung zu Eigentum und Produktionsmitteln definiert wurde, bestimmte sich die Klassenposition der Frauen durch ihre sexuellen Beziehungen.« Die Frau war ja auch Produktionsmittel – nämlich von Kindern. Dieser Wert ist seit der Verfügbarkeit vielfältiger Verhütungsmittel im Schwinden (außer bei denen, für die viele Kinder das einzig verlässliche Einkommen bedeuten), und das kann auch als Ursache für unterschwelligen Unmut und verstärkte Dominanzbestrebungen liebloser Männer verstanden werden. (Als »lieblos« bezeichne ich sie deshalb, weil echte Liebe die andere Person respektiert und sie nicht stressen, benachteiligen oder schädigen will und daher sehr sorgsam auf ihr eigenes Kommunikationsverhalten achtet.)

Der Kriminalpsychologe Jens Hoffmann rät den Belästigten zur sofortigen und absoluten Kontaktvermeidung. Dahinter steht die Illusion, die stalkende Person würde ihre Bemühungen aufgeben. Ich habe da andere Erfahrungen und sehe diese Machtkämpfe als Kommunikationsproblem: Wo die Modelle fehlen und man, vermutlich aus eigener Betroffenheit, in Extreme wie Betteln oder Drohen verfällt, braucht es einen intervenierenden Dritten. (Gegen Gewalt hilft nur Öffentlichkeit!) Das kann ein »Diplomat« (Vermittler) sein oder auch jemand Beobachtender, der sich solidarisch an die Seite der Gestalkten stellt, vor allem aber die Polizei mit einem informativen Normverdeutlichungsgespräch.

Please release me
Let me go
For I don't love you anymore

Liedtext Engelbert

Liebe beginnt immer bei sich selbst

Zum Erwachsensein gehört vor allem auch die Fähigkeit, allein sein zu können. Menschen mit depressiver Charakterstruktur fällt das schwer, besonders dann, wenn sie es anders gewohnt waren – weil sie beispielsweise einer Großfamilie entstammen, wo immer jemand »da war«. Aber auch die anderen, die »monastisch Begabten« verspüren »Entzugserscheinungen«, sogar wenn sie sich aus Eigenem »entscheiden«, größere Distanz zu wahren.

Vor allem dann ist Selbstliebe gefordert, wenn man bei sich Gefühle und Impulse wahrnimmt, die nicht zum eigenen Selbstbild-Ideal passen – das Bewusstsein von Verletzlichkeit wie auch Verletzungskraft, von Lieblosigkeit und Liebesbedürftigkeit, von Fehlerhaftigkeit, von Vergänglichkeit und was es noch an verpönten Eigenschaften und Verhalten gibt –, wenn man mit seinem »Schatten« in Kontakt kommt. Deshalb formuliere ich gerne und oft: Je weiter man von der Lichtquelle über uns entfernt ist, desto größer ist der Schatten – erst wenn man direkt unter ihr steht, wirft man keinen mehr, weil man ihn integriert, d.h. unter seinen Füßen hat. Dann ist man ganz, mit Vorder- wie Rückseite, »im Licht« und hoffentlich ein bisschen erleuchtet. Der Schatten gehört zur Ganzheit – zum »heil sein« – dazu! »Die geheilte Beziehung zu sich selbst ermöglicht Beziehung zu anderen!« betont die Jungianische Psychoanalytikerin und evangelische Theologin Jutta Voss.

Heutzutage, wo die Lebenserwartung fast 50 Jahre mehr beträgt als vor 200 Jahren und durch die lange Friedenszeit in Mitteleuropa viele auf die Allgegenwart des Todes vergessen haben – und dazu gehört auch der Tod von Beziehungen! – fehlt die Kunst des Loslassens ebenso wie die Kunst des Trauerns. Beide vermitteln das Erleben einer bestimmten sanften, wehmütigen Energie (wenn man sich nicht dagegen wehrt), und diese auszuhalten muss man genauso »lernen« wie das Zulassen der reinigenden Tränen. Beides schafft seelischen Freiraum – Raum für Liebe.

Wenn Erich Fromm aus einem französischen Minnelied den Satz zitiert »Die Liebe ist das Kind der Freiheit«, so bedeutet das nicht nur Freiheit von Herrschsucht der Partnerperson, der Familie oder anderen Moralexperten, von Standesdünkeln und Standeszwängen. Sondern es bedeutet vor allem auch die Freiheit von Einengung durch »forderndes« Zudringen: Um sich öffnen zu können, dürfen weder das Herz noch der restliche Körper von Angst verengt sein.

Doch gerade die Kunst, immer von neuem die Bindung personaler Nähe
durch den Austausch persönlicher Gefühle zu ermöglichen,
die Kunst, in Wort und Gebärde einander so mitzuteilen,
dass es uns immer tiefer miteinander verbindet,
haben wir in unserer Kultur bis heute kaum gelernt.

Eugen Drewermann

Lieben für Meister*innen

Wenn jemand dir Kaffee vorsetzt,
such kein Bier darin.

Anton Tschechow

Mit der Zeit hat man Erfahrungen gesammelt – und meist ist schon ein halbes Leben vergangen – und das große Glück, wie es in Film und Fernsehen vorgeführt wird, ist auf Dauer ausgeblieben. Im besten Fall wird die geistige Idealvorstellung durch stabile Zufriedenheit ersetzt. Immerhin kann auch regelmäßiger Wechsel der Partnerperson eine Art Stabilität darstellen: Man hat sich an diese Rhythmik gewöhnt – wie ein Bauer an die Phänomene der Jahreszeiten.

Die Vorbildgeber Filme blenden die Alltagsrealität ☞182 aus – üblicherweise mit dem märchenhaften Happy End »... und wenn sie nicht gestorben sind, dann *lieben* sie noch heute ...«. Wie es in der stinknormalen Wirklichkeit weitergeht, wird listigerweise verschwiegen, Hauptsache, James Bond überlebt und kann sich in der nächsten Folge wieder »so nebenbei« mit einer neuen »Gespielin« vergnügen. Sehr treffend formuliert der Kulturhistoriker Peter Gay: »Die Liebe entsteht, triumphiert und stirbt im Kopf des Liebenden, nur um zu neuem Leben zu erwachen, sobald auch ein neues Liebesobjekt in Sicht ist.« – Allerdings handelt es sich dabei nicht um echte Liebe, sondern um die flüchtige »Verliebtheitsliebe« eines »ewigen Jünglings« oder »Mädchens«.

Suche nach Glück

Glück – zu dieser geistigen Vorstellung gehört ein Gefühl von Freisein von Angst, von der Enge des bangen Herzens, und ebenso von regelmäßiger Wiederkehr seines zauberhaften Explosionsdrangs (anstatt dem in der Wut der Enttäuschung).

Man kann zwar Glück »rein sachlich« auch nur als vermehrte Serotonin-, Dopamin- und Oxytozinausschüttungen registrieren, vergisst aber dabei, dass damit einseitig nur auf die messbaren körperlichen Zustände geachtet wird. Vernachlässigt werden dabei die drei anderen Anteile des Selbst, wie die seelischen Wahrnehmungen und deren kognitive Bewertungen, die sich aus der Sprachwahl ergeben, vor allem aber auch das intuitive Erahnen von Ganzheit, oder anders gesagt: von »Einklang« – und der bedeutet immer auch die »Überwindung des Getrenntseins«: In Platons »Symposion« (übersetzt als »Trinkgelage« oder, braver, »Gastmahl«) erzählt der Dichter Aristophanes, dass die Menschen-Natur ursprünglich nicht die war, die sie jetzt ist, sondern eine andere, denn am Anfang habe es dreierlei Geschlechter von Menschen gegeben, nicht nur das männliche und das weibliche, sondern noch ein drittes, das diese beiden in sich vereinte. »Sodann war die Gestalt eines jeden Menschen noch ein Ganzes und zwar rund: Rücken und Seiten schlossen sich ringsum zu einem Kugelrumpf zusammen. Vier Arme hatte dieses Wesen und ebenso viele Beine und zwei Gesichter auf kreisrundem Hals, beide einander völlig gleich, aber nur einen einzigen Schädel über diesen voneinander abgekehrten Gesichtern, zudem vier Ohren, zwei Geschlechtsteile und alles andere, wie man es sich danach wohl ausmalen kann. Man schritt aufrecht wie heute, dabei nach Belieben vorwärts oder rückwärts. Wollten sie aber schnell laufen, so machten sie es wie die Leute beim Radschlagen, die ihre Beine stracks in die Höhe und wieder zurück in den aufrechten Stand schwingen und sich in kreisender Bewegung überschlagen: Mit den acht Gliedmaßen, die sie damals hatten, stützten oder stießen sie sich ab und bewegten sich so rasch im Kreisschwung fort.« Das männliche Geschlecht stammte von der Sonne, das weibliche von der Erde und das dritte – das Doppelgeschlecht – vom Mond, »da ja auch der Mond an beiden teilhat«. Diese

Kugelmenschen hatten gewaltige Kraft und Stärke – und verwegene Gedanken, denn sie wagten sich an die Götter heran. Da beratschlagten diese, und Göttervater Zeus kam die Idee, sie zu schwächen, indem er sie auseinanderschnitt, dass sie nunmehr aufrecht auf zwei Beinen gehen sollten. »Da nun das ursprüngliche Wesen entzweigeschnitten war, sehnte sich ein jedes nach seiner anderen Hälfte und suchte sich mit ihr zu vereinigen: sie umarmten einander und umschlangen sich voll Begierde wieder zusammenzuwachsen, und sie starben vor Hunger und Vernachlässigung ihrer übrigen Bedürfnisse, denn getrennt voneinander mochten sie nichts tun.« Wenn ein Teil starb, suchte der andere Ersatz – egal ob dieser männlich oder weiblich war – und wieder gingen sie zugrunde. Da erbarmte sich Zeus und versetzte ihre Geschlechtsteile nach vorn (denn die hatten sie noch hinten an ihrer ehemaligen Außenseite): »Wenn bei der Umarmung ein Mann auf eine Frau träfe, sollten sie zugleich miteinander zeugen und das Geschlecht fortpflanzen. Wenn aber ein Mann auf einen anderen träfe, so sollten sie wenigstens Befriedigung in ihrem Zusammensein finden und dann voneinander lassen, um wieder an ihre Arbeit zu gehen und sich um all das zu kümmern, was sonst noch zum Leben gehört.«

Das erklärt nach Platon die verschiedenen Geschlechtsidentitäten, denn alle Männer, die ein Schnittstück jenes Ganzen sind, das damals Mannweib hieß, begehren Frauen, wie auch die daraus stammenden Frauen Männer lieben. Frauen, die Teil einer Urfrau sind, hätten nichts mit Männern im Sinn – so wie Männer, die Teilstück eines ursprünglichen männlichen Wesens sind, nach ihrem Wesensgleichen, also Männern, trachten. »Der Grund dafür ist, dass dies unsere ursprüngliche Natur war: einst waren wir ein Ganzes. So heißt nun das Verlangen und das Streben nach der Ganzheit ›Eros‹.« Aber ist damit auch schon »ganzheitliches« Glück erreicht? Und außerdem: Verlangen und Streben ist nicht Liebe – es ist höchstens der Antrieb, sich der geliebten Person zu nähern; Liebe setzt allerdings voraus, dass man sie »erkannt« hat – nicht nur attraktiv findet.

Glück – das wird jemand, der »oral« geprägt ist, eher mit dem »zerfließenden« Kuschelgefühl in Mutters Armen identifizieren. Jemand, der eher zur »analen« Lust neigt, wird an Augenblicke der Muskelanspannung des funktionstüchtigen Körpers denken. Eine »phallisch« betonte Glücksempfindung bestünde hingegen in dem Genuss von Lob und Bewunderung und eine »ödipale« im Triumph über besiegte Rival*innen. All dies fixiert einseitig auf *eine* **Vorliebe – Betonung auf »vor«** ☞[182] – und verabsäumt nachfolgende Möglichkeiten. Denn wenn wir alle auch mehr oder weniger intensiv die sogenannten Phasen der psychosexuellen Entwicklung durchlaufen, endet diese **»Karriere«** ☞[183] nicht mit der »genitalen Reife«. Entwicklung kann immer weitergehen, ähnlich einer unendlichen Spirale. (Im Wort »entwickeln« steckt ja derselbe Wortstamm drin wie in »verwickeln« oder »aufwickeln«, aber auch der **»Wickel«** ☞[183]!)

Erinnern wir uns an die strategische Funktion von Ideologien, die Strukturen der Gesellschaft zu prägen: Als *sozial* genital reif, d.h. »ehewürdig«, galt zur Zeit Sigmund Freuds jemand, der sich im passenden gesetzlichen Alter (und Besitzstand, außerdem galten damals noch Eheverbote für Angehörige »dienender« Berufe bzw. bestimmte »Karrierestufen«) mit einer Person des Gegengeschlechts und möglichst gleicher Generation und Kultur verehelichte. Große Abweichungen lösten Misstrauen aus – oder eine **psychoanalytische Diagnose** ☞[184], wie z.B. Vater- oder Mutterkomplex. Wenn man hingegen ohne Pfarrers Segen zusammenzuleben wagte, sprach man von »wilden Ehen«, aber »wild« bedeutete dabei nur, dass man(n) sich keiner »zügelnden« Autorität unterworfen hatte.

Freie Liebe heißt frei fließende Energie

> *»Frei«, das heißt allein.*
> *Und diese Freiheit ist nichts wert.*
> *Sie ist wie ein Spiel,*
> *Das man von vornherein verliert.*
>
> Songtext Roland Kaiser

Freie Liebe kann unterschiedlich interpretiert werden: Libertins werden darunter Befreiung von Sexualtabus, repressiven Erziehungsversuchen, Zurückhaltungsappellen und generell Benimmregeln verstehen. Progressive Sexualpolitiker werden für Aufhebung gesetzlicher Einschränkungen von »exhibitionistischer« Selbstdarstellung und »normabweichender« Selbstverwirklichung wie auch Partnerwahl plädieren. Anbieter kommerzieller sexueller Dienstleistungen und »Spielsachen« (sex toys) werden den globalen Waren- und Dienstleistungsverkehr propagieren. Und bei den in der Sado-Maso-Szene »Stinos« (»Stinknormale«) Genannten werden Frauen Freiheit von Schmerz (beim Verlassenwerden) und Gewalt (beim Verlassenwollen) ersehnen, Männer hingegen vermutlich insgeheim polyamourösen Sex ohne emotionale oder soziale Verpflichtungen. (Erich Fromm sieht das so: »Wie viele Ehemänner meinen, ihre Frauen seien tyrannisch, weil sie durch ihre eigene infantile Bindung an die Mutter jede Forderung der Frau als Einschränkung ihrer Freiheit auslegen.«)

Mir geht es um ganzheitliches Lieben, um den Genuss der frei strömenden Liebesenergie und daher um die Selbstbefreiung von Abhängigkeiten – interpersonellen wie auch intrapersonalen, also in Beziehungen (sittliche Normen mitgemeint) wie auch im eigenen innerlichen Wissen und Können.

Ganzwerdung bedeutet, die eigene Entwicklung nicht abbrechen zu lassen – und das schon gar nicht irgendjemandem zuliebe. Ein bisschen verlangsamen mag oft sinnvoll sein – sonst gibt es seelischen Muskelkater, und außerdem ist es ein Zeichen echter Liebe (und von Gewaltverzicht), geduldig dem anderen »seine« oder »ihre« Zeit zu lassen und nicht die eigene aufzudrängen.

Wenn man **»in Energie denkt«** ☞ 185 (und damit auch auf diskrete »Machtspiele« achtet), merkt man schnell, wo und wie andere mit ihrer Energie subtil Gewalt ausüben wollen und Liebesbeziehungen stören. Kein Zeichen echter Liebe ist es daher, sich »aufzuopfern«, indem man auf eigene Entwicklungsbedürfnisse verzichtet, auch wenn das gefordert wird.

So erinnere ich mich an eine Klientin, Krankenschwester von Beruf, die ebenso wie ihr Ehemann Medizin studierte. Sie absolvierte die Prüfungen schneller als er (möglicherweise weil sie ja vorgebildet und erfahrener war). Ihre Schwiegermutter fand das unfair und skandalös – sie solle doch warten und ihre Prüfungen »ihm zuliebe« immer erst ablegen, wenn er die jeweils entsprechende hinter sich gebracht hatte – einerseits um ihn nicht zu frustrieren, andererseits um ihn in der Öffentlichkeit nicht als dümmer dastehen zu lassen (eine interessante Phantasie!).

Trübungen

Freie Liebe bedeutet in meinem Verständnis, sich von all den »Trübungen« zu befreien, die aus egozentrischen Bedürfnissen erwachsen – beispielsweise nach sozialer Sicherheit oder gesellschaftlichem Aufstieg (was ja durchaus sein darf, immerhin war das jahrhundertelang das familiär vorgegebene Ziel, nur ist das dann keine »freie« oder »reine« Liebe, sondern Kalkül), nach Prestige oder anderen Nützlichkeiten – oder auch nur, um »ein schönes Paar« zu sein.

Viele Frauen beklagen sich, dass sich ihr Partner »nicht zu ihnen bekenne«. (Bei Männern habe ich diese Beschwerde nur sehr selten gehört und dann eher auf den Familienkreis bezogen.) In manchen Fällen geht es dabei um Teilhabe an Aktivitäten des männlichen Freundeskreises – und endet oft in dem Machtkampf: »Ich will da hinein!«. Das deutet auf kleinkindhafte symbiotische Ansprüche hin. (Männer haben dagegen wenig Interesse, an Frauengruppen teilzunehmen, vor allem weil sie sich die als Tratsch-Kränzchen vorstellen – nur wenn sie von angeblicher »Eifersucht« ☞186 (d.h. Angst vor Energie-Diebstahl) geplagt werden, belauern sie ihre Frauen misstrauisch und kontrollierend »vor der Tür«.) In anderen Fällen geht es darum, sich mit einer »Trophäe« (die auch Energie-Verstärkung bedeutet!) zu schmücken. Dieses narzisstische Phänomen gibt es bei beiden Geschlechtern, aber kaum jemand gibt das zu. Etwas anderes hingegen ist die bewusste Persiflage dieses Lustgewinns – wenn beispielsweise homosexuelle Paare am Life Ball oder bei der Regenbogen-Parade im Zwillingslook auftreten und dazu monatelang lustvoll an ihrem Outfit basteln.

Damit kein Missverständnis entsteht: Es ist ganz normal, solche Impulse zu verspüren – darin verborgen sind ja immer Sehnsüchte nach der Energie des »Glanz im Auge« der wichtigsten Bezugsperson – und wenn schon nicht von dieser, dann von vielen (Quantität ersetzt dann Qualität) –, nur chronisch sollten sie nicht werden!

Es hilft, sich dieser Bedürftigkeit bewusst zu sein, dann kann man sie leicht als Teil von sich selbst akzeptieren und braucht sie nicht zu bekämpfen oder zu unterdrücken, sondern kann sie »gelassen« loslassen. Man gewinnt auf diese Weise mehr Raum für echte Liebe.

Leben ist immer Bewegung: So wie es einen physiologischen Stoffwechsel gibt, gibt es auch einen seelisch-geistigen. Wir atmen ein, wir atmen aus und lassen dabei los. Wir nehmen Nahrung auf und geben »Unverdauliches« ab, und was uns Übelkeit bereitet, kommt uns hoch und befreit uns von dem »Üblen«, und genauso sollten wir es auch mit seelischen Toxinen – auch menschlichen – halten, denn sie vergiften unsere Liebesfähigkeit.

Der deutsch-amerikanische Psychoanalytiker Arno Gruen zitiert in seinem Buch »Der Verrat am Selbst« aus einem Brief Anton Tschechows an einen jungen Schriftsteller, dieser solle von einem jungen Mann schreiben, dem Sohn eines Leibeigenen, der, erzogen, Klassenunterschiede zu respektieren und heuchlerisch unterwürfig zu sein, »und nur aus der Erkenntnis seiner Bedeutungslosigkeit [...] den Sklaven aus sich herausdrückt, Tropfen um Tropfen, und wie er, eines schönen Morgens erwachend, merkt, dass das Blut, das in seinen Adern fließt, nicht mehr das eines Sklaven, sondern das eines echten Menschen ist.«

Besonders wenn wir lieben, laufen wir Gefahr, dem anderen unbewusst zu viel Macht über uns zu geben – uns in hündischer Ergebenheit zum Sklaven zu machen. Damit machen wir aber den anderen gleichzeitig zum Sklavenhalter.

Ein Beispiel: Eva liebt. Das erste Mal in ihrem Leben liebt sie wirklich. Sie fühlt sich auch wiedergeliebt. Sie sagt zu Adam, »Ich merke, dass ich dir zu viel Macht über mich gebe!«, und meint damit, dass sie an sich beobachtet, wie sehr er ihr Denken und Fühlen bestimmt. Adam antwortet lächelnd, »Das müssen *wir* schleunigst ändern!«, und dennoch verweigert er schweigend Eva Antwort, wenn sie um Rückruf oder Remails bittet und logischerweise ebenso auch jede Erklärung für sein despotisches Benehmen. (Offensichtlich hat er Angst vor Verantwortlichkeit.) Vermutlich wirkt in ihm die unbewusste Angst vor zu viel Nähe, Gleichheit und Verlust einer »gemussten« überlegenen Position.

Freie Liebe bedeutet, sich zu zeigen, wie man ist – nicht besser und nicht schlechter, frei von Hochstapelei, frei von falscher Bescheidenheit, frei von Schwindelei, und frei von Lügen. Das sind dann die

Grenzlinien, an denen die Liebe zum anderen an Selbstliebe stößt: Auch wenn man sich noch so danach sehnt, dass die Liebe im gleichen Maß erwidert werden möge, und sich sorgt, wie man dies bewerkstelligen könnte – man entfernt sich mit solchem Denken und Phantasieren bereits weg von sich selbst in der augenblicklichen Gegenwart, hin in eine unbestimmte Zukunft. Man ist nicht mehr »bei sich«.

Damit soll aber eine Liebe à la »Käthchen von Heilbronn« oder »Gustav Adolfs Page« ☞186 nicht abgewertet werden: Was Durchsetzungsmaniker heute vielleicht als masochistische Selbstaufgabe verachten würden, kann auch als bewusste Gratwanderung zwischen Du und Ich respektiert werden.

Ganzheitlich lieben

Die ganzheitliche Liebe setzt ganze Menschen voraus.

Wolfgang Schmidbauer

Ganz bei sich – im »Selbst« – sein bedeutet nach C. G. Jung, sein Denken UND Fühlen wie auch sein körperliches Empfinden UND seine Ahnungen und Phantasien in Balance zu halten.

Mit »ganzem Herzen« lieben bedeutet, nicht Sklave seiner Triebe (der körperlichen Empfindungen und ebenso der damit verbundenen Phantasien und Erinnerungen und auch der insgeheimen Ansprüche, »was wie sein soll«) zu sein, sondern sie bewusst zu spüren – so lang man eben will – und dann erst bewusst zu entscheiden, welche Form des Umgangs man wählen und verantworten will. Wenn man über die dafür nützlichen Wahrnehmungs- und Handlungsnervenzellen verfügt, geschieht dies blitzschnell – weil man »geübt« ☞187 ist (es verkürzt sich dadurch nur die Zeit des bewussten Spürens – die kann nämlich auch sehr lustvoll erlebt werden!).

Ganzheitlich lieben bedeutet aber auch, nicht Sklave seiner »Kopfbewohner« ☞[187] (so der Buchtitel von Mary Goulding) zu sein – der immer wieder kommentierenden (und oft auch kommandierenden) Gedankenstimmen mit ihren Geboten und Verboten, vor allem aber auch Sätzen wie »Was werden die Leute sagen?«, »Das gehört sich nicht!« und »Wenn das alle täten!« Mit diesen Sätzen soll Eigenbestimmung verhindert werden – eigenes Denken könnte ja zu einem Verhalten führen, für das sich dann die Eltern oder andere »Vor-Gesetzte« fremdschämen würden.

Ganzheitlich lieben bedeutet aber auch, nicht Sklave seiner Phantasien ☞[188] zu sein. Mein Jungianischer Analytiker sagte immer: Einen Komplex darf man haben – der Komplex darf einen nicht haben. Ich sage analog: Phantasien darf man auch haben – Tagträume sind sogar entspannend und gesundheitsfördernd –, man muss nur wissen, dass es Phantasien sind und weder Bezugsscheine auf Verwirklichung ☞[190] noch »Offenbarungen«. Daher lohnt es sich zu überprüfen, welcher Geist (spirit) und damit auch welche Energie sich in ihnen verwirklicht – ein Geist der Achtung, der Achtsamkeit, auch der fürsorglichen Verantwortung oder ein Geist der Bedürftigkeit, der Selbstsucht, des Besitzenwollens, letztlich also der Suche nach Macht.

Ebenso lohnt es, nicht Sklave seiner Gefühle zu sein: Sie gehören zur Ganzheit dazu, aber sie sollten mit Vernunft überprüft werden, wie eine Rechenprobe im Mathematikunterricht. **Wir haben Gefühle – aber wir sind nicht (nur) unsere Gefühle!** Gefühle helfen uns zu entschlüsseln, welche Energien gerade in uns hinein- bzw. aus uns herausströmen wollen (oder -tröpfeln oder -wogen). Wildbäche sollte man regulieren, sonst reißen sie alles Mögliche weg, was mühselig, begeistert, liebevoll oder pflichtbewusst aufgebaut wurde. Allerdings muss man sie nicht schroff zubetonieren – sanfte Natursteine reichen meist auch.

Menschen suchen erfahrungsgemäß dann psychotherapeutische

oder beraterische Begleitung, wenn sie entweder mit Gefühlsüberflutungen konfrontiert sind (eigenen oder denen von anderen, die für sie wichtig sind – Kindern beispielsweise) oder wenn sie mit ihren Gefühlen bei anderen weder »ankommen« noch respektiert werden. Selten, aber doch, kommen auch diese Gefühlsverweigerer – aber erst, wenn ihnen bereits die dritte oder vierte Partnerperson die Beziehung aufgekündigt hat. (Um die von C. G. Jung beschriebene Quadrinität – die bereits zitierten vier Formen der Wahrnehmung – zu komplettieren: Sie kommen auch bei unerträglichen körperlichen, medizinresistenten Schmerzen, wenn sie sich nicht mehr vorstellen können, dass die einmal aufhören könnten, weil sie jemand Erfahrenen brauchen, der ihnen die fehlende Zukunftsperspektive anbieten kann, oder weil sie »außer sich« geraten – in Ekstase, Inspiration, Workers High, Schöpfungsrausch, eine Phantasiewelt oder Wahnvorstellung –, d.h. ohne **»geerdetes«** ☞ 190 Körperbewusstsein sind.)

Im Lieben wie sonst auch besteht immer die Gefahr, aus der Balance dieser vierfachen Bewusstheits-Ganzheit zu fallen und »einseitig« zu leben. Oft kommen noch emotionale Inszenierungen dazu – Dramatisierungen oder Veralberungen, Ritualisierungen oder gezielte Provokationen –, »Spiele« eben. Echte Liebe verzichtet auf all das, sie will die andere Person nicht manipulieren. Sie will sie nur »erkennen«. Erleben dürfen. Lieben dürfen.

Mein leidenschaftlich-tyrannischer Vater schleuderte meiner eigenbrötlerischen Mutter (die immer betonte, in »splendid isolation« leben zu wollen, nämlich hinter ihrem wahren Geliebten, ihrem Bösendorfer-Flügel) gelegentlich entgegen, wenn sie seine Gefühle nicht wissen wollte: »Und wenn ich dich liebe – was geht's dich an!« Da war zwar viel Trotz dabei, aber im Prinzip hatte er Recht: Sie zu lieben, egal wie sie darauf reagieren mochte, war seine Entscheidung, und zu der stand er.

Ganzheitlich zu lieben bedeutet, die Lebenskraft nicht bloß Herz-abwärts zu kanalisieren (auf »Zeugung« hin zu lenken), sondern sie im ganzen Körper zu verteilen. Das braucht mehr Zeit als nur den einen Atemzug, mit dem man sich auf die andere Person – oder was auch immer, denn lieben kann man alles! – ausrichten kann.

Liebe braucht Entschleunigung

Lieben – das Herz ganz weit werden lassen – braucht Zeit, weil man dazu sowohl die Empfindungs- wie auch die Fühlqualität braucht; diese Dehnung tut weh, wenn man sie nicht schrittweise vornimmt und in den Muskel hineinatmet. Wer einmal die Ballett-Übung Spagat trainiert hat, weiß, dass man langsam dehnen muss, weil es sonst Muskeleinrisse gibt – und das Herz ist ja auch ein Muskel. (Ähnlich ergeht es bei der sogenannten »Sanften Geburt«: Man muss in den Wehen den Geburtskanal ganz langsam, rhythmisch atmend dehnen und kann damit das eigene Schmerzempfinden weitgehend steuern. Das beschreibt auch David Boadella als die Methode zur Vermeidung von Dammschnitten, »wenn der Mutter geholfen wird, sich zu entspannen, und die Geburt ohne Eile geschieht«.)

In jungen Jahren fehlt oft die Erfahrung von Genuss-Zeit: Als Jugendliche ist man meist in »Rollenspielen« wie »Unheimlich cool« oder »Fürchte meinen Spott« engagiert und was sich sonst noch als Abwehr von Unsicherheit anbietet; mit dem Berufsleben vermehren sich die äußeren Erfolgszwänge und Anforderungen wie lebenslanges Lernen und Networking samt Konkurrenzbeobachtung sowie Familienpflichten – und wenn es nur die Forderungen der eigenen Eltern nach Enkelkindern oder anderen Leistungen »zum Angeben« sind. Wirklich Zeit füreinander bzw. für andere und anderes »Freiwilliges« hat man üblicherweise erst mit dem Ausscheiden aus dem Berufsalltag – außer man hat sich schon früher in Zeitmanagement perfektioniert, aber dann macht man oft den Fehler zu glauben, es müsste alles so dynamisch laufen wie mit 15 oder 30, vor allem aber offen-sicht-lich, nämlich auf Facebook und Co. dokumentiert.

Willst du dein Herz mir schenken,
so fang es heimlich an.
Dass unser beider Denken
Niemand erraten kann.
Die Liebe muss bei beiden
Allzeit verschwiegen sein.
Drum schließ die größten Freuden
In deinem Herzen ein.

Unbekannter Autor

Will man wahrhaftig lieben, gilt es auch im Verstandesbereich, die Wahrnehmungskanäle mehr zu öffnen als im Alltagsgebrauch der Sinne üblich. »Mehr« bedeutet »weiter« und »tiefer« und »genauer«. All das braucht Intimität, und die hat nichts zu tun mit »schwatzenden Zungen« und »lüsternen Ohren« (wie im Titel bei Klaus Thiele-Dohrmann). Intimität ist das Gegenteil von Handy-bewaffneten Späherblicken der Personen, die gern über den »Glanz im liebenden Auge« lästern, zumal er ihnen selbst so fehlt. Und wenn sie einmal die Chance hätten, sich als liebenswert zu beweisen, wehren sie den Glanz mit einem »faden Aug'« ab.

So erinnert Thomas Kleinspehn an die Diskussion, »ob das Auge nun ein ausschließlich passives, aufnehmendes Organ sei (›Empfangstheorie‹ des Aristoteles) oder ob vom Auge selbst Lichtstrahlen ausgesandt werden, die vom betrachteten Gegenstand zurückkehren (in Abstufungen wie etwa Epikur und vor allem die ›Sendetheorie‹ von Platon).« Und er zitiert den spanischen Moraltheologen und Jesuiten Baltasar Gracián mit dessen Satz: »Nicht alle, welche sehen, haben die Augen offen; und nicht alle, welche um sich blicken, sehn.« Der kontrollierende Blick, um einen anderen zu durchschauen, der

Macht verleiht und Sicherheit gibt, wird in den anderen projiziert, weiß Kleinspehn, »man muss sich selbst jetzt vor dem möglicherweise *eindringenden* Blick schützen« [Hervorhebung von mir].

»Strahlen« und »Ausstrahlung« sind Begriffe, an denen man merken kann, wie unzulänglich unser Sprachvermögen ist: Man spürt etwas, das man nicht sehen oder hören kann, aber bei entspannter verlangsamter Beobachtung (oder, wenn man zu den hochsensiblen Personen gehört, ohnedies immer) bekommt man eine »intuitive« Idee, was es sein könnte. Der Volksmund spricht dann von Menschen, die einen »Riecher« haben oder »das Gras wachsen hören«. Beides deutet darauf hin, dass möglicherweise eine Geruchsbegabung die Neurotransmitterausschüttungen anderer Menschen wahrnehmen lassen, oder dass ein Hörbegabter Informationen aus dem Atemrhythmus erschließen kann. Aber weil wir für beides noch keine Messgeräte besitzen, bleiben diese Wahrnehmungsinhalte weitgehend im unbewussten »Gespür«. Wir nennen diese Fähigkeiten dann Intuition oder »sechsten Sinn«, wenn wir sie anerkennen – oder werten sie als bloße Phantasie oder gar »Spinnerei« ab. (Wir »spinnen« aber immer – nämlich das Geflecht unserer Wahrnehmungs- und Handlungsnervenzellen!)

Die meisten Menschen werden von klein auf zu Geschwindigkeit angetrieben. Das hängt einerseits mit der Ungeduld der Bezugspersonen zusammen, andererseits mit der Unwilligkeit, sich mit den Gefühlen und damit Energien anderer Menschen – vor allem sehr junger oder sehr alter – auseinanderzusetzen. Würde man das wirklich tun, würde Bindung entstehen und damit Verantwortung.

Der weise Fuchs in Antoine de Saint-Exupérys Kultbuch klärt den kleinen Prinzen auf: »Du bist zeitlebens für das verantwortlich, was du dir vertraut gemacht hast.« Vertrauen ist das Ergebnis von Erfahrungen und beinhaltet eine Entscheidung, nämlich den Verzicht auf ängstlichen Selbstschutz. Vertrauen kann daher ein unbewusster und daher unbedachter Verhaltenszustand sein oder bewusster

Wille, das Risiko einer Täuschung auf sich zu nehmen – also vom anderen enttäuscht zu werden.

Das Wahrnehmungsneuron »Liebe« sollte sich als Bezeichnung für das Gefühl der Herzöffnung bilden (und nicht für die »Hitze« der sexuellen Aufladung). Beides sind flüchtige – wenn man sie nicht bewusst zu entschleunigen weiß. Es ist deshalb nicht von Dauer, weil kaum jemand darüber nachsinnt, dass »der Liebende selbst Quelle seiner Liebe ist«, wie Niklas Luhmann betont.

Wie jedes leib-seelische Erleben, das man einmal erfahren hat, kann man auch die Herzöffnung aus eigenem Wollen immer wieder aus dem Gedächtnisspeicher ins Hier und Jetzt »abrufen«. Man muss sich nur von den illusionären geistigen Vor-Bildern lösen, die eine Erwartungshaltung aufbauen und die Aufmerksamkeit auf ein bestimmtes Geschehen in der Zukunft lenken (etwa eine zärtliche Zu-Wendung oder ein Geschlechtsakt wie in einem Pornofilm). Richtig wäre es, den Augenblick der Gegenwart – der Gegenwart des anderen – mit allen Sinnen zu genießen (oder auch, sich nur auf einen »Sinn« ☞ 191, sprich Zielpunkt, zu konzentrieren, das darf ja auch sein!).

Lieben versus Begehren

> *Der gewöhnliche hastige und krampfartige Vorgang einer Begattung, auf die man sich nicht richtig vorbereitet hat und wobei die Frau die passive Rolle spielt, ist ebenso unbefriedigend für den Mann wie für die Frau.*
>
> Dr. med. M. de Nannie

Nicht nur Lieben und Begehren sind zwei verschiedene Phänomene. Auch Orgasmus und Samenabgang sind nicht dasselbe, bemühte sich der Kopenhagener Arzt und Sexualwissenschaftler Preben Hertoft bereits Anfang der 1980er Jahre um Aufklärung. Die meisten Männer kämen zwar zum Samenabgang, seien aber so leistungsorientiert, dass sie nicht wüssten, was ihnen noch alles entgeht. Ebenso klagte sein Kollege Willy Thrysøe: »Problem der Männer ist der oberflächliche Orgasmus, begrenzt auf die Umgebung direkt um den Penis. Sie bekommen oft nicht das saugende und mystische Ganzheitserlebnis, über das Frauen berichten.« Auch Wilhelm Reich berichtet, »das Gefühl des Mannes ›hineingesogen‹ zu werden, entspricht dem der Frau, dass sie das Glied ›einsaugen.« Diese Sinneswahrnehmung, die hier metaphorisch mit einer Saugwirkung verglichen wird und den ganzheitlichen Orgasmus ankündigt, kann aber auch unabhängig von Genitalkontakt erlebt werden. Deswegen unterscheidet Reich ja auch zwischen Sexualität und Genitalität (und auch ich nenne die vaginale Penetration, wenn ich präzise sein will, »Zeugungsakt« – im Gegensatz zu den vielen Arten von Geschlechtsverkehr, den ich über den bewussten Austausch von Körpersäften definiere).

Sog entsteht durch ein Vakuum – eine »Leere«, und die entsteht dadurch, dass man auf-macht und damit dem oder etwas anderem Raum schafft. Wilhelm Reich bekennt, erst mit Zeitverzögerung das »Gefühl der Leere in den Genitalien« beachtet und begriffen zu haben. Er schreibt (hervorgehoben): *»Es entspricht einem Entzug biologischer Energie.«* Was er allerdings nicht differenziert, ist, dieses Gefühl, das er als »Entzug« interpretiert, von dem bewussten »entleerenden« Strömungserleben der Hingabe zu unterscheiden. (Hier fehlt, zumindest im Deutschen, wieder eine passende Formulierung, denn es handelt sich um eine Empfindung wie ein inneres »Aufrollen« von etwas schnurgleich Fließendem bei gleichzeitig überströmendem Zurückgleiten. Das wird verständlich, wenn man bedenkt, dass er ja mit Menschen arbeitete, die unter Störungen litten – und nicht mit meditationserfahrenen Personen, die gelernt hatten, die Gegensätze von Anspannung und Weitung gelassen in Balance zu bringen. Es liegt an der vorbildgerechten »Lernerfahrung«: Den sexualisiert leidenschaftlichen (was auch bedeutet: ziemlich gewaltsamen) Zugriff auf den Körper eines anderen kann man bildhaft vorführen – das Lustgefühl der liebenden Herzweitung nicht. Das kann man nur spüren. Man kann es möglicherweise an der Weitung der Pupillen erkennen – wenn man sich so nahe heranwagt und die Mühe macht, genau hinzusehen (aber auch die kann man künstlich herstellen).

Die Angst vor der Leere ist die Angst vor dem Energieverlust, vor Schwäche, Zwangspassivität und Verlust von Wert und Achtung – kurz von Kampfkraft, die dort nicht gefährdet werden darf, wo man Männer als »Kanonenfutter« braucht (und Frauen als Gebärmaschinen für den Nachschub an Soldaten). In diesem Männlichkeitsbild ist Liebe und mehr noch Hingabe ein Störfaktor.

»Die Sexualenergie wirkt im ganzen Körper und nicht nur in den genitalen Zwischendrüsen«, betont Wilhelm Reich und erinnert: »Der Sadismus, den Eunuchen entwickeln, ist nichts anderes als die Sexualenergie, der die normale Funktion am Genitale genommen ist und die daher die Muskulatur des Gesamtkörpers erfasst.«

Wenn man sein Herz in der sexuellen Begegnung hingebungsvoll ganz weit öffnet, kann man den anderen ins eigene Herz »hineinatmen«. Wenn man dieses Vorgehen nicht nur körperlich, sondern auch zeitlich dehnt, gelangt man in den Zustand, »ganz« erfüllt zu sein – von Liebe. Diese umfassende Liebe geht weit über die Verhaftung in Zeit und Materie hinaus, vor allem aber über die üblichen Einseitigkeiten des Alltagslebens, nämlich nur kognitives Denken oder körperliche Sensationen.

Kommerzialisierung

Männer kaufen sich Sex mit Hilfe von Liebe,
während Frauen sich Liebe mit Hilfe von Sex kaufen.

Olav Storm Jensen

Es ist aber nicht nur Geschwindigkeit, die behindert, diesen Zustand vollständiger Liebe zu erreichen oder das Herausfallen aus der Mitte des »Selbst«, in der körperliches Empfinden, emotionales Fühlen, ahnungsvolle Intuition und kognitives Denken in Balance schweben. Es ist der »Blick des Käufers«.

Wie schon angedeutet, unterscheide ich *vier* sexuelle Revolutionen seit der Zeit der Romantik (vorher gab es ja auch schon Trends ☞ 191):

• Als erste sexuelle Revolution bezeichne ich die in der bildenden Kunst des ausgehenden 19. Jahrhunderts, in der erstmals nackte Menschen nicht nur in biblischen oder mythologischen Szenen erotisch dargestellt wurden, ohne einen Skandal hervorzurufen, und in der Literatur die vorangehende Phase der Romantik zugunsten realistischer Beschreibungen verlassen wurde. Gleiches zeigte sich auch in der Musik. Sogenannte Pornographie – eigentlich nur eine kulturabhängige Namensgebung für Kunst- und Kitschprodukte zur genitalen Erregung! – hingegen gab es schon immer, für Reiche von Künstlern gefertigt, im »niederen« Volk zur Ablenkung vom Alltagselend selbst produziert.)

• Als zweite bezeichne ich die in den neuen revolutionären Wissenschaften – beginnend mit Sigmund Freud, Wilhelm Reich, August Forel oder Magnus Hirschfeld. Sie geriet infolge der politischen Repressionen der NS-Zeit trotz oder auch wegen ihrer sozialpsychologischen Bedeutung in Vergessenheit und wurde erst in der dritten wieder »modern«.

• Die dritte wäre dann die soziologische, die üblicherweise als einzige unter der Bezeichnung sexuelle Revolution wahrgenommen wird, und die auf dem wissenschaftlichen Rückblick auf die zweite gründet. Sie ist durch die Aufdeckung der gezielten Machtausübung durch Unterdrückung und Verbot von Wissen über Verhütung unerwünschter Schwangerschaften und Geschlechtskrankheiten und Kritik an kirchlicher und staatlicher Bildungspolitik gekennzeichnet.

• Als vierte sexuelle Revolution bezeichne ich die Kommerzialisierung durch öffentlich heftig beworbene Waren- und Dienstleistungsangebote bei gleichzeitiger Propaganda für eine »Konsensethik«, nach der alles erlaubt ist, worauf sich zwei (oder mehrere) »einigen«, und in der im Zuge der vorherrschenden Zielsetzung eines grenzenlosen Wachstums regelmäßig die Grenzen zum Pathologischen, wie auch zum guten Geschmack, hinausgeschoben werden. Dieses »Warenangebot« wird nicht nur in medialen Kaufportalen präsentiert, sondern dringt auch über das Internet in die elektronischen Handtäschchen und damit in das Denkrepertoire der »Möglichkeiten« und verweilt dort, wenn es nicht bewusst bewertet und, je nachdem, gehortet oder ausgemistet wird. Je weniger Repertoire jemand erworben hat, desto größer ist die Gefahr, sich mit Billigware einzudecken, damit man »was hat«. Man ersetzt Qualität durch Quantität – ein Verhalten, das man bei etwa Dreijährigen beobachten kann. In diesem Lebensalter lautet die Lernvorgabe, die Selbstbestätigung mittels Besitz durch Selbstbestätigung mittels Kreativität zu ersetzen. Wenn es gelingt, kann die Lust am Habenwollen durch die Lust am Gestalten überwunden werden – ein wesentlicher Bestandteil von **Selbstaktualisierung** ☞192.

Wie ich hat auch der Kopenhagener Psychologieprofessor Olav Storm Jensen bereits in den frühen 1980er Jahren hingewiesen: »Wenn man an den freien Verkauf von Pornographie, Life-Shows, sexualtechnischen Hilfsmitteln und Massageannoncen denkt, ist es wohl offensichtlich, dass es sich um Waren handelt, die die Sexualität *ersetzen* sollen und deren Umsatz gerade eine klare Demonstration einer *nicht befreiten* Sexualität ist. Sie wurde lediglich offener *ausgestellt*« [Hervorhebungen von mir]. Er weist auch bereits auf die Frage hin, »worin die wertsetzende Ware besteht, wenn die Arbeitskraft gekauft wird [...]. Der emotional-vegetative Körper ist ein unerwünschtes Nebenprodukt, das mitgenommen wird, weil man ja den ganzen Körper kaufen muss. Das ist eine Qualitätsminderung der gewünschten Ware. Sie führt nur zu Störungen, Schwierigkeiten und einer Verringerung der Effektivität der Maschine.« Im Endeffekt geht es um den Vollzug des Zeugungsaktes, ohne sich den Anforderungen eines Menschen, der als ganze Person erkannt werden will, zu stellen. Pointiert schreibt wieder einmal Eric Berne zu dieser »Unzucht« (dieser altmodische juristische Begriff umfasst jede genitale Aktivität, in der es nicht zur Fortpflanzung kommen kann), sie sei »eine Beziehung von ›Kind zu Kind‹, eine Beziehung zwischen zwei Menschen, bei der jeder nur an den technischen Fertigkeiten des anderen interessiert ist. Denn sie gehorchen in Wirklichkeit dem Elternteil in ihnen, der ihnen nicht nur ein Tun anschafft sondern auch die Bewertung in richtig oder falsch, brav oder schlimm suggeriert. Im Zustand des braven, angepassten Kindes tut man, was andere befehlen oder vormachen und verleiht ihnen unbedenklich Autorität – egal ob es Verwandte sind oder Nachbarn, Arbeitskollegen oder Partnerpersonen und deren Freundeskreis. Man hält dann zu diesen und nicht zu sich selbst; man speist die andere mit Unterwerfungsenergie und wundert sich, wieso man sich so energielos fühlt.

Erinnern wir uns an den Hinweis, seelische Gesundheit bedeute Arbeits- und Liebesfähigkeit. Beides muss erst neuronal verankert werden, damit es auch in Krisensituationen stabiler Persönlichkeitsanteil bleibt. Jeder Verlust wesentlicher sozialer Beziehungen stellt solch eine Krisensituation dar – und viele davon bilden eine tiefe Rille an Erinnerungsspuren (besonders wenn man einem Ortswechsel in früher Kindheit ausgesetzt war – wie viele im Zweiten Weltkrieg Geborene, was von Politikern gern vergessen wird, wenn sie mehr Flexibilität in der Arbeitsplatz-Nachfolge erwarten und Resilienz – Widerstandskraft gegenüber Bedenken, Ängsten, Stress und anderen Widrigkeiten, Angehörige mitgemeint).

Charles Darwin sprach vom »survival of the fittest« und meinte damit nicht Fitness im Sinne körperlicher Ertüchtigung, sondern als Anpassungsfähigkeit an neue Umweltbedingungen. Im Hinblick auf die Bewusstseins-Quadrinität, wie sie C. G. Jung beschrieben hat, kann man bei den meisten Menschen beobachten, dass sie, körperlich anwesend und geistig anpassungswillig, dennoch ihre Gefühle und Intuitionen unterdrücken (statt diese Art von Energie bloß für sich zu behalten) und damit ihre Liebesfähigkeit beeinträchtigen, wenn sie meinen, sich räumlich in kurzer Zeit neu orientieren zu sollen. Das gilt für alle Beziehungen zu etwas oder jemand, dem man Liebesgefühle entgegengebracht hat.

> *[Erstens] kann der Mensch wie auch jede wertvolle Pflanze, nur dort wirklich gedeihen, wo er Wurzeln schlagen kann. Nur das Unkraut sprießt überall und hält nirgends fest.*
>
> Dr. med. M. de Nannie

Je tiefer sich Liebe verwurzelt hat, desto schwieriger und schmerzhafter wird die Entwurzelung. Das weiß jeder, der »gartelt«. In Liebesbeziehungen gibt es ebenso Flachwurzler und Tiefwurzler. Es liegt an der jeweiligen Entscheidung, wie tief man sich einlassen will. Oberflächlich kann man mehrere Beziehungen nebeneinander führen, bei einer bewusst gelebten Tiefenbeziehung hat keine dritte Person Platz. Deswegen ist es so wichtig, Kindern als Paar gegenüberzustehen und die Generationengrenze einzuhalten – und nicht mit einem Kind zusammen gegen den anderen Elternteil eine »Koalition« zu bilden. Sonst wird das nämlich mit großer Wahrscheinlichkeit im späteren Leben als »Erfolgsmuster« beibehalten.

So erinnere ich mich an eine Eva, die sich immer in verheiratete Männer verliebte, auf Scheidung drängte, und nachdem sie darin erfolgreich war, das Interesse verlor. Einmal kam sie sogar nicht zu dem erkämpften Termin am Standesamt. Es ging nicht um den jeweiligen Adam. Es ging um den Triumph gegenüber dessen Ehefrau – ein häufiges »Spiel«.

Umgekehrt erinnere ich mich an einen Adam, der, sobald er von einer Ehekrise in seinem Bekanntenkreis erfuhr, sich sogleich den betroffenen Ehefrauen als Tröster anbot. Seine Motive waren die gleichen, und er war nicht der einzige solcher Pseudo-Nothelfer mit sexuellen Hintergedanken.

Siegesgefühle basieren auf Sammelgefühlen. Sammeln füllt Leere.

Leere – Reizarmut, Stimulusmangel, Stille – sind aber Voraussetzung, das eigene Selbst und damit das eigene Potenzial, auch das Liebespotenzial, zu erkennen.

Lieben heißt Erkennen

Im Alten Testament steht das Wort »erkennen, wissen« (jadah) auch als Synonym für die liebende wie auch für die geschlechtliche Vereinigung (z.B. 1 Mose 4,1). Es beschreibt den Prozess der Annäherung an die andere Person mit ungeteilter Aufmerksamkeit und ohne Zeit- und Raumbewusstheit, bis man gleichsam mit ihr »eins« wird. Das ist eine Qualität des körperlichen Empfindens im Herzen, aufsteigend in die Schultern, Arme und Kehle und den Kieferbereich und erfüllt einen mit einer Kraft, wie wenn man nach oben schweben würde, und gleichzeitig spürt man auch einen Fluss nach und von unten, wie wenn man mit einer Stromleitung mit elektrischer Kraft aus der Erde gespeist würde. Das Gleiche kann man erleben, wenn man sich in Bewunderung des Schönen ergeht. Manchen Komponisten ist es geglückt, mit ihrer Musik ☞193 diese Reaktionen hervorzurufen – bei den Menschen, die offen genug sind, sich davon bewegen – »rühren« – zu lassen. Es liegt an der Rhythmik, die den »Normal-Atem« zum »Liebes-Atem« erweitert, und die ist gleichzeitig langsam und dynamisch. In Analogie zu »Wer Ohren hat zu hören, der höre!« (Markus 4,23) könnte man sagen: Wer ein Herz ☞193 hat zu atmen, der atme!

Der Mensch empfängt, und er empfängt nicht einen »Inhalt«, sondern eine Gegenwart, eine Gegenwart als Kraft.

Martin Buber

Von Martin Buber stammt der berühmte Satz »Der Mensch wird am Du zum Ich«. Das stimmt für die erste Lebenszeit, in der die Person, die »muttert« mit dem Ausmaß ihrer Zuwendung die Basis für das spätere Beziehungsverhalten des Kindes anlegt – und genauso wird jedes spätere Erlebnis liebevoller, gleichgültiger oder feindseliger Energie neuronal verinnerlicht, wenn es nicht verständlich erklärt und eine Methode zum Loslassen – Ausatmen! – vermittelt wird. Das »Du« kann aber alles sein, was man in diesem Sinn in sich aufnimmt, und Mensch-Sein bedeutet dann, alles Leben zu achten und zu behüten, weil man seine engen Grenzen überwunden hat und »eins« mit ihm ist.

Wirkliche Liebe lebt in Augenblicken gleichzeitig offenster UND innigster Zuwendung auf, wenn man einander wirklich »erkennt«.

Als ich 1990 das erste Mal als Referentin zu den Goldegger Dialogen eingeladen war, wurde ich zwischen den verschiedenen Veranstaltungen von einem jungen Mann mit der Frage angesprochen, ob und wie ich ihm ein außerordentliches Erlebnis erklären könnte, das er mit seiner Partnerin hatte: Auf einem Skiurlaub waren sie infolge Schlechtwetters genötigt, mit vielen anderen gemeinsam auf einem breiten Matratzenlager zu nächtigen. Sie mussten sich auch einen einzigen Schlafsack teilen, was zusätzlich unangenehme Gefühle bei ihnen auslöste. In der sehr engen, unbequemen Lage waren sie einander viel näher als sonst jemals, schweigend, aber praktisch Atem in Atem. Da entstand bei ihnen beiden gleichzeitig ein sensationelles Ineinander Verschmelzen, und obwohl sie voll bekleidet waren und sich nicht bewegten, sich auch kaum rühren konnten, mündete dies in ein gleichzeitiges orgastisches Glücksgefühl, wie sie es nie zuvor im Geschlechtsverkehr erlebt hatten.

Mich erinnerte dies an eine Fallgeschichte, die der österreichisch-amerikanische Psychiater und Psychoanalytiker Rudolf Urban v. Urbantschitsch in seinem Buch »Sexuelle Erziehung« beschrieben hat: Ein junger Arzt erzählt, er sei mit seiner Frau eine Stunde lang nackt auf einer Couch gelegen, »in engem, körperlichen Kontakt, einander liebkosend, aber ohne die letzte Vereinigung zu vollziehen. Das verdunkelte Zimmer lag in vollständiger Finsternis. [...] Dann trennten wir uns und standen auf; daraufhin wurde meine Frau auf einmal sichtbar. Sie war von einem Schein grünlich-blauen, mystischen Lichtes umgeben. Es war wie ein Heiligenschein, nur mit dem Unterschied, dass er nicht nur ihren Kopf, sondern ihren ganzen Körper umgab, und nebelhaft dessen Umrisse zeigte. Als sie so dastand, streckte ich langsam meine Hand nach ihr aus. Sobald sich meine Handfläche ihrer Brust auf einen Zoll genähert hatte, sprang ein elektrischer Funke von ihr zu mir über: sichtbar, hörbar und schmerzhaft. Wir schraken beide zurück.« Urbantschitsch fühlte sich an Reichenbachs Theorien über »Od-Strahlen« erinnert und auch daran, »dass gewisse Fische in ihrem Körper elektrische Batterien besitzen«. Dass sich auch zwischen zwei Menschen eine bio-elektrische Spannung entwickeln könnte, die groß genug war, um sichtbare Funken zu erzeugen, schien ihm zunächst unglaublich. Dann erinnerte er sich an die drei Schichten von Zellen in der embryonalen Entwicklung und dass Hautzellen den gleichen Ursprung besitzen wie Nervenzellen. Jetzt konnte er sich vorstellen, dass zwischen den Hautzellen von Mann und Frau, während sie beieinanderlagen, eine elektrische Spannung entstanden war. Urbantschitsch bat nunmehr das Paar, sowohl die Dauer als auch den Ablauf ihrer intimen Begegnungen zu variieren, und kam dadurch zusammenfassend zu folgendem Ergebnis: Wenn das zärtliche Beisammensein des Paares mindestens 27 Minuten dauerte, gab es keine Funkenübertragung mehr; ebenso gab es keine Funkenübertragung, wenn beide sofort, ohne Liebkosungen, mit dem Koitus begannen, dafür entstand ein Drang nach Wiederholung des Aktes. Fand dies statt, folgte abermals Unruhe, oft auch körperliche Unpässlichkeit. Urbantschitsch schloss daraus, dass zwar die Spannung in den Geschlechtsorganen nachgelassen hatte, nicht aber im ganzen Körper. Er schreibt: »Sexuelle Vereinigungen, die kürzer währten als 27 Minuten, vergrößerten den Abstand, den die Funken übersprangen, auf über einen Zoll, ein Zeichen dafür, dass die Potenzialdifferenz zwischen den Körpern der jungen Leute durch jeden kurzfristigen Geschlechtsakt vergrößert wurde. Andererseits war jedes intime Zusammensein, das eine halbe Stunde oder länger dauerte, von einer vollständigen Entspannung gefolgt und das Verlangen nach einer Wiederholung des Vorganges erwachte nicht vor fünf oder sechs Tagen; manchmal nicht vor einer Woche; trotzdem nahmen die Liebesgefühle der Jungvermählten noch zu und sie waren außerordentlich glücklich.« Urbantschitsch berichtet in der Folge, dass diese Sättigung umso länger anhielt, als die liebevolle Konzentration aufeinander währte. Zusätzlich fand er diese Berichte durch die Erfahrungen anderer Paare bestätigt. Er schloss daraus, dass nur eine halbstündige innige Zuwendung die bestehende elektrische Spannung zwischen den Hautzellen von Mann und Frau ausgleicht, andernfalls aber Unbehagen oder auch krankheitswertige Störungen hervorgerufen werden können. (Zusätzlich vermutet der Psychiater aufgrund von Beobachtungen von Eingeborenen der Südseeinseln, »dass schon im Körper des Kindes merkwürdige Spannungszustände herrschen, die durch innigen Hautkontakt und Zärtlichkeiten Erlösung finden.« Deswegen würden viele Mütter ihre Kinder während der Arbeit auf dem nackten Rücken tragen; deswegen würden die Kleinen stundenlang gestreichelt, damit sie ruhig blieben; deswegen würde ein weinendes Baby sofort an die Brust gelegt, auch ohne dass es trinken soll. Kinder zu schütteln oder zu schlagen, wie es unwissende Eltern leider tun und damit sogar den Tod ihres Kindes herbeiführen, ist genau der verkehrte Weg. Auch der Arzt de Nannie weiß: »Die zarte, magnetisch wirkende Berührung hat nicht nur die Macht, Schwäche zu stärken und Kranke zu heilen, sie vermag auch die stürmische Erregung zu dämpfen oder die beruhigten Fluten zu erneutem Strömen zu beleben.« Er steht damit in der Tradition des geheimnisumwitterten Salzburger Arztes Paracelsus, der Liebe als höchstes Heilmittel ansah.

Liebe heilt aber nicht nur, sie überwindet alle Gegensätze. (Bei dem Wort »überwindet« denke ich an ein Textil, welches das Gegenüberstehende umwindet – wie es ja auch gerne bei Hochzeitsritualen praktiziert wird.)

> *Es ist leicht, in bekannten Gebieten korrekt zu denken.*
> *Es ist schwer, im Beginn des Einfühlens von Unbekanntem*
> *nicht vor Verwirrung der Begriffe zurückzuschrecken.*
>
> Wilhelm Reich

In Bezug auf das Beziehungsgeschehen zwischen den Geschlechtern schreibt de Nannie: »Carezza ist die große Kunst der Liebe. Der Erfahrene beherrscht und lenkt die magischen Liebeskräfte in seinen Bewegungen, in seinen Fingerspitzen, sie strahlen in seinem Blick, klingen in seinem Wort, lassen sich in mancherlei Weise auf den Partner übertragen.« Denn er weiß: »Die Seele hat ihren Wirkungsbereich auch noch außerhalb des eigenen sichtbaren Körpers. Von jedem Körper strömen körperliche Strahlen aus, in denen die Seele gegenwärtig ist. Sie besitzen einen Lebensgeist, durch den die Seele wirkt.« Mit dem Wortteil Geist wird auf die vielfach vernachlässigte spirituelle Dimension hingewiesen, die zur Ganzheit des Menschen dazu gehört.

Carezza bedeutet auf Italienisch Liebkosung, Zärtlichkeit – und auch Liebe im Sinne des englischen care oder der lateinischen caritas: Man »erkennt« den anderen – auch in seiner Not oder Bedürftigkeit – und spendet ihm Zuwendung und Lebenskraft. Aus meiner Sicht erklärt Urbantschitsch nur einen Einzelaspekt, wenn er schreibt: »Das Wort ›Karezza‹ bedeutet ›Aufgeben‹, ›Entsagung‹. Man entsagt einer

Sache und nur einer einzigen: der männlichen Ejakulation. Sonst ändert sich nichts an der sexuellen Vereinigung, sie ist vollständig und dauert lange – aber die Liebenden bleiben *bewegungslos*. Nach einer halben Stunde stellt sich eine Art von höchstem Entzücken ein. Es ist die tausendfache Belohnung für äußerste Selbstbeherrschung« [Hervorhebung von mir]. Hier zeigt sich wieder einmal die Unzulänglichkeit der Wortwahl: Korrekt sollte es nicht »bewegungslos« heißen, dann würden die beiden ja wie Mumien daliegen, sondern »es wird von beiden auf heftige Beischlafbewegungen verzichtet«, denn natürlich stört minimales Penisstreicheln weder außen noch innen. Urbantschitsch wollte wohl Männer ermahnen, sich von dem Glauben zu lösen, leidenschaftliches Stoßen wäre die einzig richtige Form der Paarung. Sie entspricht dem gehetzten Masturbations-Rubbeln im Kinderzimmer, wenn unerwünschte Überraschungen durch andere Familienmitglieder drohen (oder an anderen, ebenso gefährdeten Orten wie Büros nach Dienstschluss) und auch der Gewaltausübung im Verbrechen der Vergewaltigung.

Oft wird mit Berufung auf Traumberichte bzw. missverständliche Aussagen in der Psychoanalyse behauptet, Frauen wünschten sich vergewaltigt zu werden, weil sie dann keine Verantwortung für ihr sexuelles Verhalten hätten. Dem stimme ich nicht zu: Was ich in meiner psychoanalytischen Tätigkeit erlebt habe, war die Sehnsucht vieler Frauen, die Energie des Mannes in seiner fokussierten Zuwendung zu spüren. Sie mühten sich um sprachlichen Ausdruck für das, was ihnen abging. Sie wollten nicht allein seiner Befriedigung »dienen«. (Männer, die Ähnliches vermissten, formulierten auch missverständlich »Sie könnte ja auch einmal anfangen!« Damit meinten sie nicht Striptease etc., sondern auch sie wollten die auf sich gerichtete Energie spüren.)

Wiederum besteht hierbei die Gefahr, die Stresshormonausschüttung und die nachfolgende Entspannung, wenn die Situation beendet ist, für *ultimative Lust und Liebe* zu halten. Deshalb irrt Wilhelm

Reich, wenn er schreibt: »*Nur der genitale Apparat kann Orgasmus vermitteln und biologische Energie voll entladen.*« Denn in seinen Ausführungen fehlt die Berücksichtigung der geistigen Ebene, über das »Tastbare« (also die Friktionen von Penis und Scheide) hinaus. Im ganzheitlichen Entgrenzungserleben vibriert und zuckt aber mehr als nur das Geschlechtsorgan, und der Rhythmus ist ein anderer, langsamerer, strömender. An späterer Stelle schreibt Reich nämlich: »Die Höhe des Anstiegs einer elektrischen Erregung an einer sexuellen Zone hängt von der *Sanftheit* des Reizes ab: je sanfter desto steiler. Sie hängt ferner von der psychophysischen Bereitschaft ab, auf den Reiz zu antworten. Je größer diese Bereitschaft, desto steiler, das heißt rascher der Anstieg.« Reize hingegen, betont er in der Folge, die Angst oder Unlust auslösen, setzen die »Oberflächenladung« mehr oder minder rasch und tief herab. Infolge fehlender Information (und fehlender Vorbilder sowieso) hängt es vom Zufall ab, ob vor allem Männer erkennen, dass sie mit Verlangsamung und Konzentration darauf, ihre Geliebte auch »innen« zu streicheln – im Mund wie auch im »Schattenmund« (so der Buchtitel von Marie Cardenal) – größere Beglückung erfahren können. Liebende Hingabe »von ganzem Herzen« ist unbedingt »not-wendig«, zielgerichtetes Denken wirkt kontraproduktiv.

Wenn Reich schreibt: »Jede positive Lebensäußerung ist aggressiv«, und weiter: »Die Aggression ist die Lebensäußerung der Muskulatur, des Systems der Bewegung«, so orientiert er sich primär an der schnellen Muskelaktivität, sozusagen als Gegenpol zur Hemmung. Das verfehlt die coincidentia oppositorum (das Zusammenfallen der Gegensätze), die Mitte, das Weder/Noch wie das Sowohl/Als Auch, »Paar-Bildung« im wahrsten Sinne des Wortes. Zur »Mitte«: Mein Jungianischer Analytiker betonte immer, je psychisch gesünder Menschen würden, desto »mittel-mäßiger« würden sie auch – und zufriedener. Demgegenüber propagieren heute Werbung wie auch alle, die nur ihre »Quoten« toppen wollen, egal mit welchen Inhalten, als Ziel die unhinterfragte Steigerung – auch im sogenannten Liebesleben, das mit Liebe nichts gemein hat, sehr wohl aber mit Eroberungskriegen, in denen man mit viel Energieaufwand andere dem eigenen Willen unterwirft und weiterzieht zum nächsten Schlachtfeld. Ich sehe darin das Hauptmotiv der »flüchtigen Gesellschaft« der Gegenwart.

Ähnliches überlegt Urbantschitsch mit »Es scheint, dass Plato vor 2400 Jahren Kenntnis von einer solchen Art sexueller Befriedigung und Entspannung hatte, einer Entspannung, die anders geartet ist als diejenige, die als Folge des Sexualakts, mit Ejakulation und Orgasmus auftritt.« Er zitiert dazu aus Platons »Symposium«, — »Daher: wann immer solche Menschen, wie ich sie beschrieben habe, heftig ergriffen werden – – – von Liebe und Verlangen – – – wollen sie auch nicht für einen Augenblick voneinander getrennt sein. Es sind diejenigen die ihr ganzes Leben einander weihen und die eine – – unerklärliche Sehnsucht danach verspüren, *dass jedes vom anderen etwas erlange, wovon sie nicht wissen, was es ist; denn es ist nicht bloß das sinnliche Entzücken ihrer Umarmung, weswegen sie mit solch tiefer Zuneigung aneinander hängen, sondern ihre Seelen dürsten danach, vom geliebten Wesen noch etwas anderes zu erlangen, das zu beschreiben es ihnen an Worten fehlt.*«

Urbantschitsch ist überzeugt: »Wenn dieser große Denker in der Gegenwart lebte, so würde er ohne Zweifel seine Erkenntnisse in andere Worte fassen. Er würde sagen, dass nur ein so vollkommener Ausgleich der bio-elektrischen Spannung, wie er im gewöhnlichen Sexualverkehr kaum je erreicht werden kann, das vollkommene Liebesglück bringt. Oder auch: nur derjenige Mensch, der in Kontakt mit dem Wesen kommt, dessen Ausstrahlungen seine eigenen ergänzen und dessen Wellenlängen mit den eigenen Wellenlängen übereinstimmen, kann die letzte und höchste Befriedigung erlangen, die den Sterblichen so selten gewährt wird. Diese Ausstrahlungen aber werden von jeder einzelnen Hautzelle ausgesandt, die mit dem Partner in inniger Berührung steht, und die Genitalien haben somit aufgehört, die Hauptrolle bei der Umarmung zu spielen.«

Diese Berichte des westlichen Psychiaters Urbantschitsch (über Dr. med. M. de Nannie konnte ich nichts Persönliches in Erfahrung bringen) entsprechen auch den Mahnungen des indischen Philosophie-Professors Chandra Mohan Jain (alias Bhagwan Shree Rajnesh alias Osho), der Erfahrungsberichte zitiert, wonach ein Orgasmus von einer Minute Dauer schon am nächsten Tag Wiederholungsverlangen auslöst, bei drei Minuten eine Woche Sättigung bewirkt, bei Verlängerung auf sieben Minuten der Gedanke an Sex für drei Monate verschwinden kann und bei einer Ausdehnung auf drei Stunden gänzlich verblasst. Osho zeigt Verständnis, dass sich dies nur wenige vorstellen können oder auch wollen, doch betont er: »Wenn eine Person drei Stunden lang im Zustand des Liebesakts bleiben kann, in dieser Ichlosigkeit, in diesem Versenktsein, dann genügt schon ein einziger Koitus, um zu bewirken, dass sie ihr restliches Leben sexfrei ist. Dieser Geschlechtsakt hinterlässt eine derartige Zufriedenheit, eine derartige Beglücktheit, eine derartige Bewusstheit, dass dies ein Leben lang vorhält.« Osho gibt dazu noch einen wesentlichen Hinweis: »Je schneller man während des Geschlechtsverkehrs atmet, desto kürzer ist dessen Dauer; je ruhiger und entspannter man atmet, desto länger dauert er.« Damit lässt sich die Dauer bis zu jeder beliebigen Zeitspanne verlängern. »Und je länger der Verkehr dauert, desto intensiver wird das Erleben der *überbewussten Elemente – der Ichlosigkeit und Zeitlosigkeit*« [Hervorhebung von mir].

Wohin ich immer gehe,
ich fühle deine Nähe.
Ich möchte deinen Atem trinken
und betend dir zu Füßen sinken,
dir, dir allein!

Liedtext »Das Land des Lächelns«

Wie schon erwähnt, sollte Geschlechtsverkehr nicht mit dem Zeugungsakt gleichgesetzt werden: Geschlechtsverkehr besteht auch im »hingebenden« Austausch von Körpersäften im einander einatmenden Kuss. Der ist etwas ganz anderes als eine »aufgeilende Schmuserei«: Mit ihr lenkt man die Lebensenergie nach unten in die Genitalien statt nach oben ins Herz oder ins Tönen oder ins Ineinander-Versinken im Blick.

Die Berichte von Urbantschitsch, de Nannie und Osho kann ich aus eigenen Erfahrungen bestätigen: Im Kontakt mit dem Mann mit der zu mir passenden »bio-elektrischen Potenzialdifferenz« (wie Urbantschitsch formuliert) habe ich auch kennengelernt, dass man sich stundenlang liebend in den Armen halten kann, ohne auf den üblichen »Verlauf« (welch Doppelsinn des Wortes!) und »Abschluss« zu drängen und sich damit die Möglichkeit schenkt, einander dauerhaft einzuatmen. Ich konnte staunend erfahren, dass seine Energie in mir monatelang Erfüllung bewirkte – und ich diese Fülle jederzeit aus meinem Gedächtnisspeicher abrufen kann. Dafür bin ich unendlich dankbar. Diese Erfahrung hat mir aber auch ermöglicht, querschnittgelähmten oder Vollbild-Aids-erkrankten Menschen (vor allem Männern) wie auch etlichen, die sich zum Zölibat verpflichtet hatten, glaubhaft zu vermitteln, dass »reife Genitalität«, wie sie üblicherweise im Gefolge von Sigmund Freud verstanden wird, noch lange nicht den Endpunkt des menschlichen Liebespotenzials darstellt.

Wer sich mit östlichen Medizinsystemen beschäftigt, stößt darauf, dass diese ihren Blickwinkel nicht so sehr auf einzelne »kranke« Organe richten, sondern auf »gestörte« Energiegleichgewichte. Um diese aufspüren zu können, werden andere Wahrnehmungskanäle sensibilisiert als in der TWM (Traditionellen Westlichen Medizin) und sogenannte Energiezentren und Energiebahnen überprüft und behandelt.

Meist wird dabei auf sieben Energiezentren reflektiert, die von unten nach oben

- der Gegend rund um das Ende der Wirbelsäule,
- dem Bereich des Urogenitaltrakts,
- dem Sonnengeflecht (Solarplexus),
- dem Herzen,
- der Kehle,
- der Stirn und
- dem Mittelpunkt des Schädels

zugeordnet werden. In unserem Sprachgebrauch gibt es Hinweise, dass diese Wahrnehmung nicht ganz verlorengegangen ist, etwa in Redewendungen wie:

»Da hat es mir die Beine weggezogen«, man verliert Halt, Erdung.

»Das geht mir an die Nieren«, ungute Energie wird nicht ausgeschwemmt.

»Das magerlt mich« oder »Da dreht es mir den Magen um«, weil man spürt, dass jemand zu den eigenen Ungunsten Macht ausüben will.

»Da ist mir das Herz aufgegangen«, um jemanden ins Herz hineinnehmen zu können.

»Da schnürt es mir die Kehle zu«, weil es einem die Rede verschlägt, aber, »Wes das Herz voll ist, des geht der Mund über«.

»Da hab' ich ein Brett vor dem Kopfe gehabt«, oder »Ich war wie vernagelt«, weil man etwas nicht gesehen hat oder nicht sehen konnte/wollte.

Man weiß meist nicht, dass man selbst steuern kann, in welchem Bereich man seine Energie stauen lässt und wie man sie dorthin lenken kann, wo die Liebe wohnt: im Herzen. Ich sage gerne in meinen Vorträgen, genau deswegen zeigten Jesus oder Maria auf den Andachtsbildern auf ihr Herz und nicht auf die Stirn oder den Unterleib. Um dieses Gefühlszentrum in Erinnerung – ins semantische Gedächtnis – zu bringen, schreibt auch der Kardiologe Herbert Benson: »Wir können mit Hilfe unserer Gedanken die Arbeitsweise unseres Gehirns beeinflussen und unseren Nervenzellen Erfahrungen und Ereignisse aufprägen, die emotional befriedigend und nicht bedrohlich sind.« Dazu möchte ich die Aufmerksamkeit darauf lenken, dass die meisten Menschen dies, entsprechend der Fremdsuggestionen ihrer Bezugspersonen, leider umgekehrt machen und so die ewig kritisierenden Stimmen als »Kopfbewohner« beheimaten!

In meiner Ausbildung in Systemischer Sexualberatung und Sexualtherapie stellte unsere Ausbildnerin, die Schweizer Ärztin Dr. Verena Middendorp, die Frage, welches sexuelle Erleben für uns das beglückendste gewesen sei und wo in unserem Körper wir dies verorten würden. Alle von uns fünfzehn, bereits lange Jahre klinisch psychotherapeutisch praktizierenden und daher mit vielen Klientenerfahrungen vertrauten Ärzt*innen, Psycholog*innen, Pädagog*innen und Sozialarbeiter*innen waren uns einig: Es waren tiefe Liebesgefühle im Herzen und keine genitalen Empfindungen. Die wurden als eher ablenkend bewertet.

Treue

Wir lieben einen Menschen oftmals lange nicht so sehr für das,
was er für uns tut, als dafür, dass er die Fähigkeit hat,
unsere eigenen Kräfte zu wecken; wir lieben ihn dann für das,
was er uns befähigt, für ihn zu tun.

Dr. med. M. de Nannie

Wer von einem anderen Menschen im Herzen erfüllt ist, kann gar nicht anders, als treu sein. Es hat dann ja auch kein Dritter im Herzen Platz.

Vielfach bleibt aber die von unten aufsteigende Energie im Bereich des Sonnengeflechts hängen und übt nur Druck aufs Herz aus, ohne die weitende Entspannung auszulösen, weil jener Ansatz von Liebe sofort gedanklich mit Sex verbunden und dieses »Anklopfen« unmittelbar wieder nach unten in den »Geschlechtsapparat« gelenkt wird. So vergibt man die Chance auf die eigene »Weiter-Entwicklung«, die uns erweitert, ausweitet, weit macht. Dieses »Weiter« kann, räumlich interpretiert, in viele Richtungen des Körpers phantasiert werden. Es kann aber auch zeitlich gemeint sein, das wäre dann die nötige Entschleunigung zur Dehnung des Gefühlserlebens. In der Herzweitung fällt beides zusammen.

> *Nicht nur fort euch zu pflanzen, sondern hinauf –*
> *dazu, o meine Brüder, helfe euch der Garten der Ehe!*
>
> Friedrich Nietzsche

Wenn Friedrich Nietzsche mahnt, man möge sich nicht nur fortpflanzen, sondern auch hinauf, so kann man das als Suche nach Selbstverbesserung verstehen, aber auch als Gier nach Überlegenheit (was bei dem kränkelnden Nietzsche mit seiner identifikatorischen Bewunderung für »die blonde Bestie«, den Übermenschen, ziemlich deutlich zum Ausdruck kommt). In jeder Beziehung und besonders dort, wo man lieben will, ist das die größte Gefahr: zu **konkurrieren** ☞ 194 und deshalb siegen zu wollen. Je näher wir einander stehen, desto mehr fallen Unterschiede auf – aber anstatt diese als Anstoß zur Angleichung und damit Chance zur Selbsterweiterung zu begreifen, neigen selbstunsichere Menschen dazu, sich Sicherheit auf die Weise zu »organisieren«, dass sie sich selbst als unbestrittene Norm anerkannt wissen wollen – ein häufiges, anstrengendes und letztendlich vereinsamendes Machtspiel.

Aus diesem Blickwinkel sehe ich die Liebesanleitung, die das chinesische Tao vermittelt, kritisch. Jolan Chang schreibt: »Hat ein Mann einmal die Fähigkeit erlangt, seine Ejakulation zu steuern, erhält er sich nicht nur seine Lebenssubstanz, sondern gewinnt noch viel mehr dazu. Zunächst einmal wird seine Partnerin nicht länger unbefriedigt sein, weil er ja nun mehr Selbstvertrauen besitzt und fast so oft, wie er und seine Partnerin es wünschen, zur Vereinigung in der Lage ist. Und weil sie sich viel häufiger und länger lieben können, zieht jeder Partner mehr Gewinn aus der Substanz des anderen.« Mich stört die Formulierung »Gewinn ziehen«. – Auch wenn damit nur eine nachfolgende Nebenwirkung angesprochen werden soll, besteht doch die Gefahr einer Zielperspektive, und damit ist man nicht mehr beim Partner, sondern in gewohnter Egozentrik bei sich selbst. Die coincidentia oppositorum, die Vereinigung des Gegensätzlichen, setzt hingegen die »absichtslose Absicht« voraus.

Chang weist in der Folge aber doch darauf hin, dass Liebe ohne Sex frustrierend sei und ungesund, denn »es fehlt die unentbehrliche Harmonie zwischen Yin und Yang, die dem Leben Ruhe und Heiterkeit verleiht«. Andererseits sei Sex ohne Liebe »bloß eine körperliche Verrichtung, welche uns dem gemeinsamen Seelenfrieden, den wir alle brauchen, nicht näher bringt«. Vielmehr ginge es darum, dass junge Liebhaber die Fähigkeit »entwickeln, auf poetische und ekstatische Weise zu lieben«. Chang ist überzeugt: »Wenn sie diese wahre Freude des Liebens erst einmal erlebt haben, werden sie sich nie mehr mit weniger zufriedengeben, und alle kleinlichen und hässlichen Gedanken werden sie für immer verlassen.«

Viel klarer äußert sich Osho zu dieser Poesie der Ekstase. Er sieht das Erlebnis, das sich im Moment des Orgasmus einstellt, aus zwei Elementen bestehend, nämlich Zeitlosigkeit und Ichlosigkeit: »Die Zeit verschwindet, und das Ego löst sich auf. Bei fehlendem Ego und zum Stillstand gekommener Zeit wird man flüchtig seines eigenen Selbst gewahr, seines wirklichen Selbst.« Diese Herrlichkeit sei aber nur von kurzer Dauer, und sogleich wäre man wieder in den alten Bahnen und man hätte »einen gewaltigen Schwall bioelektrischer Energie verschwendet.« Übrig bleibe die Sehnsucht, diesen »flüchtigen« Eindruck erneut zu erleben, doch könne man ihn nie länger als einen Moment halten – aber man könne dieses »Gewahrwerden« (da steckt wieder der Begriff von Wahrheit drin!) auch durch Meditation erlangen.

Er doziert: »Es gibt zwei Methoden, ein höheres Bewusstsein zu erreichen: Sex und Meditation. Sex ist die von der Natur bereitgestellte Methode. Sex ist ein Verfahren der Natur – Tiere praktizieren ihn, Vögel praktizieren ihn, Pflanzen praktizieren ihn, Menschen praktizieren ihn. Solange wir nur die Methode der Natur benutzen, stehen wir nicht über den Tieren; das funktioniert so nicht. Das Reich des Menschseins beginnt an dem Tag, an dem wir ein neues Tor öffnen, das anders ist als das naturgegebene Tor Sex. [...] Aus diesem Grund kommt bei der kleinsten Gelegenheit urplötzlich das Tier in uns ☞195 zum Vorschein. [...] Das Tier im Menschen ist immer begierig darauf, dass man ihm freien Lauf lässt. In einer Menge, bei einem Aufruhr, findet der Mensch Gelegenheit, seine Menschenverkleidung abzuwerfen und sich zu vergessen.« [...] »Und dieses Tier im Menschen wird erst bezwungen, wird erst überwunden, wenn das menschliche Bewusstsein sich über das von der Natur gegebene animalische Tor erhebt. [...] Es ist unbedingt erforderlich, dass ein neues Tor geöffnet wird, bevor man das Tor Sex schließt, damit die Energie in eine neue Richtung fließen kann.« Eben von Herz zu Herz anstatt nur von Unterleib zu Unterleib. Die Chance dazu erfahren viele erst in einem Alter, in dem Lumbalgien stürmische Bettakrobatik wie in jungen Jahren verhindern.

Altern und Lieben

Was immer an kulturellen und zivilisatorischen Aufgaben
vor jeder neuen Generation liegen mag:
Es ist immer wieder die Angst der Alten
vor jugendlicher Sexualität und jugendlichem Kampfmut,
die bremst.

Wilhelm Reich

Als Viagra auf den Markt kam, wurde diese blaue Pille zur Erektionsförderung von zahlreichen Medienberichten über lustvoll kopulierende Senioren begleitet. In der sexualberaterischen Praxis zeigte sich allerdings eine Geschlechterdifferenz.

»So klagte – als eine von vielen – eine über 60jährige Ehefrau, dass ihr Mann, kaum dass er in der Fernsehsendung einer Mediensexuologin einen Werbebeitrag für Partnermassage, demonstriert an einem jungen Paar, gesehen hatte, sofort in die nächste Drogerie allerlei Massageöl zu kaufen geeilt war, um sie gegen ihren Willen zu stimulieren.«

Der Psychoanalytiker Fritz Riemann erklärt: »Je gleichförmiger wir eine Liebesbeziehung leben, umso mehr drohen Gewohnheit, Abstumpfung und Langeweile, die die Liebe ersticken.« Insofern hat der Mann im vorigen Beispiel versucht, *sein* Liebesleben zu erneuern; dass das seiner Frau ein anderes sein könnte, hatte er nicht in Erwägung gezogen. Er entstammte der »Generation Oswalt Kolle«: Dieser Fachjournalist profilierte sich in den 1960er und 1970er Jahren als Vorkämpfer für Anleitungen zu einem erfüllten Sexleben der eher technischen Art. Otto Normalverbraucher und Lieschen Müller sollten nicht nebeneinanderher leben in der Gefahr, dass sich Enttäuschung in Hass verwandle.

Riemann mahnt: »Es gibt keine Garantie dafür, dass unsere Liebesbereitschaft einem geliebten Wesen gegenüber sich erhalten lässt – wir selbst verändern uns mit der Zeit und der andere auch, und es wird umso schwerer, unsere Liebesbereitschaft zu erhalten, je mehr sie an Äußerlichkeiten und an bestimmte Wunschvorstellungen von einem Du gebunden war.«

Eine der »Geschichten vom Herrn Keuner« von Bert Brecht lautet so: »›Was tun Sie‹, wurde Herr K. gefragt, ›wenn Sie einen Menschen lieben?‹ ›Ich mache einen Entwurf von ihm‹, sagte Herr K., ›und sorge, dass er ihm ähnlich wird.‹ ›Wer? Der Entwurf?‹ ›Nein‹, sagte Herr K., ›Der Mensch.‹«

Heute kann man diesen Satz auch für das Thema Selbstliebe bestätigt finden: Auf der ganzen Welt wird das Aussehen als Garant für Liebenswürdigkeit propagiert, viele laufen diesen Idealbildern nach wie ein Esel einer Karotte vor seiner Nase. Noch dazu haben die »laufenden Bilder« in Film und Fernsehen, seitdem Riemann sein Buch über die Liebesfähigkeit schrieb, die Grenzen zwischen Romantik und Pornographie zum Erreichen des Glücks weit hinter sich gelassen. Waren es früher die Masken der Moral, die das wahre Selbst verbargen, sind es heute die Masken des Kommerzes.

Aber wie sollen wir einander »erkennen«, wenn wir Masken ☞ 195 tragen?

Fritz Riemann schreibt: »So liegt in jeder Liebe die Forderung zur Wandlung: Wie wir das heranwachsende Kind nicht mehr mit der gleichen unbedingten und fraglosen Liebe weiterlieben können wie das Kleinkind; wie sich unsere Liebesfähigkeit mit und an dem Kind weiterentwickeln und reifen, erwachsen werden muss wie das Kind selbst; wie die Kindesliebe von echohaften Antworten und selbstverständlicher Liebeserwartung reifen muss zur eigenen Liebesbereitschaft, die auch Versagungen und Enttäuschungen überdauert, so muss sich jede Liebe wandeln und reifen, will sie lebendig bestehen bleiben.« Das bedeutet aber auch zu akzeptieren, dass Liebe in Zeiten des biologischen Fortpflanzungsdrangs (der auch durch die jeweilige Kultur vorgezeichnet wird – denken wir nur an die Ein-Kind-Politik im Roten China) andere Rahmenbedingungen zu konstruieren pflegt als in der Zeit des hormonellen »Wechsels« (dem auch Männer unterliegen!). Man kann das an den Schlafgewohnheiten beobachten: vorher Doppelbett und ein »Bewacher-Bein« über der »Trophäe«, nachher Flucht ins Einzelbett, wenn möglich in getrennte Schlafzimmer.

Riemann weiß: »So wird uns die – fast möchte ich sagen – Zumutung deutlich, die allem Lieben auferlegt ist und es so erschwert: Das, was wir ursprünglich lieben an einem anderen, bleibt sich nicht gleich; und nicht genug damit, wir selbst bleiben auch nicht, die wir waren. Daher ist es um vieles leichter, etwas zu lieben, was sich nicht verändert: die Erinnerung, die Vergangenheit, einen Toten oder eine Idee. Darum ist es auch leichter, die Liebe selbst zu lieben, als das Du, denn dann hängt unsere Liebesbereitschaft nur noch von uns selbst ab; und selbst eine unglückliche Liebe [sprachliche Korrektur von mir: Echte Liebe ist nie unglücklich – sie ist höchstens mühevoller, weil man sich laufend von Phantasieerwartungen, d.h. alten unpassenden Neurosignaturen, reinigen muss!] ist weniger gefährdet durch die Zeit und durch die Entwicklung des anderen – sie hängt viel mehr von uns selbst ab und kann nur mit uns selbst aufhören.« Und Riemann weiß auch um das Phänomen der Ersatzobjekte: »Darum ist es auch leichter, etwas zu lieben, das sich leicht ersetzen lässt durch Ähnliches – und etwas oder jemand lässt sich umso leichter durch Ähnliches ersetzen, je weniger tief und individuell bezogen wir geliebt haben«, und er betont: »So fordert die Liebe zu etwas Lebendigem von uns, dies Lebendige durch all seine Entwicklungen und Wandlungen hindurch zu lieben …«, und er sinniert: »Vielleicht ist das die reifste Form der Liebe, der Sinn alles Liebens: *einander wohlzutun* und zur höheren Entwicklung zu verhelfen« [Hervorhebung von mir].

Don't tell me of love everlasting and other sad dreams
I don't want to hear
Just tell me of passionate strangers who rescue each other
From a lifetime of cares
Because if love means forever, expecting nothing returned
Then I hope I'll be given another whole lifetime to learn

Because you gave to me so many things it makes me wonder
How they could belong to me …

Songtext Joan Baez

Das bibelhebräische Wort »rabah« in 1 Mose 1,28, das gewohnheitsmäßig mit »mehren« übersetzt wird (»Seid fruchtbar und mehret euch!«) besitzt auch die Bedeutung »fördern«. (Der Rabbiner ist derjenige, der fördert!) Deswegen übersetze ich dieses sogenannte »Fruchtbarkeitsgebot« (auf das sich diejenigen berufen, die keinerlei Geburtenkontrolle und daher auch Empfängnisverhütung dulden wollen) mit »Seid **kreativ** ☞196 und fördert einander!« – und gebe ihm damit eine weit umfassendere Bedeutung als Liebesgebot, unabhängig von genitalen Fortpflanzungs-Aktivitäten.

Die Überbetonung des zeugenden wie auch gebärenden Körpers hat, wie schon erwähnt, bevölkerungspolitischen Hintergrund. Die Schweizer Psychologin Julia Onken weist darauf hin, dass die Idealisierung des Körpers ein Ausdruck dafür sei, »dass im Körper keine Heimat erlebt wird«, ich ergänze, »nicht erlebt werden soll«! Denn die Idealisierung vermittelt Anreize, dem Ideal entsprechen zu wollen. Sie ist der erste Schritt in die Falle der Disziplinierung nach dem Muster »Hoffnung auf Belohnung – Angst vor Ausgrenzung«. Wer sich mit seinem Körper vertraut gemacht hat, akzeptiert ihn und pflegt ihn und ist damit auch bereit, auf Kritik am Körper anderer zu verzichten. Hat man dieses Vertrauen gelernt, spürt man den eigenen Körper und bemerkt die Gleichzeitigkeit von physiologischer Reaktion und emotionaler Bewegung. Wenn man aber das entsprechende Wahrnehmungsneuron gebildet hat, erkennt man auch das Potenzial der **Selbststeuerung** ☞196. Diese wird aber meist nur gesucht, um »im Bett« – oder wo auch immer – körperlich möglichst perfekt zu sein. Man versucht dann durch Reibung innen wie außen das Feuer der Leidenschaft zu erregen – aber da wird nur ein Strohfeuer daraus. Das Feuer der Liebe glüht aus dem Herzen und verströmt sich in den ganzen Körper und darüber hinaus in den spirituellen Energiekörper – und steckt auch die Menschen im Umfeld an, die sich dann entweder mitfreuen oder empören und das Feuer gleich austöten wollen. Besonders dann, wenn das Paar nicht dem filmischen Klischee entspricht – zu jung, zu alt und zu wenig schön oder »fit« ist.

»Wir vergessen zu leicht«, erinnert Riemann, »dass Lieben ein

Tun ist, kein Zustand, in dem wir uns befinden und der uns bleibt, ohne dass wir etwas dafür tun«. Ähnlich schreibt M. Scott Peck: »Liebe ist das, was Liebe tut. Liebe ist ein Willensakt – nämlich sowohl eine Absicht als auch eine Handlung. Wollen beinhaltet auch eine Wahl. Wir müssen nicht lieben. Wir entscheiden uns zu lieben.«

Eugen Drewermann schreibt: »Solange ein Mensch Angst hat, wird er sich fürchten, klein zu sein; die Angst wird ihn vorwärtspeitschen, größer und immer ›erwachsener‹ zu werden, bis er seinem eigenen Maß vollends entwächst und in wörtlichem Sinn »böse« wird, aufgeblasen und unwirklich hinter der Als-ob-Fassade nicht endender Scheinfertigkeiten und Scheinfähigkeiten.« Viele Menschen süßeln Liebe vor und wollen dadurch nur ein liebloses Ziel verbergen. Erich Fromm berichtet: »Gesellschaftliche Zweckdienlichkeiten, Tradition, beiderseitiges ökonomisches Interesse, gemeinsame Fürsorge für Kinder, gegenseitige Abhängigkeit oder Furcht, gegenseitiger Hass werden bewusst als ›Liebe‹ erlebt – bis zu dem Augenblick, wenn einer oder beide erkennen, dass sie einander nicht lieben und nie liebten.« Ich ergänze diese Aufzählung noch mit dem »narzisstischen Gewinn« im gemeinsamen »Auftritt«. So fällt mir auf, dass vor allem ältere Frauen neugierig befragt werden, ob sie einen Partner bzw. ein Sexleben haben. Ich orte die Suche nach einem Vergleichskriterium, in dem man sich selbst überlegen fühlen kann. Fromm war optimistisch: »Die Menschen sind nüchterner und realistischer geworden, und viele verwechseln sexuelle Anziehung nicht mehr mit Liebe, noch halten sie eine freundschaftliche, aber distanzierte Teambeziehung für ein Äquivalent von Liebe.« In der Zeit der Werbung sei sich einer des anderen noch nicht sicher, »also wendet jeder seine Energie darauf, zu sein, das heißt zu geben und zu stimulieren«, aber das ändere sich mit der Eheschließung und dem »exklusiven Besitzrecht auf den Körper, die Gefühle, die Zuwendung des anderen«. Stirbt ein Teil eines Paares, wird dieser Besitzanspruch oft von den Kindern oder Nachbarn übernommen. Unter dem Deckwort Liebe versteckt sich dann die Forderung nach Verfügbarkeit als Baby- oder Hundesitter.

Nun, zu Beginn des dritten Jahrtausends, gilt es, die längere Lebenszeit auch dafür zu nutzen, eine neue Form des Liebens zu wagen – frei von den Bindungen, die dem Aufbau einer Familie dienen, frei von der Suggestivwirkung gezielter Werbung, aber auch frei von Scham, diesen Vorbildern nicht mehr zu entsprechen.

Die deutsch-schweizerisch-amerikanische Psychologin und Psychoanalytikerin Ruth Cohn stellt in ihren Überlegungen über ihr eigenes Altern die Fragen: »Müssen meine Hände, wenn ich krank bin, auch unfähig sein, liebevoll zu streicheln? Stirbt geistige Fähigkeit mit dem Ausbruch jeder Krankheit? Sind Krankheit und Selbstverlust völlig identisch?« Ich spinne diesen Gedanken weiter: Muss mein Herz aufhören zu lieben, nur weil ich Schmerzen der Trauer spüre? Wenn ich etwas verloren habe (körperliche Beweglichkeit, Schönheit, geistige Orientierung), wenn ich enttäuscht wurde, weil ich mich in meinen Wünschen, Hoffnungen, Erwartungen getäuscht habe, kann ich doch immer in meiner Liebe bleiben.

Spirituelle Sexualität

Ist es in diesem Leben überhaupt möglich, von emotionalen Schmerzen frei zu werden, fragt Scott Peck, »sich spirituell bis zu einer Bewusstseinsebene zu entwickeln, auf der der Schmerz des Lebens zumindest verringert ist?« Seine Antwort lautet Ja, »weil das Leiden, wenn es erst einmal vollkommen akzeptiert wird, aufhört, Leiden zu sein.« Vollkommene Akzeptanz kann auch als totale Ent-Spannung verstanden werden. Es gibt viele Formen, in totale Entspannung zu gelangen – körperliche durch Atemtechniken (wobei ich erinnere, dass techné im Altgriechischen Kunst bedeutet!), seelische etwa durch Autosuggestion ☞ 197, geistige etwa durch Meditation.

Der Kardiologe Herbert Benson weiß: »Wir können die neu entdeckte Kraft der von oben nach unten, also durch Gedanken, aktivierten Gehirnfunktionen in vollem Umfang zu unserem Vorteil nutzen. Das ist erinnertes Wohlbefinden ☞198. Seine Möglichkeiten erscheinen grenzenlos, wenn wir erkennen, dass wir nachweislich Kontrolle über Gehirnaktivitäten ausüben können, dass wir in Diagnose und Medizin Prioritäten setzen können und dass wir Affirmationen ☞198, Visualisierungen und andere Übungen anwenden können, um die Zahl jener Nervenzellen zu erhöhen, die Signale an Herz, Lunge und Gliedmaßen senden.« Zu den »erinnerten Wohlgefühlen« zähle ich Vertrauen und Liebe.

Bei Paulus heißt es im »Hohelied der Liebe« (1 Korintherbrief 13,9): »Denn unser Wissen ist Stückwerk und unser prophetisches Reden ist Stückwerk«, jedoch (13,13): »Nun aber bleiben Glaube, Hoffnung, Liebe, diese drei. Aber die Liebe ist die größte unter ihnen.« Glaube und Hoffnung setze ich mit Vertrauen gleich, als erste Schritte aus der in Eifer verkrampften Herzensenge heraus in eine Offenheit für kommendes »Heil« – das bedeutet Überwindung der Gegensätze und damit mögliche Ganzwerdung.

Wilhelm Reich prägte die Wortwahl »Panzerung« für die »Rigidität der Brustkorbwände«. Sein Schüler Alexander Lowen weiß, warum: »Wie der Brustschild, der von den alten Rittern getragen wurde, um das Herz vor einem Speer oder Pfeil zu schützen, soll sie das Individuum vor der Gefahr bewahren, dass sein Herz vom Pfeil der Liebe durchbohrt wird«, denn das »Durchbrechen dieser Verteidigung würde lange unterdrückte, qualvolle Gefühle freisetzen.« Die Panzerung stützt aber auch, wenn man zusammenzubrechen droht – etwa wenn man übergroßen Stress bewältigen muss.

Erich Fromm schreib bereits Mitte der 1970er Jahre, die menschliche Zivilisation habe die Grenzen der Beherrschung der Natur laufend weiter überschritten: Zuerst wurde Körperkraft durch mechanische und später nukleare Energie ersetzt und dann der menschliche Verstand durch den Computer. Was bei E. T. A. Hoffman noch literarische Phantasie war – die Puppe Olympia in seiner Novelle »Der Sandmann« – und den Maler Oskar Kokoschka nach der Trennung von Alma Mahler mit einer ihr gleichen Puppe herumziehen ließ, wird derzeit bereits Realität: Menschen werden durch gleich aussehende Roboter ersetzt. Wie im Film »Die Frauen von Stepford« sollen sich Männer lebensechte Sexpartnerinnen bestellen dürfen – und damit selbst noch mehr an Humanität verlieren.

Erich Fromm differenziert in seinem Buch über die menschliche Destruktivität zwischen »biophilen« Menschen, die das Leben und das Lebendige lieben (und daher nicht mit Angst auf die unkontrollierbare menschliche Energie reagieren), und »nekrophilen«, die sich zu etwas Totem, Leblosem hingezogen fühlen, wie etwa Maschinen (die zwar Energie erzeugen können, aber dabei immer kontrollierbar zu sein scheinen).

Der Informationstechniker Leo A. Nefiodow stellt in seinem Buch über den **»sechsten Kondratieff«** ☞ *199* – den in Bälde kommenden, technologischen Wirtschaftszyklus – Vermutungen an, welche Technologien die Welt beherrschen werden, und benennt:

- Informationsdienste oder
- Umwelttechnologien oder
- Biotechnologien (Humanmedizin, Ernährungsindustrie, Landwirtschaft, Entwicklung neuer Grundstoffe, Umweltschutz, Erschließung neuer Energiequellen etc.) oder
- »optische Technologien« wie Laser- oder Solartechniken oder
- Gesundheitsbewegungen inklusive Ethik und Religiosität

Er meint, auf längere Sicht »dürfte es zu einer Verschmelzung von Informatik/Informationstechnik, Neurowissenschaften, Psychologie und Biologie kommen.« Nimmt man noch die von ihm ebenfalls angesprochene Religiosität dazu, zeigt sich ein Bild von Ganzheitlichkeit, das die Konkurrenzen der oft gegensätzlichen Disziplinen (z.B. Wissen gegen Glaube, Rationalität gegen Intuition, Denken gegen Fühlen etc.) überwindet. Die Gefahr sehe ich allerdings darin, dass das Ergebnis neue Techniken sein werden und damit neue Waren unter der Maske »Verbesserung für die Menschen«– aber keine Verbesserung der Menschen. Erich Fromm hat das sehr deutlich in seinem Buch »Haben oder Sein« dargestellt: »Wenn die Menschen jemals frei werden, das heißt dem Zwang entrinnen sollen, die Industrie durch pathologisch übersteigerten Konsum auf Touren zu halten, dann ist eine radikale Änderung des Wirtschaftssystems vonnöten: dann müssen wir der gegenwärtigen Situation ein Ende machen, in der eine gesunde Wirtschaft nur um den Preis kranker Menschen möglich ist.« Wenn also im sechsten Kondratieff-Zyklus auch die Gegensätze Haben gegen Sein überwunden würden – was durch mehr **»aufdeckende«** ☞ *199*, wahre humanistische Bildung für alle erzielt werden könnte (als notwendige Ergänzung zu der reduktionistisch nur auf kognitive Beherrschung von Technik ausgerichtete), könnte mehr Freiheit von bedenkenlosem Funktionieren zu mehr Bedachtnahme aufeinander, mehr Wertschätzung der Individualität und mehr wahre Liebe die Folge sein.

Sigmund Freud sah es 1930 als Hauptbestrebung der Kultur, »die Menschen zu großen Einheiten zusammenzuballen«, und erklärte dies als Kern des Wesens von Eros, »aus mehreren eines zu machen«, denn »Kultur [...] sei ein Prozess im Dienste des Eros, der vereinzelt menschliche Individuen, später Familien, dann Stämme, Völker, Nationen zu einer großen Einheit der Menschheit zusammenfassen wolle. Warum das geschehen müsse, wissen wir nicht; das sei eben ein Werk des Eros.« 1921 hatte er jedoch geschrieben: »Und wie beim Einzelnen, so hat auch in der Entwicklung der ganzen Menschheit *nur die Liebe als Kulturfaktor* im Sinne einer Wendung vom Egoismus zum Altruismus gewirkt« [Hervorhebung von mir]. Allerdings erwägt er alternativ, ob nicht auch **Identifizierungen** ☞ *199* Gefühlsbindungen hervorrufen könnten. Ich sehe das umgekehrt: Zuerst ist das Gefühl des Gewinns an selbstproduzierter Bewunderungsenergie da, und die fördert Bindung an das, was sie auslöst. Dann identifiziert man sich mit Eigenschaften bzw. dem Verhalten dessen, was man bewundert und verinnerlichen will. Auch diese Form von Teilhabe an etwas Größerem sehe ich als eine Form von Liebe. Dies erinnert mich auch an Fetischierungen, wie z.B. von Zähnen erlegter Tiere, die, als Schmuckstück ☞200 umgehängt, deren Kraft übertragen sollen. Elias Canetti schreibt: »Es kann keinem Zweifel unterliegen, dass der Mensch, sobald er es einmal war, *mehr* sein wollte.« Er spricht pointiert von »Vermehrungsmeuten« und zeigt deren Entstehen durch sexuell-soziale Paarbildungen, Familienverbände, Clanbildungen und parallel Jagd- und Kampfgemeinschaften bis zu Großorganisationen und Staatenbildungen. Aber auch mit seinem Pferd bildet ein Reitender eine größere Einheit – und ebenso mit seiner Waffe (der »Braut des Soldaten«) –, aber eben nicht mit dem Ergänzungsmenschen, mit dem die Begrenzung durch Zeit und Raum überwunden und Transzendenz erfahren werden kann.

Abschied nehmen

»Die sexuelle Revolution ist niemals zu Ende«, prophezeiten Pascal Bruckner und Alain Finkielkraut 1977, »denn die wahre Intensität der Gefühle wird sich uns nie ein für allemal erschließen, der ›Feind‹ wird niemals für immer besiegt sein, weil die Aufhebung der Tabus unablässig neue Tabus schafft, weil jede Grenze den Wunsch weckt, sie hinauszuschieben, weil jeder Kampf stets nur eine Etappe ist und jede gewonnene Schlacht nur wieder neue Fronten schafft.«

Heute bedeutet vielen Menschen Diskriminierung des Geschlechtes, der Herkunft und Abstammung, der religiösen, sexuellen, ideologischen, weltanschaulichen wie auch wissenschaftlichen Orientierung anderer ein Tabu (sofern das Strafgesetz nicht verletzt wird – und auch dieses verändert ☞201 sich von Zeit zu Zeit). Menschen, die sich dafür einsetzen, werden mehr und mehr zu Zielscheiben für diejenigen, die sich dadurch in ihrer Denkfreiheit eingeschränkt fühlen – also in ihrer Freiheit, ihre Verbaleruptionen hemmungslos hinausdonnern zu dürfen. Eine ähnliche Frontenbildung zeigt sich bei all den Themen, die meist heftige Gefühle auslösen, weil sie mit der eigenen Individualität und Lebenserfahrung –und besonders dann, wenn sie mit dem episodalen, dem »Schock- und Wunder-Gedächtnis«, – eng verbunden sind.

> *Wenn der richtige Gedanke nicht die letzte Wahrheit*
> *und nicht der Weg zur Erlösung ist,*
> *gibt es keinen Grund, andere zu bekämpfen,*
> *deren Denken zu anderen Formulierungen gekommen ist.*
>
> Erich Fromm

Ich zitiere in diesem Sinn gerne den Kölner Selbsthilfegruppen-Experten Winfried Kösters mit seinem Beispiel von an Neurodermitis erkrankten Kindern: »Viele von ihnen dürfen bestimmte Nahrungsmittel nicht essen, dazu zählen z.B. Süßigkeiten. Dennoch werden diese betroffenen Kinder in ihrem Alltag ›gequält‹, weil viele Erwachsene nicht begreifen können und wollen, dass so ein Kind zum Beispiel keine Schokolade essen darf. Was der stete Kampf der Eltern gegen die Ignoranz der Schokolade-Verschenkenden bedeutet, wie viel physische und psychische Kraft er abverlangt, können wir kaum ermessen. Aber woher sollen diese Erwachsenen, die sich kein größeres Vergnügen für ein Kind vorstellen können, als Schokolade zu essen, darum wissen?« Ähnlich ist es bei den Menschen – vorzugsweise männlichen – die sich kein größeres Vergnügen vorstellen können ☞201 als eine Rammelei à la Pornofilm. Geht man diesem Verhalten auf den Grund, findet man außer den filmischen Vorbildern (die wiederum von Regisseuren und Darstellern stammen, die diese Variation von »Zuwendung« vertreten) das egozentrische Wohlgefühl des aktiven Körpers.

Mir kommt eine Eva in den Sinn, die ihren Adam bat, doch etwas sanfter mit ihr umzugehen und darauf die schroffe Antwort erhielt: »Schaff mir nichts an!« – eine klassische Projektion: Man unterstellt der anderen Person das, was das eigene Handeln bestimmt. Erich Fromm wies darauf hin, dass manche Männer es für »erwachsene« Freiheit halten, wenn sie gegen ihre Partnerin Widerstand leisten als wäre sie die verbietende Mutter der frühen Kindheit. Erwachsen wäre aber nachzufragen und sich zu einigen.

»Liebe ist die aktive Fürsorge für das Leben und das Wachsen dessen, was wir lieben«, schreibt Erich Fromm und vertritt damit eine ähnliche Philosophie wie der weise Fuchs in Antoine de Exupérys »Kleinem Prinzen«. Zu dieser Fürsorge gehört aber der Verzicht auf die Durchsetzung eigener Ziele, und das wiederum setzt voraus, dass man gelernt hat, sich hin-zu-geben. Jede Hingabe ist ein Abschied – ein abscheiden von etwas, das man vorher besaß oder zu besitzen glaubte.

Der »Habentypus« fühlt sich in der Tat
durch neue Ideen und Gedanken über sein Thema
eher beunruhigt, denn das Neue stellt
die Summe der Informationen in Frage,
die er bereits hat.

Erich Fromm

Hingabe ist Aufgabe des Egos in der – aktiv dehnbaren! – Zeitspanne, in der man sich mit dem Geliebten (sächliche Form, weil geschlechtsneutral gemeint!) eins fühlt ☞ 201. Das ist der Anfang der Entgrenzung, deren Wachstum man durch die Öffnung und Dehnung des Herzens fördern kann und wodurch man erkennt, dass »Gott« wirklich Liebe ist (1 Johannes 4,8). Es liegt an uns, das, was wir Gott nennen, leiblich zu erfahren und darauf zu verzichten, uns Bilder zu machen (2 Mose 20,4), denn geistige Bilder stammen aus unserem »seelischen Material«, das wir im Laufe unseres Lebens erworben haben – unserem »Bildschatz«, analog dem Sprachschatz.

Hingabe – das ist auch Einüben in die letzte Ent-Bindung, den Schlusspunkt unseres Lebens, von dem wir angenommen haben, dass es mit der Entbindung vom Mutterleib begonnen hat. Auch wenn dieses vielleicht nicht »in Liebe« geschaffen wurde, besteht doch die Möglichkeit, es »in Liebe« zu beenden. Die Energie der Liebe erzeugen wir selbst – wenn wir uns dafür entscheiden – und Energie kann nicht verschwinden, sie kann nur ihr Wesen ändern. Liebende Hingabe ist das Trainingsprogramm dazu.

Sobald ihr erfahren habt,
dass die Lebensenergie von selbst den richtigen Weg einschlägt,
habt ihr eine äußerst wichtige Erkenntnis gewonnen,
die alle Lebensbereiche betrifft.
Dann könnt ihr euer ganzes Leben dem göttlichen Energiestrom überlassen,
dann wird das Göttliche zu eurem Geliebten.
Dann überlasst ihr alles dem Göttlichen,
dann hört ihr auf zu überlegen und plant nichts mehr.
Ihr zwingt die Zukunft nicht mehr in ein Muster, das euch entspricht,
sondern überlasst euch einer Zukunft,
die Gott, die der Gesamtheit entspricht.

Osho

Das Buch im Buch

Vertiefende Anmerkungen und Ausführungen

Zur Einführung

◆ Gefühle sind wie Gewürze, man kann sie in Unmengen einsetzen oder sparsam – und sie kommen nicht von irgendwoher, sondern wir machen sie selbst. **Dosieren** ist eine Kunst, etwas »Gekonntes« (vom Wortstamm »kunnan«, der auch »wissen«, »kennen« bedeutet) und das nicht nur beim Kochen oder in der ärztlichen Behandlung, sondern auch was Selbststeuerung betrifft. Wer kunstfertig musiziert, weiß, wie man mit Atem oder Berührung unterschiedliche Stimmungen erzeugen kann. Diese erkennt man auch an der Stimme (daher auch diese Bezeichnung), und die kann man weitgehend bewusst modulieren – wenn man das will. Unwillige Menschen behaupten oft, »Ich hab' nun mal so ein Organ!«, wenn man sie bittet, weniger laut oder dröhnend zu sprechen. Sie sind sich nicht bewusst, dass sie viel zu viel Energie auf den anderen loslassen – auf den ganzen Leib (also Körper und Seele), nicht nur auf die Ohren. Unbewusst wollen sie andere »entfernen«.

In der Liebe pflegen Menschen, wenn sie den Zustand der Intimität erreichen – was bedeutet, einander ganz nahe zu sein – spontan leiser und langsamer zu sprechen. Tun sie das nicht, sind sie in einem anderen Zustand.

Eine gelungene Liebesbeziehung beginnt mit

- Kontaktaufnahme, dann folgt
- Beziehungsaufbau, und der kann zur
- Intimität führen und danach erst zur
- genitalen Vereinigung – es gibt auch andere Formen!

Gegenwärtig leben wir in einer Zeit permanenter Beschleunigung mit laufend steigenden Anforderungen nach noch mehr Geschwindigkeit, daher noch mehr Ungeduld, noch mehr Zeitdruck und noch mehr Angst vor dem Versagen. Das wirkt sich auch auf die Gefühlswelt aus – denn fühlen geht nicht schnell. Nur Affektausbrüche laufen plötzlich ab und sind oft sehr gewalttätig (gegen andere oder gegen sich selbst). Heutzutage folgt in potenziellen Liebesbeziehungen auf die Kontaktaufnahme oft schon der »Zeugungsakt« (Geschlechtsverkehr gibt es ja in vielen Formen) – wie wenn man in einem Geschäft ein Kleidungsstück »von der Stange« anprobiert. Viele Frauen hoffen dann, dass es »für alle Gelegenheiten« passen wird, weil es doch so schön ausgesehen hat. Männer sind da bescheidener – ihnen reicht, wenn der Anzug da ist, wenn man ihn braucht. »Anpassung« braucht aber Zeit und Erprobung in vielfältigen Situationen. Ohne diese Zeit der Prüfung bleiben dann viele Menschen seelisch »hungrig« und wiederholen und wiederholen ... körperlich. Sie setzen ihre Unerfülltheit im Herzen unbewusst mit der im Magen gleich und meinen daher, Variation und Quantität könne mangelnde Qualität ersetzen.

- Wir lernen alle an **Vorbildern** – wir »bilden« uns etwas ein. Wir bilden Wahrnehmungs- und Handlungsnervenzellen. Jene formen sich als Gedächtnisspuren durch Anschauung, Hören, Riechen, Schmecken, Tasten, Greifen – und Spüren! Der »Elektrizitätssinn« wird nämlich meist vergessen! Durch die Namensgebungen der Bezugspersonen, von denen wir sprechen lernen, bekommen wir auch gleich eine Bewertung mit. Durch eigenes Tun bilden sich danach die Handlungsneurone, und mit dieser Erfahrung kann die vorgegebene Beurteilung total verändert werden – wenn man genug Eigensinn wagt. Deswegen wurde traditionell versucht, durch Sexualverbote und Sprechtabus diese Selbst-Bestimmung zu verhindern. Heute kommen zu diesen üblichen mahnenden Besserwissern die schnell »laufenden Bilder« (movies) aus Film und Fernsehen dazu (damit dem Publikum nicht langweilig wird und es einen anderen »Sender« – im Doppelsinn des Wortes – sucht. Sie sind beteiligt an dem Phänomen der »ruhelosen« (Buchtitel von Vance Packard), »beschleunigten« (Buchtitel von Peter Glotz) oder »flüchtigen« Gesellschaft (Buchtitel »Flüchtige Moderne« von Zygmunt Bauman), in der viele Gefühle »auf der Strecke bleiben« – denn Fühlen braucht Zeit.

Thomas Kleinspehn zitiert zu Ende seines Buches über den »flüchtigen Blick« den deutschen Literaturwissenschaftler Dietmar Voss: »Der postmoderne Mensch, so könnte man pointiert formulieren, wartet weder noch erwartet er – er schaltet vielmehr um.«

◆ Fühlen lernen bedeutet, entsprechende Wahrnehmungs- und Handlungszellen zu vernetzen. Je vielfältiger das **zerebrale Nervengeflecht** verschaltet ist, desto intelligenter ist man; allerdings braucht man dazu Anregungen, »Reize«, Stimulation – sowie Neugier und Experimentierfreudigkeit. Wenn man denkfaul und kulturunwillig animalisch vor sich hinlebt, baut es sich auch wieder ab, wie ein Muskel, den man nicht benützt. Deswegen zählt Vernachlässigung im österreichischen Strafrecht (§ 92 StBG betr. Kinder und Jugendliche, § 199 StGB betreffend Pflegebedürftige) zu den folgenschweren Formen von Gewalt: Kinder reizarm aufwachsen zu lassen, schädigt deren Intelligenz-Potenzial.

Als erschütterndes Beispiel schildert der italienische Neurophysiologe Luciano Mecacci, wie ein kleines Mädchen in käfigartiger Enge und völliger Stille aufwachsen musste; als ihr Elend im Alter von zwölf Jahren durch Zufall öffentlich wurde, konnte sie sich kaum bewegen, nicht kauen, da sie nie feste Nahrung erhalten hatte, ihren Schließmuskel nicht kontrollieren, und »da sie in einem eng umgrenzten Raum gelebt hat, reicht ihr Sehvermögen nicht weiter, als die Tür in ihrem früheren Zimmer entfernt war.« Leider gibt es noch immer Erziehungsberechtigte, die sich ganz im Recht fühlen, »unbotmäßiges« Verhalten mit ähnlichen Methoden zu »disziplinieren« und nicht merken, dass sie selbst dringend fachkundige Hilfe bräuchten, um ihre vernichtete Liebesfähigkeit wieder zum Leben zu erwecken.

- Wir unterscheiden zwei Arten von **Gedächtnisspeicher**: Das »semantische« Gedächtnis beinhaltet alles »Eingeübte«, dazu zählen Kenntnisse und Wissen (z.B. Personen, Melodien), wie auch alles »Gewohnte« an üblichen Empfindungen (Geschmacks- oder Geruchswahrnehmungen, aber auch körperliche Sensationen wie Vertrautheit, Erregung, Verliebtheit, Begehren, Liebe – die meisten Menschen haben noch nicht ernsthaft darüber nachgedacht, woran man das jeweilige erkennt und wie sich all diese voneinander unterscheiden). Das »episodale« Gedächtnis (von »Episode«) hingegen umfasst die Verankerung der Stresshormonausschüttungen bei außergewöhnlichen Erlebnissen positiver oder negativer Art, beispielsweise Liebesglück oder Gewalterfahrungen (dazu zählen posttraumatische Belastungs-Symptome und da vor allem Flash Backs).

- Die wichtigste **Bedienungsanleitung** für das eigene Gehirn besteht in der Selbstwahrnehmung: auf den Körper achten, und wenn sich die Befindlichkeit verändert, innehalten und versuchen, eine möglichst exakte Bezeichnung für den konkreten Augenblickszustand zu finden. (So verbirgt sich hinter den kritisierend abwertenden »Alltagsbezeichnungen« Eifersucht oder Neid oft die durchaus reale konkrete Erfahrung, benachteiligt oder diskriminiert zu werden!)

- Auch Liebe kann man als »braves Kind« folgsam »**denken**«, d.h. ohne besondere Gefühle der Herzöffnung zu erleben; dann verwechselt man Liebe mit anderen durchaus ehrenwerten Gefühlen wie Dankbarkeit, Vertrautheit, Sympathie oder Gefallen. Deshalb sollte man Fragen wie »Hast du mich lieb?« gegenüber Kindern vermeiden – man erzieht sie damit primär zu Ja-Sagern.

Als ich vor vielen Jahren in einer Call-in-Sendung im ORF Tirol über Liebe dialogisieren durfte, rief ein der Stimme nach älterer Mann an und lobte seine Ehefrau, wie sie ihn seit seinem Schlaganfall aufopfernd pflege, und meinte dann mit Triumph in der Stimme: »Das ist wahre Liebe!« Ich antwortete darauf lakonisch »Nein – das ist wahre Fürsorge!«, denn es ist ein Tun. Welche Gefühle dabei sind, weiß man möglicherweise erst, wenn sich die Frau analysieren lässt und wenn sie dabei nichts verheimlicht (was vermutlich in der langen Zeitdauer einer Analyse nicht durchzuhalten wäre).

◆ **Haare** sind quasi Antennen – nicht nur bei Hund & Katz. Simson, ein »Geweihter Gottes« im Alten Testament, bemühte sich zu verheimlichen, dass seine Kraft in seinen Haaren lag – bis ihm Delilah das Geheimnis entlockte und an die Philister verriet. Diese schnitten ihm die Haare ab. Allerdings wuchsen sie nach und so konnte er, obwohl geblendet, Rache üben (Richter 16,16–22). Langes Haupthaar war das Privileg Edler – Diener und Sklaven waren »Gescherte«, und in den USA sind es »niedere« Soldaten heute noch. Jemandem gegen seinen (als Strafgefangener) oder ihren Willen (wegen Fraternisierung mit dem Feind) die Haare abzurasieren, bedeutet sowohl körperliche, psychische und soziale Gewalt und damit Gesundheitsschädigung. Nimmt man die Verletzung der spirituellen Gesundheit auch in Augenschein, so wird die besondere Stelle auf dem Oberkopf, an der sich die Verbindung zu dem, was wir Gott nennen, auftun kann, in übler Absicht »angegriffen«. Hochsensible Menschen ertragen es oft nicht einmal, dass diese Stelle in liebevoller Absicht berührt wird.

◆ **WHO** ist die Kurzform für World Health Organization, die Weltgesundheitsorganisation, nach deren Definition Gesundheit nicht allein Freisein von Krankheit und Behinderung bedeutet, sondern vollständiges körperliches, seelisches und soziales Wohlergehen.

Ganzheitliche Sexualität umfasst alle drei Aspekte. Vergessen wurde hingegen die spirituelle Dimension von Gesundheit, die erst spät und über Reklamation durch Dritte-Welt-Länder berücksichtigt wurde.

- Die traditionell kritisierte, sogenannte Überempfindlichkeit (»Neurasthenie«, zu Deutsch »schwache Nerven«) wird heute immer mehr als besondere Begabung respektiert – vor allem deswegen, weil sich **hypersensible Menschen** gegen Diskriminierung wehren (vgl. Georg Parlow, »Zart besaitet. Selbstverständnis, Selbstachtung und Selbsthilfe für hochempfindliche Menschen«).
- Als **resilient** bezeichnet man Menschen, die auch widrige Umstände (von Enttäuschungen bis zu schweren Schicksalsschlägen) ohne wesentliche Gesundheitsbeeinträchtigung bewältigen können. Allerdings wird dabei nicht berücksichtigt, *wie* sie das bewerkstelligen. Sich »zusammenzunehmen« etwa, wie es vielfach von klein aufgefordert wird, ist keine gesunde Reaktionsform: Es führt zu Muskelverspannungen. Wenn man »die Ohren steif hält« und »die Zähne zusammen beißt«, entsteht die sogenannte »depressive Maske«, und da Körper, Seele und Geist eine Einheit sind, bewirkt das genau die depressive Grundstimmung, die Resilienz und damit optimistische und lösungsorientierte Zukunftssicht verunmöglicht. Durch solche körperlichen (und ebenso kleidungsmäßigen) Einschnürungen wird der freie Energiefluss behindert oder im wahrsten Sinn des Wortes abgewürgt. Nur manchmal »platzt der Kragen«, und man »macht sich Luft« und gilt dann als »unzivilisiert«. Alexander Lowen hebt in diesem Sinn besonders hervor, dass das unbewusste Verbot des Weinens durch das Anhalten des Atems realisiert wird. Naturwissenschaftlich erklärt David Boadella die Blockierung dieser sensiblen Gefühlszone: »Der Verbindungspunkt zwischen Kopf und Eingeweiden ist die Kehle. Hier vereint sich der ektoderme Bereich des Kopfes mit dem endodermen der Eingeweide. *Denken und Empfinden werden durch die Ausdrucksfunktion der Stimme vereinigt.* Ist die Stimme

mechanisch, bleibt die Sprache rein erklärend. [...] Wenn ein Kind lernt, Empfindungen herunterzuschlucken, dient die Blockierung der Kehle dazu, die Gefühle unten zu halten. Die emotionale Energie wird im Rumpf gefangen und findet keinen Ausgang zum Gesicht. Solch eine Person fühlt den Druck starker Emotionen, aber gleichzeitig auch, dass sie ihr *Gesicht verlieren* wird, wenn sie sie zeigt« [Hervorhebungen von mir]. Dann bleiben die Gefühle – z.B. Sehnsucht, Widerwillen, Wut, aber auch sexuelles Begehren – im Bauch, schaffen dort Unruhe und Beschwerden, aber das Gesicht bleibt ausdruckslos (ein »Pokerface«). Oft sind es die anderen – nicht nur »Professionelle« wie Psychoanalytiker – die die eingesperrten Gefühle wahrnehmen, während ihr Eigner sie abstreitet. Das geschieht meist deswegen, weil viele unbewusst Sorge vor einer »Explosion« hegen, wenn ihr Gefühlsmüll ans Tageslicht käme – ähnlich dem herausplatzenden Wasser aus einer lang verstopften Leitung, wenn diese gereinigt wird. (Diese Formulierung stellt wiederum ein Beispiel dafür dar, dass wir zur Beschreibung zu unserem nächsten verfügbaren Sprach- oder Bilderschatz greifen – und auch diese Methode kann man einüben, auch wenn man aus einer »sprachlosen« Familie stammt!)

◆ Wir werden von klein auf mit dem **Wort Liebe** in unterschiedlichsten Zusammenhängen konfrontiert. Vieles davon kann bei näherer Betrachtung als unbewusster Manipulationsversuch (Erziehung mitgemeint) enttarnt werden. Damit wird nachvollziehbar, weswegen viele Menschen gar nicht so sehr wissen wollen, was ein anderer wirklich denkt oder plant. Sie wollen ihre Illusionen nicht verlieren – und die machen ja vorerst auch gute Gefühle. Vieles davon zeigt sich später aber als bewusste Irreführung.

Der amerikanische Sicherheitsberater Gavin de Becker hat viele Gewalttaten in ihrem Tatablauf zurückverfolgt und entdeckt, dass die späteren Opfer schon frühzeitig gespürt hatten, dass »etwas nicht stimmt«. Sie hatten diese unspezifische Wahrnehmung aber weder präzisiert noch ernstgenommen, sondern um »lieb« zu sein, wie sie es als Kinder anerzogen bekommen hatten, höflich und vertrauensvoll »mitgespielt«. Daher plädiert der Autor in seinem Buch »Mut zur Angst« dafür, die als Phantasie oder »Einbildung« abgewertete Wahrnehmungsform der Intuition als wichtigen Baustein des Selbstschutzes einzuüben.

Intuitive Wahrnehmung braucht aber zu ihrer Ergänzung vernünftiges Überprüfen – quasi eine Rechenprobe. Ich frage in meiner beraterischen bzw. psychotherapeutischen Tätigkeit in solchen Fällen ganz sanft, ob der- oder diejenige eine »Idee« hat, worauf sich ihre »Ahnung« gründet. Da tauchen dann oft ganz konkrete Beobachtungen aus dem Gedächtnisspeicher auf, die bisher nicht bewusst beachtet worden waren. Wenn es sich dann beispielsweise um Vermutungen handelt (da steckt »Mut« drin, und den braucht man auch meist!), ist es wohl angeraten, Aufzeichnungen anzulegen für den Fall, dass man einen Nachweis erbringen muss. Selbstaussagen haben bei Gericht mehr Gewicht, wenn ihnen ein Beweismittel zugrunde liegt, und das darf auch ein zeitnah selbst fabriziertes sein.

Lieben für Anfänger

◆ **Nicht erst nach der Geburt**, sondern schon im Mutterleib reagieren Ungeborene beispielsweise auf mechanischen Druck, laute Geräusche und heftige Vibrationen; sie bemerken aber auch die Gefühlslage ihrer Mutter und teilen sie sogar. Nach der Geburt kann das Baby durch Herzschlagtöne beruhigt werden – zur Brust genommen zeigt sich dies als ein erster Hinweis auf die »Macht der Umarmung«.

◆ Caroline **Eliacheff** zeigt gleich zu Beginn ihres Buches über »Das Kind, das eine Katze sein wollte«, wie ein zur Adoption freigegebener dunkelhäutiger Säugling überraschend schnell seine Neurodermitis-Symptome verliert, als sie ihn »bespricht«, er müsse seine Haut nicht ändern, um von seiner Mutter akzeptiert zu werden. Die Pflegerinnen hatten sich unmittelbar neben dem Baby immer wieder darüber mokiert, dass die Mutter das Kind weggeben wollte. Auch wenn das Kind die Sprachgestalt noch nicht entschlüsseln kann – den Sinn, den Geist der Worte versteht es (genauso wie Menschen im Wachkoma, in Narkose, im Schlaf oder im Übergleiten in den Tod). Eliacheff »erklärt« dem erkrankten Kind, dass seine leibliche Mutter eine gute Mutter sei, eben weil sie sich entschlossen habe, Adoptiveltern suchen zu lassen, die ihm bessere Pflegebedingungen bieten könnten als sie selbst.

◆ **Wir bilden uns immer etwas ein** – wir bilden unsere Neurosignaturen. »Bilde dir nur nichts ein!« ist im Klartext ein Fluch, man möge nur ja nicht wahrnehmen. In diesem Sinn titelte die Schweizer Psychoanalytikerin Alice Miller ihr Grundsatzbuch über sexuellen Missbrauch »Du sollst nicht merken!«

◆ Wenn man bewusst darauf achtet, erkennt man, dass manch eine **Bezeichnung** überhaupt **nicht** zu dem inneren Erleben passt, das man sprachlich ausdrücken möchte – und dass sich oft gar kein passendes Wort finden lässt.

Eifersucht ist solch ein Wort, das häufig unpassend für »gesunde«, aber unerwünschte Konkurrenzgefühle verwendet wird, aber ebenso auch für »ungesunde« Rivalität oder aber die Reaktion auf tatsächliche Benachteiligung. Andererseits hat der Zustand des »Rumpelstilzchens« im Märchen keinen Namen (wobei der Name des hilfreichen Wesens bereits eine Abwertung dieses Zustands beinhaltet!): Er ist eine »Verdichtung« der Gefühle der Enttäuschung, Wut, Verzweiflung und Hilflosigkeit über die Nichteinhaltung der Versprechen und das Ausgetrickstwordensein. Ich habe in einem Essay einmal geschrieben, vermutlich fehlt eine exakte Benennung deshalb, weil sonst viele Frauen, die mit ihrer Arbeitskraft das Studium oder die Karriere ihrer Männer ermöglicht haben und danach verlassen wurden, ihr Leid präzisieren könnten.

◆ Es waren die **italienischen Gehirnforscher** Giacomo Rizzolatti, Vittorio Gallese und Leonardo Fogassi, die sich ursprünglich für die Bewegungsplanung in Säugetiergehirnen interessierten und dabei durch Zufall die danach »prämotorisch« genannten Nervenzellen entdeckten. Die folgenden Experimente wurden auch auf menschliche Gehirntätigkeiten ausgeweitet. Dabei zeigte sich, dass die aufmerksame Wahrnehmung (Achtsamkeit als »inniges« Aufnehmen der feinsten Gefühlsmerkmale des Zustands eines anderen) beim Beobachtenden das auslösen kann, was als Empathie (Einfühlung) bezeichnet wird. Sie beruht tatsächlich auf dem »eingespiegelten« Gleichklang der Gehirntätigkeit. Weitere Forschungen zeigten, dass dies nicht nur beim Zusehen, sondern auch beim Zuhören (»Echosystem«) möglich ist.

Basierend auf diesen Erkenntnissen, habe ich eine Methode entwickelt, die gefühlsgehemmten Menschen helfen kann, sich so in den Partner oder die Partnerin einzufühlen, dass man über diese Form von Empathie die bisher entbehrten Emotionen »lernen«, also neuronal in sich verankern kann.

◆ Die **Bedürfnisse nach Körperkontakt** variieren je nach unreflektiert übernommenen Vorbildern (z.B. Eltern, Filmhelden, aber auch Mitgliedern in ideologischen, religiösen oder therapeutischen Gruppen, bei denen man distanzloses Verhalten als Pflicht-Herzlichkeit vermittelt bekommt) und eigenen unangenehmen oder sogar traumatischen Erlebnissen.

Mangel an Berührung kann krankmachen, warnt Hans Jellouschek: »Wer auf Dauer nicht berührt wird, stellt sein Bedürfnis danach irgendwann mal ab. Mit dieser Unterdrückung verliert er ein klares Gefühl von sich selber. Sich aber nicht mehr richtig zu spüren, ist ein Hauptmerkmal depressiver Erkrankung.« Das Gleiche kann man auch von Zwangsberührungen wie sexuellen Übergriffen oder Gewalthandlungen feststellen: Dann wird das Bedürfnis aus Selbstschutz »abgestellt«, weil man sich die Person selbst auswählen möchte, die man in die »intime Distanz« hereinnehmen will.

- Bei Langzeit-Ehepaaren kann man oft beobachten, dass ihre Gesichter mit der Zeit immer ähnlicher werden, vermutlich durch das praktizierte Übereinstimmen ihrer Gefühle bei ihren Alltagserlebnissen. Jedes Gefühl wird ja von Muskelbewegungen begleitet (und umgekehrt, daher kann man durch Körperhaltung und Mimik auch Gefühle hervorrufen bzw. beeinflussen, was beispielsweise in manchen Qigong-Übungen deutlich wird). In Verkaufstrainings wird oft empfohlen, dass man sich dem potenziellen Käufer **angleicht**, um Sympathie und Vertrauen hervorzurufen – eine Manipulationstechnik, die ich ablehne, weil sie vom Hirn gesteuert ist (die »Kunst der Heiratsschwindler«!). Wenn man sich ehrlich um die Zufriedenheit des Kunden bemüht, geschieht Ähnliches automatisch vom Herzen her (die »Kunst der Spitzenschauspieler«!).

- Das **Kindchenschema** zeigt sich bei Tier und Mensch durch eine relativ breite Stirn, große Augen, eine kleine Nase, beim Menschen dazu noch durch volle Lippen und ein schmales Kinn.

- Unbewusst suchen viele Menschen danach, an der »hellen« (im Gegensatz zur »dunklen« – hier fehlt wieder einmal eine »sachliche« Sprachform) Energie eines anderen Menschen zu **partizipieren** – eine Form von »emotionalem Vampirismus«, die bei kleinen Kindern leider oft in sexuellen Missbrauch mündet. Bei älteren Menschen folgt auf »vampiristische Ausbeutung« meist Verlust von Lebensfreude und depressive Verstimmungen. Das konnte ich immer dort beobachten, wo Eltern versuchten, ihren Mangel an liebevoller Zuwendung durch den Partner vom Kind ersetzt zu bekommen.

- **Gelassenheit und Geduld** sind Zauberworte, die man sich autosuggestiv immer dann vorsagen sollte, wenn man merkt, dass man »in die Luft geht« (statt »auf dem Teppich« bzw. »auf dem Boden der Tatsachen« zu bleiben), wenn sich also die Atmung beschleunigt, der Blutdruck steigt und der Körper sich kampfbereit macht – außer man muss sich wirklich körperlich verteidigen.

- In der Proxemik, der Lehre vom Distanzverhalten, wird untersucht, wie viel Abstand Menschen voneinander einnehmen und wie sie reagieren, wenn jemand in ihr **Revier eindringt**. Dabei wurden verschiedene Distanzgrenzen benannt: die intime (15–45 cm), in die man üblicherweise nur enge Vertraute einlässt, die persönliche bis ca. 1 m, die soziale mit etwa 1–2,5 m und alles darüber als öffentliche, wobei in südlichen Ländern das Berührungsverhalten größere Nähe zulässt. Außerdem gibt es noch Unterschiede zwischen den Geschlechtern, in denen sich die Machtverhältnisse widerspiegeln: Mächtigere nehmen sich traditionell mehr Freiheiten heraus, untergeordnet oder unterlegen eingeschätzte Personen ohne deren Einverständnis zu berühren. Diese »Gewohnheit« steht gegenwärtig in der Kritik, vor allem was Kinder und Frauen betrifft.

  Die kalifornische Psychologieprofessorin Nancy M. Henley konnte bereits in den frühen 1970er Jahren nachweisen, dass nicht nur weiße Amerikaner sich als selbstverständlich die Freiheit herausnahmen, dunkelhäutige Amerikaner ohne deren Einverständnis zu berühren, sondern dass es diese Strategie, Machtunterschiede zu testen und durchzusetzen, auch von Männern gegenüber Frauen gibt.

- Der **Verbannung** gleich kommt das Verbot der Kommunikation mit anderen Menschen, wie es Kindern, aber oft auch abhängigen angsterfüllten Partnerinnen auferlegt wird. In der Antike wurden unbotmäßige Personen (etwa der römische Dichter Ovid an die Schwarzmeerküste) dorthin verbannt, wo man annehmen konnte, dass sie die Sprache dort nicht erlernen würden und auch niemand dort der ihren kundig war. Aus der Strafrechtspflege weiß man, dass Menschen, mit denen nicht gesprochen wird, nach 48 Stunden psychotisch werden (blindwütig-aggressiv, fremd- oder selbstgefährdend), so sie nicht hochreligiös mit ihrem Gott kommunizieren (was eine seltene Ausnahme darstellt). Menschen sind soziale Wesen, sie brauchen den energetischen Austausch mit anderen – und wenn es nur ein Lächeln oder eine liebevolle Handreichung ist.

◆ Die Zauberspruch-Technik entspricht der wohlbekannten Volksweisheit, man solle sich den anderen in Unterhosen vorstellen. Dazu rate ich nicht – zu leicht könnte einem das geistige Bild einer »Herbstlaub-Unterhose« (vorne gelb und hinten braun) in den Sinn kommen ... Ich empfehle, sich die andere Person als Kleinkind vorstellen, noch nicht vergiftet von den Toxinen des Alltagslebens. Da sind alle Menschen liebenswert, und man schädigt sich mit dieser Vision nicht selbst, sondern entlastet sich von wenig wertschätzenden Impulsen, die die Seele verunreinigen. Und für die andere Person ist es auch gesundheitsfördernd, wenn man mit Mitgefühl auf sie reagiert und nicht mit Veralbern.

Manchmal gelingt es aber nicht, solch einen Augenwurm los zu werden, weil das Unheil-Bild zu intensiv ist. Dann muss wirklich das geistige Bild konkret »übermalt« werden: Mir ist so etwas nach Tagen gelungen, indem ich dem Horrorgesicht des Unholds im Film wie einem Silvester-Schweinskopf eine Zitrone in den Mund und Petersilie in die Ohren visualisiert habe. Einem aus einem Fußboden aufsteigenden Teufelsschatten in einem anderen Film habe ich einen segnenden Engel zur Seite gestellt und so »neutralisiert«.

◆ **Durchhalteappelle** zählen zu den »Stressoren«, wie: »Sei perfekt!«, »Sei allen gefällig!«, »Sei schnell!«, »Sei stark!«, »Sei erfolgreich!«, aber auch »Lass' dir nichts gefallen!«. Als ich 2006 eine Studie zum Gewalterleben von Lehrkräften im Unterricht durchführte, erzählte ein Lehrer in einem Encounter, dass ihm ein 14-jähriger Schüler auf die Aufforderung, seine Hausübung herzuzeigen mit dem Götz-Zitat geantwortet hätte. Er fragte verzweifelt in die Runde: »Aber das kann ich mir doch nicht gefallen lassen!« Ich antwortete: »Doch – es ist eine von vielen Möglichkeiten.« Und dann erarbeiteten wir Alternativen – z.B. die, »in den leeren Raum« hinein zu fragen: »Will ich mir das gefallen lassen?«, demonstrativ nachzudenken und sich selbst mit passender Abscheu-Mimik die Antwort zu geben: »Nein. Das ist nicht mein Stil.« (Das gehört zu meiner Methode PROvokativpädagogik, nämlich Kampfangebote in Spielangebote umzudeuten.)

◆ Von Eric Berne, dem Begründer der Transaktionsanalyse, stammt die Unterscheidung von »**Spiel**« als »game« (wie Kegeln oder Mühle oder auch ein Musikinstrument spielen etc.) und »play« als bewusstes oder auch unbewusstes Machtspiel (»Powerplay«) von oben herab (»top down«) oder von unten hinauf (»bottom up«). Berne verweist darauf, dass Menschen aus drei »Ich-Zuständen« heraus zu agieren pflegen, die er Eltern-Ich (El), Erwachsenen-Ich (Er) und Kindheits-Ich (Ki) nennt. Wenn zwei Menschen im gleichen Ich-Zustand kommunizieren, sind sie »auf einer Wellenlänge«: Sie schimpfen aus dem Eltern-Ich über Außenfeinde oder blödeln miteinander aus dem Kindheits-Ich. Im Erwachsenen-Ich gibt es möglicherweise sachliche Differenzen, aber die werden in gegenseitigem Respekt in der dazu nötigen Zeit ausdiskutiert oder beiseitegestellt. Das, was Berne Spiele im Sinne von Powerplays nennt, sind schiefe (gekreuzte) Kommunikationsstile, in denen sich eine Person durch Besserwisserei (»Das verstehst du halt nicht!«) oder Paternalismus (»Ich mach' das schon für dich!«) ins pseudo-liebevolle Eltern-Ich vergrößert und den anderen infantilisiert oder mit Schweigen, Verboten, Drohungen und Strafen bedroht, also aus dem verfolgenden Eltern-Ich heraus agiert. Beides kommt leider häufig in Paarbeziehungen vor: Es wird dabei ein Eltern- oder Großelternverhalten »nachgespielt«, das darauf abzielt, die andere Person kleinzuhalten.

Umgekehrt kann sich jemand im angepassten, »braven« Kindheits-Ich selbst »kleinmachen« (dazu zählt auch das kokette oder das als masochistisch bezeichnete Verhalten mancher Frauen) oder im rebellischen, »schlimmen« Kindheits-Ich gegen die Großen wehren (und diese Großen können die Vorgesetzten sein – oder die Ehefrau, wenn sie unbewusst mit der Mutter der frühen Kindheit gleichgesetzt wird). Hier zeigt sich noch immer eine Geschlechterdifferenz: »Brave« Männer werden von den »Gestrigen« ebenso kritisch bewertet wie »schlimme« Frauen, weil beide dem traditionellen Bild der Geschlechterrollen widersprechen, und das belastet dann oft die Paarbeziehung, wenn im Eltern- oder Bekanntenkreis negativ geunkt wird. Wichtig ist in solchen Situationen, als Paar im Gespräch die »Spiele« dieser angeblichen Warner und Retter zu überprüfen und deren Motive aufzudecken, um sich nicht auseinanderdividieren zu lassen.

◆ Die häufigsten **Fluchreden** bestehen darin, jemanden zu »etikettieren«. Norbert Elias formuliert: »Gib einer Gruppe einen schlechten Namen, und sie wird ihm nachkommen.« In Eltern-Kind- wie auch anderen Paarbeziehungen wird diese Strategie zur Selbsterhöhung (oft noch dazu vor Publikum) eingesetzt und bei Widerstand oft als Scherz verharmlost. In diesem Zusammenhang sind auch Kosenamen zu überprüfen, ob sie nicht insgeheim dazu dienen, den anderen klein, bedrohlich oder lächerlich zu machen (und wenn die Namensgeber den Protest nicht akzeptieren wollen, bestätigen sie nur das verdeckte Machtspiel).

◆ Wenn man sich – oder andere – gegen **Fehleinschätzungen** verteidigen will, ist es hilfreich, »Ersatzwörter« oder Erklärungssätze bereit zu haben, mit denen man den Vorwurf der Lüge vermeiden kann (was als Ehrenbeleidigung strafrechtliche Folgen nach sich ziehen könnte). Viele Menschen reagieren ja spontan unbedacht – d.h. sie denken nicht analysierend mit, sondern reagieren aus dem »strafenden Eltern-Ich«. Ein Beispiel: So habe ich unlängst in einem Konfliktgespräch die andere Person »informiert«, dass ich Zweifel an der Seriosität ihrer Organisation hege, worauf diese empört (Eltern-Ich) ausrief: »Was unterstellen Sie mir?!« Darauf antwortete ich ruhig (Erwachsenen-Ich): »Ich darf sehr wohl etwas unterstellen, das ist ja kein Verbrechen – und Sie können mich aufklären und korrigieren.« Darauf wurde sie auch ganz ruhig (Erwachsenen-Ich) und gab mir die nötigen Erklärungen, worauf ich ihr dafür sofort Anerkennung zollte – das ist ja eher selten und sollte daher positiv betont werden, damit es sich im episodalen Gedächtnis verankert (in dem Erinnerungen im Zusammenhang mit starken Gefühlen gespeichert sind).

◆ So wie es medizinische **Erste Hilfe** gibt, sollte man auch über Kenntnisse der psychischen Ersten Hilfe verfügen. Sie besteht aus meiner Erfahrung vor allem darin, dass man das, was man an Gefühlen bei der anderen Person wahrnimmt, nachfragt – also fragt, ob man die Reaktion richtig erkannt hat, statt sich zu entschuldigen oder zu trösten, denn diese gut gemeinten (daher nicht wirklich guten) Selbstdarstellungen »decken« nur die berechtigten Spontanreaktionen der anderen Person »zu«. In Beantwortung der Nachfrage kann man sich hingegen »Luft machen«, indem man zustimmt oder korrigiert und damit jedenfalls etwas aus sich herauslässt.

Außerdem sind Entschuldigungen unpassend, wenn man keine Schuld auf sich geladen hat. Schuld gehört vor Gericht oder in den Beichtstuhl, Schuldgefühle jedoch in die Psychotherapie. Es reicht, wenn man eigenes Fehlverhalten erkennt und das auch sagt, und wenn das die Wahrheit ist und kein Täuschungsversuch, spüren es die anderen sowieso.

◆ Mit dem Wort »**blind**« wird angesprochen, dass jemand total gefühlsbetont und ohne jegliche Vernunft handelt: blind vor Zorn, blind vor Angst, blind verliebt. Liebe hingen ist nie blind – sie sieht, vor allem die Realität dessen, was man liebt, mit allem Negativen, das auch dabei ist – und lässt dadurch das Gefühl nicht beschädigen oder gar vernichten.

◆ In **christlich betonten Erziehungsratgebern** wird Gehorsam gegenüber dem Gesetz – Gottes Geboten – als tugendhaft vorausgesetzt. Polar dazu wird in »progressiven« Erziehungsbüchern versucht, Selbstbestimmung zu fördern. Wenn man eine Mitte zwischen diesen scheinbar gegensätzlichen Positionen sucht, findet man sie im kritischen Überprüfen des Sinngehalts der vorgegebenen Richtlinien und der Geisteshaltung und Lebensführung der Personen, die diese Autorität für sich beanspruchen, wie auch ihrer Energie, mit der sie das tun, um dann eigenbestimmt zu entscheiden und auch zu verantworten, was davon man übernehmen will und was nicht.

◆ Das **Führungsverhalten von Frauen** wurde bereits in den 1990er Jahren im Vergleich zum männlichen gut erforscht und als Kreativität, Motivation und Gesundheit fördernder bewertet (vgl. Sally Helgesen, Frauen führen anders. Vorteile eines neuen Führungsstils; Elke Dobner, Wie Frauen führen. Innovation durch weibliche Führung).

◆ Den **Unterschied zwischen »oralen« und »analen«** Charakterzügen kann man auch mit den Begriffen »Weite« und »Enge«, »Weichheit« und »Festigkeit« oder »Kreativität« und »Disziplin« oder energetisch als »dahinfließend« oder »zielgerichtet« symbolisieren (wenn man krasse Unterscheidungen machen möchte). In den meisten Paarbildungen kann man die Anziehungskraft dieser Gegensätze beobachten: Man findet dabei das attraktiv, was einem selbst fehlt – ein Hinweis auf die noch fehlende Ganzheit. Mir hat mein extrem freiheitsliebender und kreativ Grenzen sprengender Ehemann, als ich ihm einmal die paartherapeutische »Zauberfrage« stellte, was an mir der Grund war, weswegen er mich unbedingt heiraten wollte, geantwortet, dass ich so ordentlich und gut organisiert war – ein »Kompliment«, das ich immer wieder bekomme, wenn jemand in mein Home-Office Einblick nimmt – und vermutlich sind es Personen, denen diese »Analität« fehlt (denn für die »Gleichen« ist es ja selbstverständlich!).

Paul Watzlawick hat in seinem Buch »Vom Schlechten des Guten« humorvoll geschildert, wie »Kreative« und »Disziplinierte« immer wieder im Konflikt aneinandergeraten, anstatt einander zu ergänzen. Wie bei jeder Polarität liegt die Harmonie in der die Unterschiedlichkeit wertschätzenden, ausgehandelten »Mitte«.

◆ Mit dem Wort **»Beziehungskiste«** ist einerseits eine problematische Liebesbeziehung gemeint, andererseits aber auch das andauernde Reden über solch eine Beziehung. Wenn man die Wortwahl tiefenpsychologisch entschlüsseln will, bieten sich unter anderem folgende Deutungen an: »Kiste« ist ein hölzerner, eng umschlossener Raum, quasi ein Gefängnis en miniature. Ich stelle dem gerne das Möbelstück »Psyche« gegenüber – auch hölzern, aber nicht aus rohem Holz wie die Kiste, sondern aus gefirnisstem Edelholz, mit vielen Laden, in denen man Liebgewonnenes aufbewahren oder Unliebsames verschwinden lassen kann, und darüber einem Spiegel – zur Selbsterkenntnis.

◆ In der **phallischen** Phase bemerken Kleinkinder üblicherweise die Geschlechtsunterschiede und die damit verbundenen Körperlichkeiten auf. Vor allem haben die meisten Kinder nun auch genug

Sprachschatz, um Fragen zu stellen, ihre Bezugspersonen aber nicht genügend, um kindgerecht oder überhaupt zu antworten. Peinlich wird es oft dann, wenn die Kleinen die Energien wahrnehmen, die die Großen gerne ignorieren, und dann fragen: »Warum tut der das?« Viele glauben dann, man müsste »die« einzig richtige Antwort geben – ein Überbleibsel aus dem Schulunterricht –, statt darauf hinzuweisen, dass es immer mehrere Erklärungen gibt und man nur spüren kann, welche es vermutlich sein wird. Und dann müsste man erklären, »wie man spüren tut«, vorausgesetzt, man kann es selbst.

◆ »**Schatten**« ist ein Fachwort aus der Jungianischen Analytischen Psychologie. Die Jung-Schülerin und -Mitarbeiterin Jolande Jacobi bezeichnet diese »archetypische Figur« als den »dunklen Bruder«, eine Art Abspaltung, wobei Jung zwei Formen unterschieden hat: den »persönlichen«, der die nicht oder kaum gelebten seelischen Züge des Individuums enthält, und den »kollektiven«, der gleichsam die »Rückseite des herrschenden Zeitgeists, seinen verborgenen Gegensatz« verbildlicht. Wenn jemand beispielsweise seine Brutalität »ins Licht« stellt, liegen seine empfindsamen Seelenanteile »im Schatten« und umgekehrt.

◆ Was ich als die **vier Formen des Denkens** vereinfache (weil für mich die jeweilige Form der Gehirntätigkeit im Vordergrund steht), nennt Jung Bewusstseinsfunktionen und meint damit nicht, was man inhaltlich denkt, sondern den Erfassungs- und Verarbeitungsmodus psychischer Gegebenheiten. Jolande Jacobi erklärt: »Denken ist daher jene Funktion, welche vermittels einer Denkarbeit, also Erkenntnis – d.h. begrifflicher Zusammenhänge und logischer Forderungen – zum Verstehen der Welt und zur Anpassung an sie zu gelangen sucht. Als Gegensatz dazu wird es durch die Funktion des Fühlens aufgrund einer Bewertung durch die Begriffe ›angenehm oder unangenehm, bzw. annehmen oder abwehren‹ erfasst.« Beide bezeichnet Jung als »rationale« Funktionen gegenüber dem »irrationalen« Empfinden und Intuieren: »Die Empfindung nimmt die Dinge wahr so wie sie sind, und nicht anders. Sie ist der Sinn für die Realität par excellence […]. Die Intuition nimmt ebenfalls ›wahr‹, jedoch weniger durch den bewussten Sinnesapparat als durch die Fähigkeit einer unbewussten ›inneren Wahrnehmung‹ der Möglichkeiten, die in den Dingen liegen.«

◆ Das heute in Fachkreisen abgelehnte Wort **Perversion** basiert auf der lateinischen Bezeichnung für (gesellschaftlich so bewertete) Verdrehungen ins Abnormale, Krankhafte – zählt der ICD-10 (die internationale Klassifikation psychischer Störungen) als »Störungen der Sexualpräferenz« bei wiederholtem Auftreten bzw. Zwangsphantasien über einen längeren Zeitraum. Dazu zählt beispielsweise Fetischismus, fetischistischer Transvestitismus, Exhibitionismus, Voyeurismus, Pädophilie und Sadomasochismus sowie sonstige Störungen wie obszöne Telefonanrufe, Frotteurismus (Reiben an Fremden, z.B. in Menschenmassen), Sodomie, Strangulation, Saliromanie (Besudeln).

Der ungarisch-britische Biochemiker und Psychoanalytiker Michael Balint hingegen zeigt, dass traditionell vor allem das Kriterium der Fortpflanzung angewendet wurde, wenn man von Perversion sprach, weiters nach Freud die Bevorzugung »infantiler« Formen der sexuellen Triebbefriedigung (z.B. Ausscheidungen betreffend), sodann den »Mangel an eigentlicher Liebe für das menschliche Objekt« oder auch die völlige Abkehr davon und Ersetzung durch etwas Unbelebtes. Balint sieht in allen perversen Betätigungen »nur Blendwerk«, das dazu bestimmt ist, »die ganze Welt und den Perversen selbst zu überzeugen, dass die Befriedigung des einen Teiltriebes sein Hauptziel sei und dass die schließliche genitale Endlust nichts zu bedeuten habe.« Pointiert formuliert dies Eric Berne als dessen Klage: »Nach all den anstrengenden Präliminiarien soll ich jetzt auch noch den Geschlechtsakt vollziehen!«

◆ Heute wird der Begriff **Rückführungsmethode** vielfach für Techniken in der esoterischen »Reinkarnationtherapie« (Thorwald Detlevsen) verwendet. Dies entspricht in keiner Weise den gesetzlich geschützten, wissenschaftlich fundierten Psychotherapien. Sie können aber durchaus hilfreich sein, weil bekanntlich »der Glaube geholfen hat«, wie schon Jesus jeweils den von ihm Geheilten versichert hat.

In den gesetzlich anerkannten Psychotherapien gibt es die verschiedensten methodischen Ansätze, darunter das von Sigmund Freud in seinem gleichnamigen Aufsatz aus dem Jahr 1914 als »Erinnern, Wiederholen und Durcharbeiten« bezeichnete nondirektive Vorgehen, das den »Rückführungs-Technikern« offenbar als Anregung für ein direktives Imitieren diente. (Nondirektiv bedeutet, dass den Klienten keinerlei Anweisungen oder Ratschläge erteilt werden, sondern ihnen ein professionell geschützter und begleiteter Freiraum geboten wird, sich alles von der Seele zu reden, egal wie peinlich oder verboten es ist, um dabei die versäumten Verbesserungsmöglichkeiten und seelischen Wachstums-Chancen zu erkennen und neuronal zu verankern. Direktive Methoden arbeiten demgegenüber mit konkreten »pädagogischen« Aufträgen.)

◆ Reste von **Übergangsriten** finden sich heute bei Firmung/Konfirmation und Heirat (Erneuerungen und Erweiterungen sind im Rahmen des neuen »Berufs« Ritualbegleiter*innen im Kommen). Sie sollen helfen, die Bedeutung dieser Grenzübertritte in einen bedeutsamen Lebensabschnitt zu verdeutlichen und im episodalen Gedächtnis zu verankern. Ritualbegleitung sollte meiner Meinung nach aber nicht nur im Designen und Inszenieren des rituellen Ablaufs abgetan sein, sondern auch helfen, die aufkeimenden Gefühle vereint zum Ausdruck zu bringen. (Dazu habe ich ein eigenes Modul in meinem Fortbildungskurs Eirenik vorgesehen, siehe www.salutogenese.or.at.)

◆ Gefühle bleiben oft in den Energiezentren des Körpers »stecken«, weil eine passende Sprache fehlt. Diese **Sprachlosigkeit** ist anerzogen. Kleine Kinder plappern noch einfach drauf los, »wie ihnen der Schnabel gewachsen ist«, und meist wird ihnen sofort »der Mund verboten«.

Der Arzt und Sexualberater Claus Buddeberg unterscheidet als »Sprachen der Sexualität« die medizinische (z.B. Anus), die bürokratische (z.B. Gesäß, etwa in Polizeiakten), die Alltagssprache (Hintern), die Kindersprache (Popschi), die »blumige« der Dichter (z.B. Thomas Mann in »Die vertauschten Köpfe«: »des Hinterfleisches kühle Doppellust«) und die Vulgärsprache (Arsch). In meiner Kindheit wackelten die Erziehenden mit dem Zeigefinder und mahnten, »Schön sprechen!«, wenn man sich an einem neu erfahrenen »Reizwort« durch endlose Wiederholungen ergötzte. Ich folge diesem Vorbild auch heute noch (PROvokativpädagogisch), wenn mir jemand zu ordinär daherkommt – allerdings mit einem Schmunzeln im Gesicht. Bekanntlich macht der Ton die Musik – und Ton steht dabei für Stimme und Stimmung.

◆ Mit **Urszene** beziehe ich mich nicht auf den beobachteten Geschlechtsverkehr wie Sigmund Freud, sondern auf das erste Erlebnis, in dessen Folge sich die damaligen Stresshormonausschüttungen im Körper verdichtet haben, und die in korrekter psychotherapeutischer »Rückführungsarbeit« auftauchen und aufgelöst werden können. Dazu ein Bonmot von einem Turnusarzt in einer von mir geleiteten Supervisionsgruppe: »Gott verzeiht – das Bindegewebe nie!«

◆ Beispiele aus **Zoo und Bauernhof** tauchen auch auf, wenn Männer untereinander über Frauen reden. In meinem Buch »Madonna UND Hure« habe ich dazu geschrieben: »Frauen bekommen oft Tiernamen angehängt: findet der Alltagsmann Gefallen, lobt er fesche Hasen, Tauben, Gazellen, Katzen ... alles Tiere, die sich entziehen, flüchten, alles Tiere, die mann jagt. Erregt frau aber Missfallen, werden Schlachttiere zitiert: Kühe, Hühner, Säue. Auch Gänse und Enten. (Die Namen der zugehörigen Männchen borgt mann sich allerdings gerne aus: Stier, Hahn und Eber symbolisieren ununterbrochene Potenz.) Hingegen signalisiert der Name Schlange, dass Mann solch einer Frau besser ausweicht. Zu gefährlich. Männer identifizieren sich gerne mit Jägern. Als Gejagte müssten sie sich ja bedrängt, bedroht, vergewaltigt fühlen. Diese Rollen bekommen Frauen zugeteilt: die jungen, schönen – sofern sie nicht konkurrieren – als erkorene Beute, die alten, verblühten – sofern sie sich nicht nützlich machen – als Abschussquote.«

◆ Unbewusst **nachgespielt** wurden in den 1950er Jahren vor allem die Bewegungen – der Hüftschwung von Marilyn Monroe und der pistolenbehangene Steifgang von John Wayne, bewusst hingegen Frisuren und Kleidung, z.B. von Brigitte Bardot und Marlon Brando. Dieser Drang, auszusehen wie sein Idol, hat sich durch die kosmetische Chirurgie heute noch massiv verstärkt (trotz des Wissens über die Negativfolgen am Beispiel Michael Jackson). Es gibt ja auch reichlich Werbung dafür in manchen Frauenzeitschriften. Dahinter steht die unbewusste Ablehnung der eigenen Person (Dysmorphophobie als psychiatrische Diagnose) – etwas, was nicht pathologisiert, sondern als Begleiterscheinung pubertärer Hormonschwankungen erklärt werden sollte.

Lieben für Fortgeschrittene

◆ War man bis vor kurzem noch der Meinung, die **genetische Ausstattung** wäre unveränderlich, weiß man heute durch die junge Wissenschaft der Epigenetik, dass Gene sich durch lebensgeschichtliche Belastungen (z.B. Hungersnöte) verändern können. Außerdem wurde durch die bildgebenden Verfahren in der Gehirnforschung nachgewiesen, dass psychische Gewalterfahrungen im Gehirn die gleichen Veränderungen hervorrufen wie physische Verletzungen. Joachim Bauer schreibt dazu: »Die Schmerzgrenze wird aus Sicht des Gehirns keineswegs nur dann überschritten, wenn Menschen physischer, also körperlicher Schmerz zugefügt wird. Die Schmerzzentren des Gehirns reagieren auch dann, wenn Menschen sozial ausgegrenzt oder gedemütigt werden.« Leider geschehen solche Be-leid-igungen auch dort, wo man sich eigentlich um ein liebevolles Zusammenleben bemühen sollte: Wer in seinen Beglückungserwartungen enttäuscht ist, neigt dazu, dem anderen die Schuld zu geben, und zwar nicht mit Erklärungen, was einem fehlt und was man selbst zur Verwirklichung beitragen könnte, sondern durch Vorwürfe, dass der andere ist, wie er oder sie ist. Man schaltet gleichsam auf Kampfenergie um und versucht dabei unbewusst die unzureichende Energiequelle zu zerstören.

◆ Heute weiß man aus historischen Quellen, wie konkret beispielsweise im Nationalsozialismus oder in anderen autoritären Regimes **Bevölkerungspolitik** (um über mehr Soldaten und Beamte für besetzte Gebiete zu verfügen) geplant und multimedial mit Slogans und Filmen (vor allem neu gegenüber früher Gedichten und Moritaten) propagiert wurde.

◆ Als hauptsächlichste in der **Vielfalt der Gefühle** werden üblicherweise Angst, Ekel, Freude, Trauer, Wut und Überraschung aufgelistet – vor allem deswegen, weil man diese kulturabhängig an der Mimik erkennen und bildlich darstellen kann. Man darf nicht vergessen, dass erstens viele der nicht von einer interessierten Firma bezahlten (oder dem Eigeninteresse der Lehrenden entstammenden) Studien vor allem dazu dienen, die Studierenden mit dem Prozess des Forschens vertraut zu machen, und zweitens bei jeder Forschung im Vorhinein abgeschätzt wird, wie aufwändig die Organisation von

Befragungen bzw. Experimenten sein wird. Menschen Bilder vorzulegen und diese dann bewerten zu lassen, ist eine einfache und oberflächliche, daher energiesparende Variante.

- Menschliche **Energie** gibt es in vielen Formen: als Aufmerksamkeitsenergie, Zuwendungsenergie, Unterstützungsenergie, Applausenergie ... Jede Lehrkraft kennt das Phänomen, dass sie, gut ausgeschlafen, nach der ersten Unterrichtsstunde total »fertig« ist, wenn die Schülerschaft Desinteresse zeigt, d.h. Energieaustausch verweigert, sich hingegen nach sechs Stunden Unterricht in der siebenten plötzlich voller Tatkraft fühlt, obwohl sie doch eigentlich müde sein sollte, weil die Jugendlichen im Unterricht »mitgehen«. Ähnlich ergeht es Künstlern. Buhrufe aus dem Publikum richten seelischen Schaden an (und Spott darüber, dass viele Stars psychotherapeutische Hilfe in Anspruch nehmen, noch mehr – sie müssen sich ja, abgesehen von Konkurrenz auf gleicher Ebene und Erpressung auf »schiefer« transaktionaler, täglich und in kurzer Zeit aus ihren Rollen wieder »herausschälen«, wenn sie sich nicht selbst verlieren wollen). Deswegen pflege ich, wenn ich gelegentlich bei Veranstaltungen mit Musikbegleitung dabei bin, mich besonders auf die Künstler zu konzentrieren und ihnen meine Anerkennungsenergie zu senden, weil ich es unfair finde, wenn alle »networken« und niemand zuhört.

- Das Wort **konkret** besitzt Zaubermacht: Oft wird ein Rat erteilt oder eine Aufforderung zum Handeln, ohne dass gesagt wird, wie genau das gemacht werden soll. Allein der Satz »Halt das mal!« besagt nicht, wie fest und wo genau man etwas halten soll, und oft ist nicht einmal klar, was bei mehreren Auswahlmöglichkeiten überhaupt gemeint ist. Die meisten Sätze sind unvollständig. Besonders mangelhaft ist der Satz »Sprechen Sie mit ihrem Partner (ihrer Partnerin) darüber!«, wie er in den Ratgeberkolumnen von Zeitungen oft auftaucht. Wenn man dann in einer psychotherapeutischen Sitzung nachfragt, »Haben Sie schon mit Ihrem Partner darüber gesprochen?«, kommt die Aussage »Natürlich! Ich habe ihm gesagt, ›So geht das nicht!‹«, und dann poltert eine Tirade aus dem nörgelnden Eltern-Ich los, mit der Beschwerde darüber, dass der andere nicht »gefolgt«, sondern Widerstand geleistet hat. Die Energie in der Stimme (und in der Seele) wirkt stärker als die möglicherweise gar nicht so fordernd gedachte, aber dem nicht entsprechende Wortwahl. Es braucht daher Nachdenkzeit oder Übung, um sich selbst zu überprüfen, wie konkret man etwas gestalten will.

◆ Die Freiheit, aus mehreren Möglichkeiten die »stimmige« zu wählen, entspricht dem **Prinzip Salutogenese**. Die Wortneuschöpfung Salutogenese wurde von Aaron Antonovsky als Gegenteil zur Pathogenese gebildet: Diese umfasst alles, was krankmacht – jene alles, was Gesundheit aufbaut und fördert. Antonovsky wollte herausfinden, was Personen, die Hochstresssituationen (z.B. die Haft in Konzentrationslagern) halbwegs gesund überlebt hatten, anders gemacht hatten als diejenigen, die für den Rest ihres Lebens unter massiven Folgen litten. Er entdeckte dies in deren verschiedenen Denkweisen, die er in den Begriffen Verstehen (was gerade mit einem geschieht) – Gestalten (eine Form des aktiven Umgangs zu entwickeln) – Sinn finden (vertrauen, dass sich diese Aktivität bewähren wird) beschrieb. Ich habe Ähnliches, ohne sein Konzept zu kennen, in meiner psychotherapeutischen Arbeit mit Vergewaltigungsopfern herausgefunden. Nur heißt es bei mir statt Verstehen zuerst Wahrnehmen – d.h. sich selbst nicht belügen, nicht verharmlosen und nicht dramatisieren; statt Gestalten heißt es bei mir, alternative Verhaltensweisen gegeneinander abwägen – und da gehört auch Nichtstun als eine der Möglichkeiten dazu, aber etwa auch das Überleben fördernde Autosuggestionen entwickeln (denn wenn man auch nach außen nichts verändern kann, nach innen kann man immer etwas verändern); und statt Sinn finden heißt es bei mir, Verantwortung für die gewählte

»Option« übernehmen und gegenüber Kritik rechtfertigen. Auf Liebesbeziehungen angewandt, ist wohl das Wahrnehmen das Schmerzlichste. Danach suchen die meisten Menschen nach Methoden, doch noch ihre Wünsche gegen den anderen durchzusetzen – und damit entstehen statt Liebe in Wahrheit Herrschaftsbedürfnisse. Bei Erich Fromm lautet diese Erkenntnis: »Die Liebe ist das Kind der Freiheit, niemals der Beherrschung.« Bei Wolfgang Schmidbauer findet sich eine schöne Formulierung, ganz im Sinne der Transaktionsanalyse: Man sollte seine Partnerperson nicht zum »Objekt pädagogischer Bemühungen machen«.

◆ Unter **Energieabstrahlung** verstehe ich die bei entsprechender Sensibilität (Intuition oder Aktivierung von Spiegelnervenzellen) an feinsten Muskelbewegungen im Gesicht, Atmung, Wärme- und Geruchsveränderung wahrnehmbaren Signale des energetischen Zustands. Eine poetische Formulierung habe ich bei Niklas Luhmann entdeckt: »Wer wirklich liebt, gibt zwangsläufig auch Beweise seiner Liebe. Liebe kann sich nicht verbergen. Wie ein Feuer macht sie sich durch den Lichtschein, zumindest aber durch den Rauch bemerkbar.« Ich erweitere diese Feststellung: Nicht nur Liebe, sondern vor allem sexuelles Begehren merken oft andere früher als man selbst.

◆ **Konkludent** heißt eine Willenserklärung, wenn sie sich ohne Worte aus Handlungen erschließt; wenn man beispielsweise in einem Geschäft eine Ware stumm auf das Verkaufspult legt, bedeutet, dass man sie kaufen will (außer man legt sie wieder zurück oder sagt dem Verkaufspersonal, es möge das für einen tun). Mein Vater erzählte mir, seine Schwester hatte in den frühen 1930er Jahren einem Priesterzögling Latein-Nachhilfe gegeben, und in einer Stunde wurde er von Gefühlen »übermannt« und küsste sie. Sie quietschte laut, ihre Mutter stürzte herein – und schon musste er sie heiraten, und aus war es mit der Pfarrerkarriere. Er wurde Offizier. Aber seine eigentliche Berufung sah und hörte man ihm immer an, an seinen Gesten, am Gang, am väterlich-belehrenden Tonfall.

◆ **Mem** ist eine Wortneuschöpfung des britischen Zoologen Richard Dawkins für eine »Einheit kultureller Vererbung« wie »Melodien, Gedanken, Schlagwörter, Kleidermode, die Art, Töpfe zu machen oder Bögen zu bauen«. Er schreibt: »So wie Gene sich im Genpool vermehren, indem sie sich mit Hilfe von Spermien oder Eiern von Körper zu Körper fortbewegen, so verbreiten sich Meme im Mempool, indem sie von Gehirn zu Gehirn überspringen mit Hilfe eines Prozesses, den man in einem allgemeinen Sinn als Imitation bezeichnen kann. Wenn ein Wissenschaftler einen guten Gedanken hört oder liest, so gibt er ihn an seine Kollegen und Studenten weiter. Er erwähnt ihn in seinen Aufsätzen und Vorlesungen. Kommt der Gedanke an, so kann man sagen, dass er sich vermehrt, indem er sich von einem Gehirn zum anderen ausbreitet.« Zu diesen »Einheiten kultureller Vererbung« gehören auch die jeweiligen Vorstellungen über Geschlechterrollen, »richtiges« Sexualverhalten oder auch psychiatrische Diagnosen – und sie können sich im Zeitlauf ändern, wenn man andere Sichtweisen gewinnt. (So galt Homosexualität lange Zeit als Sünde, Verbrechen, Krankheit und wird heute gesetzlich wie auch im internationalen Diagnosemanual als eine Form der Partnerwahl bzw. der sexuellen Orientierung mit der Heterosexualität gleichgehalten – wohl wissend, dass Sünden, wenn man diesen Begriff anwenden will, Verbrechen und Krankheiten in allen Bevölkerungsgruppen vorkommen.)

◆ Die **Paarung ältere Frau und wesentlich jüngerer Mann** – früher nur als »Notlösung« aus wirtschaftlichen Gründen für Witwenbetriebe anerkannt oder in Komödien als weibliche Altersgeilheit verspottet – beginnt sich aufgrund der gewachsenen Selbstbestimmung und Selbstsicherheit von Frauen und Männern als Mem für respektable Normalität durchzusetzen.

◆ Die Formulierung **manfrau** habe ich bei Volkmar Sigusch entdeckt und finde sie nachahmenswert.

◆ Seit einigen Jahren kommen immer mehr Männer zu mir in Psychotherapie, denen von ihren Partnerinnen **Narzissmus** vorgeworfen wird (die mit dieser laienhaften **Diagnose** sowohl das Ärztegesetz als auch das Psychotherapiegesetz verletzen, denn nur lizensierten Angehörigen dieser Berufe stehen Diagnosen zu, und auch nur, wenn sie dazu aufgefordert wurden!), und die nicht verstehen, was damit gemeint ist. Ich frage dann immer, ob er eine Idee (ein geistiges Bild) besitzt, was damit gemeint sein könnte. Meist stellt sich heraus, dass er kritisiert wird, weil er nicht auf seinen Lebensstil, seine Pläne, seine Zeitgestaltung zu ihren Gunsten verzichten will – und schon sind die beiden in einen nicht nur verbalen, sondern auch energetischen Machtkampf verstrickt. Die dazu passende »Urszene« ist wohlvertraut: Mutter macht Sohn Vorwürfe, dass er nicht den Müll entsorgt – aber Partner sollten darauf achten, dass sie keine Mutter-Sohn- oder Vater-Tochter-Transaktion nachspielen, sondern ihre Wünsche nach konkreter Unterstützung oder Wertschätzung klar, aber freundlich und ohne Bewertung aussprechen.

Jemand anderen bewerten, ohne dass er oder sie darum gebeten hat (wie etwa bei einem Wettbewerb oder einer vereinbarten Evaluation), macht den anderen zum Objekt und bringt ihn in eine untergeordnete Position. Da erhöht sich einer über den anderen – selbst wenn es positiv gemeint sein sollte. Meist ist es aber ein getarnter Selbstvergleich zu eigenen Ungunsten, der auf diese Weise korrigiert werden soll. So erzählte ich einst einige Wochen hindurch einem Kollegen, den ich vorerst irrtümlich für erfolgreicher hielt als mich selbst, meine beruflichen Pläne und dazu die Begleit-Erfahrungen. Er sagte jedes Mal mit spitzer Stimme: »Sehr gut!«, und das ärgerte mich. In meiner Selbsterforschung erkannte ich (leider spät), dass es ihm nur darum ging, seinen Vorrang abzusichern. Das hatte offensichtlich mit der »narzisstischen Kränkung« zu tun, dass ihm in seiner Firma, einer Bildungsinstitution, eine Frau vorgesetzt worden war, als er sich selbst um die Leitung bemüht hatte.

Narzissmus bedeutet, andauernd im quasi Gefängnis der eigenen Selbstbewertung zu kreisen. Da bleibt weder Raum noch Zeit noch Lust und Willen, sich anderen ernsthaft und tiefgehend zuzuwenden: Es wird kein narzisstischer Gewinn erwartet.

◆ Christopher Lasch charakterisiert den Liebhaber im **Zeitalter des Narzissmus** als »ewig gelangweilt, unentwegt auf der Suche nach Augenblicksintimität – nach emotionalem Reiz ohne Verstrickung und Abhängigkeit –, ist der Narziss promiskuitiv und häufig sogar pansexuell, weil die Verschmelzung von prägenitalen und ödipalen Impulsen im Dienste der Aggression die polymorph perverse Disposition begünstigt.« In Normalsprache heißt das: Er ist wie ein neugieriger Dreijähriger, der mit seinem und fremden Körpern in alle sexuellen Richtungen, von denen er Kenntnis erlangt, experimentiert, ohne sich auf eine echte Beziehung einzulassen (was er aufgrund seiner seelischen Unreife gar nicht kann). Er holt sich quasi Sensationsenergie durch Neuheit, Variation und seine Omnipotenzphantasie, wie toll er doch ist. Lasch weiß auch: »Er bedient sich seines Intellekts, um auszuweichen, statt sich selbst zu entdecken, und greift dabei zu jenen Vernebelungstaktiken, wie sie auch in der autobiographischen Bekenntnisliteratur der letzten Jahrzehnte auftauchen.« Solange er um die Eroberung einer Frau wirbt, nährt er sie mit seiner Pseudoliebe – in der er sich tatsächlich nur selbst suhlt. Fordert sie aber, dass er sich wirklich auf ihre Persönlichkeit einlässt, flattert er wie ein Schmetterling zur nächsten Blume. Dieser Männertyp ist hervorragend skizziert in Mozarts »Don Giovanni«. Einer der beeindruckenden Darsteller dieser Rolle ist der walisische Bassbariton Bryn Terfel. Es lohnt sich, im Internet nach seiner Interpretation der Verführungsszene der Jungbäuerin Zerlina zu suchen und diese mit der Schlussszene der Oper, wenn ihn der Höllenschlund verschlingt, zu vergleichen!

Cora Stephan spricht sogar von einem »Zeichen für den langsamen Tod der Gesellschaft: den narzisstischen, autoerotischen Rückzug jedes der beiden Geschlechter auf sich selbst als endgültigen Tod der Heterosexualität«.

◆ Sehr einprägend hat die **Beziehungsorientiertheit** von Frauen die amerikanische Linguistin Deborah Tannen in ihren Sprachstudien nachgewiesen: »Männer fühlen sich eher wohl, wenn sie ›öffentlich‹ reden, während Frauen sich eher wohl fühlen, wenn sie ›privat‹ reden«, denn »Für die meisten Frauen ist die Sprache der Konversation in erster Linie eine Beziehungssprache: eine Möglichkeit, Bindungen zu knüpfen und Gemeinsamkeiten herzustellen«, hingegen »Für die meisten Männer sind Gespräche in erster Linie ein Mittel zur Bewahrung von Unabhängigkeit und zur Statusaushandlung in einer hierarchischen sozialen Ordnung«. Aus meinem Blickwinkel sind Frauen auf Energieaustausch erpicht, Männer hingegen auf Energieeinsatz zur Dominanzsicherung (und das ist meist gleichbedeutend mit Energieschwächung oder -raub).

◆ Klaus Theweleit hat in seinem zweibändigen Werk über Männerphantasien »die Verherrlichung des **soldatischen Mannes**« in den 1920er Jahren analysiert und die Frage gestellt, ob es eine Grenze gäbe, die den »faschistischen« vom »nicht-faschistischen« Mann trenne. Cora Stephan sieht keine solche Grenze, ich schon, nämlich gemessen an Einfühlsamkeit und möglicher Solidarität mit »Schwachen« und »Verletzten« als Gegenüber von den »Siegern« und denjenigen, die sich für unverwundbar halten.

◆ Mit **linear** meine ich eine Kausalkette »von A zu B«, **diachron** heißt der historische Ablauf durch die Generationen, **komplex** bedeutet die gegenseitige netzartige Verflechtung von Ursachen und Wirkungen (also nicht nur von A und B, sondern von vielen Einflussfaktoren).

◆ So habe ich in mehr als 40 Jahren Beratung und Psychotherapie festgestellt, dass Menschen, die massive sexuelle **Übergriffe** in Kindheit und Jugend erlebt und verschwiegen hatten, vielfach »asynchron« reagieren, während »unverletzte« Menschen sofort protestieren, wenn man ihre körperliche, seelische oder geistige Integrität attackiert (und sich allenfalls bewusst entscheiden, nicht sogleich zu reagieren). Ich führe das auf eine Art »Totstellmechanismus« zurück: Im Schock der Untat wird der Atem angehalten und ein Erstarrungsreflex (»Freezing« – Einfrieren) ausgelöst. Man könnte auch sagen: Körper und Seele halten nicht zusammen – sie »dissoziieren«. Dieses Reaktionsmuster wiederholt sich automatisch in ähnlichen Bedrohungsszenarien, bis es – etwa in erlernter Selbstverteidigung, beispielsweise in einer fernöstlichen Kampftechnik – durch ein neu erlerntes, funktionelleres Verteidigungsverhalten (wie ein Tonband) »überspielt« wird.

◆ Wenn wir wirklich wahrnehmen, was in uns wie (vermutlich) in anderen geschieht, beginnt die Wahlmöglichkeit für unsere eigene Reaktion: Auf **»unerwidertes Offensein«** kann sie offenbleiben, teilweise oder ganz zumachen – oder aber ansprechen, was herauswill oder hinein soll – mit dem Risiko, dass solch ungewohnte verbale Offenheit nicht verstanden bzw. abgelehnt wird. Ich empfehle diesen Mut. Wir haben ein Recht, unsere Gedanken, Gefühle, Empfindungen, Phantasien auszudrücken, denn wenn sie verschlossen bleiben, vergiften sie uns womöglich. Auch die Seele hat einen »Stoffwechsel« wie der Körper.

Es ist keine Schande, wenn wir jemanden einladen und er oder sie kommt nicht. Die Schande liegt eher dort, wo jemand zu feige ist, abzusagen oder überhaupt abzulehnen. Dann nimmt derjenige nämlich die »Einladungsenergie« und gibt keine »Dankbarkeitsenergie« (oder Entschuldigungsenergie) zurück – ein klassisches Despotenverhalten (immerhin ist es ja schon anerkennenswert, wenn solch ein Schweigetyrann eingeladen wird!) .

◆ **Oxytozin** ist ein im Gehirn produziertes Hormon (»Kuschelhormon«), das beim Geburtsvorgang und beim Stillen eine wesentliche körperliche Rolle spielt und auch für eine liebevolle Mutter-Kind-Beziehung auslösend wirkt. Man konnte diese Wirkung von zärtlicher Zuwendung aber auch mittels Oxytozin-Gaben bei vorher distanzierten Männern auslösen.

◆ Im 1. Johannesbrief (1 Joh 4,16) heißt es: »Gott ist die Liebe; und **wer in der Liebe bleibt**, der bleibt in Gott und Gott in ihm.« Ich verstehe diese Verse so: Das, was wir Gott nennen, das unsichtbar ist (2 Mose 33,20) und wovon wir uns kein Bild machen sollen (2 Mose 20,4) – denn das wäre Menschenwerk und würde nur etwas über die Innenwelt des Künstlers aussagen –, ist nur spürbar in Augenblicken höchster Liebe oder größter Not, Trauer inklusive. Ich habe einige meiner Erfahrungen in meinem Buch »Als Pfarrerlehrling in Mistelbach« geschildert. Alle, die das kennen, wissen, wie es sich anfühlt. Es ist eine höchstpersönliche »Sensation«. Der berühmte amerikanische Psychologe William James, einer der Begründer dieses Wissenschaftszweigs, hat bereits mit dem Titel »Die Vielfalt religiöser Erfahrung« versucht, dieser individuellen Subjektivität Wertschätzung zuteilwerden zu lassen. »In der Liebe bleiben« verstehe ich als Hinweis, diesen neuronalen Bewusstseins- und Verhaltenszustand so weit wie möglich immer wieder »abzurufen« (wie man es ja auch oft mit Erinnerungen an wunderschöne Erlebnisse macht) und zu bewahren.

- Nicht alle Menschen reagieren auf **optische Reize**. Was dem einen ein »Glutblick« ist (ähnlich dem »Glanz im Auge der Mutter«!), ist dem anderen die Wärme des Atemhauchs oder ein bestimmter Tonfall, und wieder ein anderer will auf bestimmte Weise berührt werden. Jeder Mensch ist auf bestimmte Sinneseindrücke »geankert« und weiß meist nicht, woher. Manches stammt offenbar aus der Zeit, als Menschen noch »Tiere« waren: So sehe ich in der lustvollen Reaktion auf Küsse als Urform der Fütterung oder Belecken der Haut (und da meine ich jetzt nicht die Genitalien, sondern z.B. Hals oder Rücken) ein ähnliches Verhalten, wie wir es bei Tieren erleben, die nach der Geburt von ihren Müttern saubergeleckt werden.

- In eine phantasierte **Zukunft zu schauen,** behindert die sinnliche Wahrnehmung der Gegenwart. Das hat mit Ungeduld zu tun und lässt sich auf die »Antreiber« im Kopf (die verinnerlichten ungeduldigen Eltern der frühen Kindheit) zurückführen, die einem das unbedachte Hecheln beigebracht haben und nicht die bewusst gesteuerte Fähigkeit des »langen Atems«, mit deren Hilfe jeder Augenblick des Hier und Jetzt gedehnt und genossen werden kann.

- **Keuschheit** wird meist nur als sexuelle Zurückhaltung interpretiert. Tatsächlich leitet sich das Wort vom Lateinischen conscius (bewusst) ab und kann als Zustand der Balance zwischen dem (physisch bzw. psychisch) erlebten, triebhaften Begehren und den rationalen und intuitiven Bedenken und Hemmungen erkannt werden. Mit dem »langen Atem« kann man »in der Liebe bleiben« und dennoch ganz bei sich sein, bis man »weiß« – also die innere Sicherheit verspürt –, wie man sich »Schritt für Schritt« verhalten will.

- Sich ausdrücklich zu **distanzieren** ist eine Möglichkeit, den Zustand der inneren Gewissheit abzuwarten, wenn das Geschehen zu schnell oder zu dicht abläuft, wenn man sich überrascht oder bedrängt fühlt. Viele Menschen wissen nicht, wie konkret man das »performt«. Dabei ist es ganz einfach – so wie es im Johannesevangelium (Joh 8,32) heißt: »Die Wahrheit wird euch frei machen« – einfach die Wahrheit sagen: »Da fühle ich mich bedrängt/unter Druck gesetzt/erpresst ...« oder »Das ist nicht mein Ziel/Plan/Stil ...« oder »Da möchte ich mir noch Zeit lassen ...«, »Da bin ich noch nicht so weit ...« oder »Da werde ich Sie/dich nicht unterstützen ...« oder auch: »Davon will ich mich distanzieren«.

◆ »**Auslöser**« nennt Eric Berne folgendes Phänomen: »Die richtige Person betätigt einen Schalter, und der ganze Körper entflammt, der Schlag geht von den Augen ins Gehirn und von dort abwärts durch die Brust zum Bauch und noch ein Stück tiefer. Kein gesellschaftliches oder elterliches Vorurteil zerschneidet die Drähte, und weder die Vernunft noch der kluge Erwachsene in uns zieht den Stecker heraus.« Und er konstatiert: »Es ist nur das Kind im Menschen, das entbrennt, und wenn das geschieht, brennt es lichterloh.« Ich stimme dem nur bedingt zu. Erstens läuft nicht alles über die Augen – es kann sehr wohl auch die Stimme sein oder ein Geruch, aus meiner Erfahrung ist es aber eine einzigartige Kombination (die mit dem Hilfsausdruck »Ausstrahlung« umschrieben wird und »die Chemie« meint) der Sinneseindrücke, die die Erinnerungsspuren aktivieren und die mit großer Wahrscheinlichkeit in frühester Kindheit erworben wurden. »Nur das Kind im Menschen« zu formulieren, finde ich respektlos, ebenso, dass Berne kurz darauf behauptet, das wäre der »Sex-Appeal«, der für viele Menschen attraktiv wäre, nach dem Filmproduzenten suchen würden – denn diesen Sex-Appeal interpretiere ich als einen »verkörperten« narzisstischen Traum, eine Phantasie, womit manfrau ihr Aufsehen und Ansehen in der Konkurrenzgesellschaft zu steigern vermeint.

- »**Bedingungslose Akzeptanz**« bedeutet Verzicht auf erpresserische Vorbehalte von »wenn – dann« oder auch nur vorwurfsvolles Mienenspiel oder Geseufze oder Gestöhne. Viele Eltern scheuen diese »Spiele« nicht einmal mehr, wenn ihr Kinder längst erwachsen sind um ihnen ein schlechtes Gewissen zu machen (und Energie zu stehlen) statt klar zu sagen, was sie möchten oder auch zu erkennen, dass ihre Kinder nicht ihre Marionetten sind. Und für Partner*innen gilt das genauso.

- »**Erkennen**« verwende ich hier als Synonym für das herzoffene, echte Bemühen, die andere Person wirklich so zu »erfühlen«, dass man von ihr »berührt« und »ergriffen« wird. Auch das bedeutet für mich Intimität – einander ganz nah zu sein. Diese Nähe ist auch ein wesentlicher Anteil »heilsamer« Begegnungen (wie sie in Sprechstunden von Ärzten, Psychotherapeuten und Seelsorgern stattfinden sollten), aber sie birgt auch die Gefahr des Verliebens. Das wäre aber ein gewaltiger »Kunstfehler«: Angehörige von Helferberufen treten ihren Klient*innen in der Berufsrolle gegenüber und nicht in einer Lebensbeziehung. Kurz gesagt: Wer einen solchen Beruf ausübt, muss sich immer klar sein: Er ist eine Elternersatzperson, steht daher unter dem Inzesttabu – und kommt als Lover nicht in Frage.

- »**#MeToo**« ist ein Hashtag, unter dem Mitte Oktober 2017 sexuelle Übergriffe, Nötigungen, Erpressungen bis zu Vergewaltigungen, ausgehend vom Fall des amerikanischen Filmproduzenten Harvey Weinstein (*1952) von betroffenen Frauen strategisch im Internet publik gemacht wurden. (Weinstein hat zwischenzeitlich seine Taten zugegeben, allerdings den Einsatz von Gewalt bestritten.) Den Vorwürfen von gewohnheitsmäßiger sexueller Ausbeutung schlossen sich auch Männer im anglo-amerikanischen Filmbereich an, in Frankreich lehnten einige ältere Schauspielerinnen wie Catherine Deneuve diese Aktion in einem offenen Brief ab, wobei deren Glaubwürdigkeit in Kenntnis ihrer Biographien in Zweifel gezogen wurde. In Österreich gab es ähnliche Vorwürfe von Frauen aus dem nationalen Ski-Kader, die sofort mit Anwaltseinsatz aufs heftigste bekämpft wurden. (Sexuelle Übergriffe in der Sportszene wurden allerdings bereits 1997 in der Fachliteratur – Constance Engelfried (Hg.), Auszeit. Sexualität, Gewalt und Abhängigkeiten im Sport – thematisiert, aber vermutlich aus Sorge um den Nationalstolz ignoriert!) Ich weiß selbst aus meiner psychotherapeutischen Arbeit von gewohnheitsmäßigen Übergriffen und Nötigungen in den Bereichen Oper und Musical, Kunstszene (Galerien) und Wissenschaft. Die meisten Betroffenen schwiegen, weil sie wussten, dass sie sonst in ihrem Berufsbereich geächtet würden. Möglicherweise wird sich das nunmehr ändern.

Aus meiner Sicht verursachen Personen, die andere sexuell unter Druck setzen, bei diesen Dysstress (auch Dys-Stress geschrieben, ist tatsächlich Gefährdungs-Stress) und damit eine Gesundheitsschädigung. Man kann das mit wissenschaftlichen Methoden nachweisen – nur gibt es meines Wissens bis jetzt keine psychiatrischen Gutachter, die diese Methoden praktizieren. Ich selbst wollte in den 1990er Jahren als Dozentin an der Wiener Internationalen Akademie für Ganzheitsmedizin dazu eine Forschung in deren Rahmen durchführen, doch hatte der damalige Präsident, Univ.-Prof. Dr. med. Alois Stacher, ein hoch angesehener Blutforscher, an Gewaltfragen kein Interesse.

◆ Der Hamburger Psychologieprofessor Reinhard Tausch hat bereits 1989 darauf hingewiesen, dass die Bezeichnung **Eu-Stress** in der wissenschaftlichen Psychologie nicht mehr verwendet wird: »Der Begriff ›Stress‹ schließt immer eine Bedrohung und Beeinträchtigung des Wohlergehens ein. Beim sogenannten Eu-Stress dagegen wird zwar eine gewisse körperliche Belastung verspürt, etwa beim Sport, jedoch keine Bedrohung; sondern die Situation wird eher als Herausforderung erlebt, mit positiven Gefühlen.« Ich selbst definiere Stress nach der – bei entsprechender Wahrnehmung spürbaren – Ausschüttung von Stresshormonen und nicht nach den Auslösesituationen, die je nach Erfahrung, Training und Resilienz individuell bewältigt werden (was man aber nicht generell voraussetzen, vor allem nicht einfordern darf! Kein Mensch soll sich an Gewalt »gewöhnen« sollen!).

◆ Da es im Alten Testament (1 Mose 10, 8) von König **Nimrod** heißt, er »war ein gewaltiger Jäger vor dem Herrn«, wird sein Name gerne als Metapher für Jagdbesessene verwendet.

◆ **Sexbel** ist eine Wortschöpfung von mir (erstmalig in »Die Tao-Frau«, C.H. Beck, München 1997) für »sexuell Belästigende« – in Analogie dazu, dass der in den 1960er Jahren als charmanter Draufgänger (mit an der Unterlippe hängender Zigarette im Film »Außer Atem«) viel kopierte Schauspieler Jean-Paul Belmondo (*1933) in französischen Medien den Kosenamen »Bébel« erhalten hat.

◆ Unter **Regression** versteht man in der Tiefenpsychologie den Rückfall in eine frühere Entwicklungsstufe, in kindliches Verhalten, als Abwehr gegen Überforderung. Dem widerspreche ich insofern, als dieser »Rückschritt« nicht nur der Abwehr dienen muss, sondern eine gesunde Reaktion zur Erholung darstellt (z.B. bei Krankheit, wo manche nur ins Bett und »lieb« versorgt werden wollen wie ein Baby). Regressionen gibt es aber auch in der sogenannten Midlife-Crisis, in der manche »pubertär« gegen ihre Ehepartner rebellieren wie 15-Jährige gegen die Eltern, oder, positiv, wenn Greis*innen sich wieder paaren, auf einmal wieder frühere Sozialkompetenzen beweisen, nachdem sie diese schon »abgebaut« hatten.

◆ Unter dem neuen Schlagwort **Flowerpower** wurde im Zuge der amerikanischen Friedensbewegung der 1960er Jahre ein Foto weltweit populär, in dem Blumen in die Gewehrläufe von in Reihe angetretenen Soldaten gesteckt wurden. Etwa zur gleichen Zeit entstand mit dem beginnenden Psychoboom die **Encounter-Bewegung**, in der Menschen an psychotherapeutischen Selbsterfahrungsgruppen teilnahmen, um einerseits ihre Sensibilität zu vergrößern, andererseits von der Energie hervorragender Psychotherapeuten (wie z.B. Carl R. Rogers) zu profitieren.

◆ **Grooming** vom englischen groom (Bräutigam, aber auch Zureiter von Pferden) bezeichnet die »Zurichtung« von Kindern als Objekte für sexuelle Ausbeutung. Es beginnt oft mit anscheinend harmlosen – »fürsorglichen« – Berührungen (Hilfeleistungen) zur Vertrauensbildung, die Schritt für Schritt ins strafrechtlich Relevante erweitert und bei Protest »ausgeredet« oder argumentativ verwirrt werden. Im sogenannten Cyber-Grooming werden unmittelbar sexuelle Handlungen samt filmischem Nachweis eingefordert.

Das Wesentliche beim Grooming ist das gezielte Vorgehen in kleinen Schritten, mit denen die Wachsamkeit und Intuition der ausgewählten Person eingeschläfert werden; diese Strategie gibt es auch gegenüber erwachsenen Frauen, die mit »Spielen« wie »Ich bin so hilfsbedürftig« oder »Sei doch nicht zu stolz, Hilfe anzunehmen« gezielt in »Fallen« gelockt werden. Allein diese Vorbereitungshandlungen erregen und bedeuten einen Gewinn an Abenteuerenergie.

◆ Das »**Muttern**« bezeichnet die kalifornische Soziologieprofessorin Nancy Chodorow als soziale Tätigkeit, unabhängig vom Geschlecht der jeweiligen »fürsorglichen« Person. Sie zeigt auf, »dass in unserer heutigen Zeit die Mütterlichkeit durch soziale, strukturelle Merkmale der Gesellschaft ausgelöst und durch psychologische Prozesse reproduziert wird. Sie hat weder biologische Ursachen, noch ist sie das Produkt eines bewussten Rollentrainings« (S. 15). Und sie schreibt weiter: »Wenn ein Mann ein Kind allein aufzieht oder sich jedenfalls einem Kind gegenüber entsprechend benimmt, können wir sein Verhalten durchaus ›mütterlich‹ nennen. Wir würden jedoch niemals das Verhalten einer Frau ›väterlich‹ nennen – selbst nicht in jenen raren Gesellschaften, in denen eine gesellschaftlich hochgestellte Frau sich eine Frau nehmen kann und dadurch zum sozialen Vater für deren Kinder wird. Wir nennen diese Frau zwar den sozialen Vater dieser Kinder, aber wir würden niemals sagen, dass sie ›bevatert‹. Mutterschaft ist also mehr als das Austragen eines Kindes. Es bedeutet, eine Person zu sein, die pflegt und erzieht.« (S. 20)

◆ In dem esoteriknahen Kultbuch der 1990er Jahre »Die Prophezeiungen von Celestine« findet sich eine weitere Vierheit von Menschentypen (ähnlich wie bei Fritz Riemann oder bei Virginia Satir, die mit »Beschwichtigern«, »Anklägern«, »Computern« und »Verwirrern« Formen energiesaugender Kommunikation aufgezeigt hat): Hier heißen sie »das arme Ich«, »Einschüchterer«, »Vernehmungsbeamte« und »Unnahbare«. »**Eiskönige**« oder »Eisköniginnen« zählen zu Letzteren: Während die anderen ihre Energie einsetzen, um eine Antwort oder sonst eine Reaktion zu erhalten und sich auf diese Weise verausgaben, sind die »Eisigen« wohlversorgt mit Energie.

◆ **Philemon und Baucis** sind legendäre Figuren aus der altgriechischen Mythologie, ein altes Ehepaar, das einander noch immer in Liebe verbunden ist und als einzige in einer phrygischen Stadt dem Göttervater Zeus in Begleitung des Götterboten Hermes Gastfreundschaft erweisen. Als Dank dafür erhalten sie die Gnade, zur gleichen Zeit zu sterben (wonach sie in Bäume verwandelt werden).

◆ Mit **Libido** (lateinisch: Lust im Sinn von »aus Appetit auf etwas gerichtetes Interesse«) bezeichnete Sigmund Freud die Antriebs-Energie in den Phasen der psychosexuellen Entwicklung und späterhin.

Wenn sich also jemand beispielsweise nur für sein Motorrad interessiert, hat er oder sie die Libido auf dieses Objekt und den damit verbundenen Lustgewinn beim Fahren oder aber Herzeigen gerichtet. Oder jemand anderer strebt nach dem trägen Dämmerzustand nach etlichen Vierteln Grüner Veltliner; oder wieder jemand anderer sucht nach dem Energiegewinn, möglichst viele Sexualpartner*innen »abzuschleppen«. Es geht immer um den Energiegewinn aufgrund eines erzielten körperlichen Zustands.

◆ Der **Straftatbestand Stalking** (§117a StGB) umfasst die widerrechtliche beharrliche Verfolgung einer Person, wodurch diese in ihrer Lebensführung über längere Zeit unzumutbar beeinträchtigt wird.

◆ **Flirten,** das »Spiel« mit dem erotischen Feuer, war so lange unbedenklich, solange die Sexualtabus der »guten Gesellschaft« die Frauen davor schützten, dass ihre spielerisch-lockenden Blicke und spielerisch-anzüglichen Bemerkungen Männer hätten ermutigen können, Geschlechtsverkehr einzufordern oder zu erzwingen. Das hat sich verändert, seitdem mit der Verfügbarkeit hormoneller Antikonzeptiva von manchen Männern auch Frauen als ebenso verfügbar gewähnt werden. Hier gilt es zu unterscheiden, welche Art von Energie der Mann (oder die Frau, es gibt ja auch gar nicht so wenige Stalkerinnen!) auf seine bzw. ihre jeweilige »Beute« loslässt. Es gibt die »naiven«, die wie kleine Kinder eine Belohnung (»Aber du hast mir doch angedeutet ...«) erzwingen wollen und nicht realisieren, dass sie keine drei Jahre mehr alt sind – und die Machtbesessenen, mit dem Vertauschungsagieren: »*Du* bist schuld, dass ich jetzt nicht anders kann, weil *du* mich dazu gebracht hast ...«, die nicht wahrhaben wollen, dass nur sie allein für ihr Verhalten verantwortlich sind (weil niemand die Macht hat, die Gefühle eines anderen gegen dessen Willen hervorzurufen, Verhalten allerdings teilweise schon).

John Selby erinnert: »Sie können manchmal an dem Blick der Menschen bereits erkennen, auf welcher Art Jagd sie sich befinden. Falls Sie darin nicht geübt sind, falls sie Ihr Leben lang Augenkontakt nach Möglichkeit vermieden haben, um dadurch den hungrigen Jägern zu entgehen, ist es jetzt an der Zeit, dass Sie diesen Blicken begegnen lernen. Nur so können Sie ein vollständiges Bild der Welt bekommen, die schließlich auch Ihr Revier ist. Aber achten Sie immer darauf, dass Sie, wenn Sie einen Blick erwidern, Ihr inneres Zentrum halten, denn nur so können Sie unerwünschten Blicken standhalten und Ihre persönliche Kraft dagegensetzen. Blicken Sie jedes neue Gegenüber an, stellen Sie fest, ob dieser Mensch etwas für Sie Positives ausstrahlt, und falls nicht, wenden Sie sich ab und einem neuen Gegenüber zu.« Ich ergänze: Und achten Sie auf Ihre Wünsche und Phantasien, damit Sie diese nicht gleich auf jedes neue Gegenüber projizieren!

◆ Alle »Regelungen« und »Interpretationen« erweisen sich bei näherem Hinsehen als **sozialpolitische Konstrukte**. Wenn der Volksmund sagt, dass jedes Ding zwei Seiten habe, bezieht er sich dabei auch auf die jeweilige Sichtweise: Nach menschlichem Seh-Verständnis gibt es immer eine Rückseite – bei Fliegen und manch anderem Getier ist das anders. Diese Zweiseitigkeit – »Dualität« oder auch »Polarität« – kann energetisch dem Spiel von Minuspol und Pluspol in der Elektrizität (oder Yin und Yang im Taoismus) gleichgesetzt werden. Im Christentum steckt das gleiche Phänomen in der Metapher vom Sündenfall aus der Einheit in Gott in die zweigeteilte Welt mit Gut und Böse bzw. Energiegleichgewicht oder Energielöchern und Energiebomben.

Von Albert Einstein stammt der Satz, man könne die Dinge nur am Beobachter beobachten: Wir alle erwerben unseren Sprach- und Wissensschatz von anderen Menschen; dazu zählt auch, wie wir unsere Gefühle benennen und bewerten. Je mehr Frauen Gesetze und andere »Spielregeln« (wie etwa Quoten) bestimmen können, desto mehr besteht die Chance, Benachteiligungen und Gefährdungen (beides Energieungleichgewichte) zu verbieten – und dass das all die, die das nicht wollen, zu verhindern trachten, ist nachvollziehbar.

Energiegleichgewichte können nur durch »Dialog« – durch Beziehung – hergestellt werden. Dazu ist der Einsatz von Energie – zärtlich betörender (da steckt das Wort Torheit drin!) oder brutal einschüchternder – in seiner Dosis und Färbung zu kontrollieren und selbst daran zu arbeiten, die eigene Energie in Liebe zu formen und einzusetzen – egal, was andere tun.

Lieben für Meister*innen

◆ Eine **Alltagsrealität** zeigt das Theaterstück »Wer hat Angst vor Virginia Woolf?« des amerikanischen Dramatikers Edward Albee (1928–2016). Darin führt ein Akademiker-Ehepaar (in der Verfilmung Elizabeth Taylor und Richard Burton) während des Besuchs eines deutlich jüngeren Paares in einer Art Schaukampf den Beziehungsmüll ihrer Ehe vor. Nach Eric Berne wäre dies das häufige Spiel »Tumult« zwischen zwei Erwachsenen, »die versuchen, ein sexuelles Intimerlebnis zwischen sich zu vermeiden« – oder, ergänze ich, die Trauer darüber, dass es ein solches schon lange nicht mehr gab.

◆ Ich schreibe **Vor-Liebe** mit Bindestrich, um zu verdeutlichen, dass es sich dabei um eine Vorstufe zum echten Lieben handelt: So wie kleine Kinder in der oralen Phase »Übergangsobjekte« – vertraut riechende Teddybären oder ein Tuch der Mutter etc. – »brauchen«, um sich über die Abwesenheit ihrer Bezugspersonen hinwegzutrösten, und diese in der analen Phase durch »viele« Sammelobjekte ersetzen, behalten auch etliche Erwachsene die Gewohnheit, sich mit bestimmten »liebgewonnenen« Gegenständen oder Verhaltensweisen Sicherheit zu verschaffen.

Zum Vergleich: Für Sigmund Freud ist »**Vorlust**« die »Spannung der sexuellen Erregtheit« erogener Zonen und führt zur »Endlust«, die »ihrer Intensität nach die höchste« ist und sich über eine »Entleerung der Sexualstoffe« vermittelt, was »an Bedingungen geknüpft« wird, »die erst mit der Pubertät eingetreten sind«.

◆ **Karriere** bedeutet eingedeutscht Verlauf, insbesondere Lebensverlauf. Deswegen spricht man auch von kriminellen Karrieren oder Patientenkarrieren usw. In diesem Sinn kann man auch von einer sexuellen Karriere sprechen und dabei zwischen »sex« als biologischer und »gender« als sozialer Geschlechtlichkeit unterscheiden.

◆ **Wickel** bedeutet im österreichischen Sprachgebrauch Konflikt, Streit. Der Begriff Gender ist ein konfliktträchtiger, weil viele vermeinen, es ginge dabei um Bevorzugung von Frauen. Der korrekte Begriff dazu wäre aber Frauenförderung oder eigentlich Frauengleichstellung. Gender Mainstreaming hingegen will historisch gewachsene, benachteiligende Ungleichbehandlungen bei beiden bzw. allen Geschlechtern (in manchen Kulturen gibt es noch weitere, beispielsweise den Zweigeist, Two-Spirit, in der indigenen Bevölkerung Nordamerikas – die vormalige Bezeichnung Berdache gilt als diskriminierend und obsolet) orten und kritisch überprüfen. Auch in Österreich ist 2018 durch höchstgerichtliches Urteil die Selbstbezeichnung als ein drittes Geschlecht gestattet. Entwicklung wäre daher nicht nur als biographische Veränderung im körperlichen bzw. seelisch-geistigen Reifungsprozess zu verstehen oder als Entwirrung von Missverständnissen, sondern als Heraustreten aus »selbstverschuldeter Unmündigkeit« (Immanuel Kant), und das bedeutet, sich seines Verstandes ohne Leitung durch einen anderen zu bedienen.

Sigmund Freud sah die »genitale Reife« bei der Frau im innerlich hervorgerufenen – vaginalen – anstelle des »unreifen«, äußerlich inszenierten klitoridalen Orgasmus. Was wir seit der Entdeckung der australischen Urologin Helen O'Conell 1998 wissen – und was zu Freuds Zeiten noch nicht entdeckt war – ist, dass das »Klitorisschwellgewebe« bis weit in das Becken hineinreicht. Nur etwa 10% davon sind der äußerliche Teil. Wie beim Penis kann dieser – in dem Fall innere – Schwellbereich auch ohne Berührung und physischen Kontakt erregt werden und »extragenitale« Orgasmen auslösen. Voraussetzung dafür ist aber eine hohe bioenergetische Spannung (das »Knistern«), und die fehlt meist, seitdem die traditionellen Sexualtabus gefallen sind und quasi die ersten Takte der Ouvertüre ungeduldig für die ganze Oper gehalten und genommen werden.

Tatsächlich braucht es, wie bei einer realen Oper, Akte und Pausen, Geduld und Interesse, wenn man Meisterschaft – und das bedeutet vor allem sich selbst zu meistern – erreichen will: Üblicherweise bewerten wir Verhalten (und da bevorzugt das anderer statt unser eigenes) im Nachhinein. Wenn man wirklich lieben will, hilft es, sich so zu verlangsamen, dass man während des Handelns spürt, ob etwas stimmig ist, und falls nicht, sich eine Pause – ein »Moratorium«, das bedeutet Aufschub, quasi ein Stillhalteabkommen mit sich selbst – zu genehmigen, ohne gleich Angst zu bekommen, dass dann alles aus ist. Wahre Liebe erträgt auch Uneinigkeit.

◆ Je ungeduldiger eine Gesellschaft ist (oder eine Familie!), desto eher wird sie all diejenigen, mit denen sie »uneins« ist, ausgrenzen. Dazu werden »Etikettierungen« benützt: Man bezeichnet jemanden beispielsweise als kriminell oder psychisch krank als Berechtigung, ihn oder sie wegzusperren. Eine Vorstufe dazu ist die laienhafte **psychoanalytische Diagnose** – die bekanntlich nur lizensierten Fachleuten zusteht, alle anderen verletzen das Ärztegesetz bzw. Psychotherapiegesetz. Ich erkläre gerne, dass jeder Beruf seine eigenen Bezeichnungen für all das hat, was eigentlich im Klartext »sozial unerwünschtes Verhalten« heißen sollte. Juristen sagen »kriminell«, Sozialpädagogen »asozial«, Ärzte »krank«, Pfarrer »sündhaft«, und

Lehrkräfte sprechen von »falsch gelernt«. Alle anderen benützen Schimpfworte … Dabei müsste man oft die andere Person nur frühzeitig und langandauernd und verlässlich wertschätzend behandeln, um mit ihr darüber verhandeln zu können, wie ein erwünschter Zustand hergestellt werden kann, denn wie man in den Wald ruft, so tönt es bekanntlich zurück. Wer »wild« geworden ist, weil er wie ein wildes Tier behandelt wurde, braucht nicht »Zähmung«, sondern menschenwürdige Zuwendung.

◆ Wenn wir »**in Energie denken**«, können wir aus der »Musik« der Stimme und dem »Bild« der Gesichtszüge entschlüsseln, welche Form von Kraft jemand in welcher Menge aufwendet, um seinen bzw. ihren Willen durchzusetzen. Üblicherweise sprechen wir nur dann von Kraftaufwand, wenn es um sichtbare körperliche Anstrengung geht. Wie viel nicht-sichtbare seelische Kraft aber beispielsweise eine alleinerziehende Mutter braucht, um Beruf, Haushalt, Finanzgebarung, Kinderbetreuung und womöglich noch Unterhaltsstreitigkeiten mit dem Kindesvater, samt besserwisserischen Herkunftsfamilien, Jugendamt und Gericht zu bewältigen, wird kaum in Erwägung gezogen. Erst wenn jemand knapp am Zusammenbrechen ist (im sogenannten Burn-out) oder angewidert alles hinschmeißen will (das wäre dann Bore-out), werden diese Zustände des Kraftverlusts wahrgenommen. Üblicherweise wird individualisiert und pathologisiert, um die Betroffenen in Krankenstand, Kur oder Erholung schicken zu können. Die krankmachende Umwelt – beispielsweise eine respektlose Kollegenschaft – wird kaum angesprochen. Das hängt vor allem mit der fehlenden Fachsprache zusammen. Ich erlebe immer wieder, dass Menschen, denen man z.B. mehr Respekt nahelegen möchte, sofort empört protestieren: »Aber ich bin doch respektvoll!«, statt – ohne aus dem Zustand der Liebenswürdigkeit zu fallen – ruhig nachzufragen: »Wo erleben Sie mich denn nicht respektierend?« Im Wort Empörung steckt der Begriff »empor« drinnen und damit die energetische Selbsterhöhung ins strafende Eltern-Ich, um den anderen ins Verzeihung heischende Kindheits-Ich zu drängen – unbewusst im Nachspielen alter Vorbilder. Wenn man Energie sparen will, stellt sich dieses »In-die-Luft-Gehen« als reine Energieverschwendung dar – außer es ist ohnehin das geheime Ziel, die andere Person »kleinzumachen«.

◆ Hinter **Eifersucht** verbirgt sich die Angst, jemand anderer könnte mit der Zuwendungsenergie beschenkt werden, die man selbst für sich beansprucht. Wieder fehlen den meisten Menschen die sprachlichen Vorbilder, wie man das Gegenüber »liebenswürdig« über diese Angst »informieren« könnte. Man muss nicht nörgeln, anklagen, drohen und das alles womöglich unter Hinweis, wie sehr man liebe. Damit verstärkt man nur die ursprüngliche »Enttäuschung« bis hin zur Verzweiflung, schafft sich die Illusion, die andere Person würde einen trösten wie eine allesgewährende Mutter und entwürdigt sich selbst zu einem »Tyrannen im Hochstuhl«. Das »Eifern« bedeutet aber auch einen Kraftzuwachs, der zu Aktivität motiviert; diese sollte aber darin bestehen, sich selbst zu erforschen, wie weit man selbst der anderen Person Aufmerksamkeitsenergie vorenthalten hat, und dann den Mut zu besitzen, sein Herz zu öffnen und nachzufragen, was man am eigenen Verhalten ändern sollte. Vermutlich wird man keine befriedigende Antwort bekommen. Solche »intimen« Gespräche muss man auch erst erlernen und einüben, vorausgesetzt, dass man wirklich am anderen interessiert ist und bereit, ihn oder sie zu lieben.

◆ Die beiden literarischen Gestalten **Käthchen von Heilbronn** (im gleichnamigen Theaterstück von Heinrich von Kleist) und **Gustav Adolfs Page** (in der gleichnamigen Novelle von Conrad Ferdinand Meyer) sind zwei kompromisslos dem geliebten Mann ergebene Frauengestalten.

◆ Alles, was wir erlernen wollen, muss auch **geübt** werden. Um eine Fertigkeit im semantischen (operativen) Gedächtnis zu verankern, braucht es mehrere Wiederholungen. Viele Menschen verzagen, wenn sie nach einem einzigen Versuch noch nicht perfekt sind. Ich habe immer wieder erlebt, dass Männer, denen ich seinerzeit in der Sexualberatungsstelle die Übungen zur Vermeidung der ejaculatio praecox (vorzeitiger Samenerguss) erklärte, beim Nachfolgetermin bekümmert klagten, es habe nicht funktioniert – beim Erstversuch. Seitdem gab ich zwanzig Wiederholungen an verschiedenen Tagen vor (denn täglich zu masturbieren schien mir doch zu viel Befehl).

◆ **Kopfbewohner** nennt die Transaktionsanalytikerin Mary Goulding die Kommentare der verinnerlichten Autoritätspersonen. Meist beinhalten sie durchaus gutgemeinte Warnungen oder Kritik, immer aber Hinweise auf die Zukunft. Der Kardiologe Herbert Benson schreibt zu diesem Phänomen: »Buddhisten besitzen ein wunderbares Wort für unseren brodelnden, chaotischen Geisteszustand. ›Papanca‹ bedeutet, wörtlich übersetzt, ›Affengeist‹.« Er kann unbewusste Anspannung und Stress auslösen. Benson weiß: »Dass wir die Energie, die bei der Kampf-oder-Flucht-Reaktion in uns mobilisiert wird, nicht körperlich abreagieren und verbrauchen können, hat eine Fülle negativer Auswirkungen. Sich ständig wiederholende, unnötige Befehle zur Steigerung des Blutflusses führen schließlich zu einem ständig erhöhten Blutdruck.« Besonders in sexuellen Beziehungen leiden viele unter den Einmischungen ihrer Kopfbewohner. Mary Goulding rät in ihrem Büchlein zu einer Methode, die sie »Schurken schrumpfen« nennt. Ich empfehle, die Schurken auf Urlaub zu schicken, das heißt, die »innere Stimme« freundlich anzusprechen, sich für ihre Fürsorge zu bedanken und ihr nett zu erklären, dass man nun groß und erwachsen genug ist, um eigene Entscheidungen zu treffen und sie daher unbesorgt auf Urlaub (in Pension) gehen könne – wenn man sie erneut brauche, werde man sie zu Hilfe rufen. Diese Autosuggestion funktioniert prächtig – weil sie in Liebe »entlastet«, statt in Ärger oder Wut zu vernichten.

- Zum ganzheitlichen Denken zählt auch das **Phantasieren**. Es läuft wie der Tonstreifen bei einem Film immer nebenher, nur sind sich die wenigsten Menschen dessen bewusst. Man »glaubt« an ein geistiges Bild (das sich meist aus vergangenen Situationen ableitet) und hält es für wahr. Fragt man dann nach, ob jemand dies auch beweisen könne, folgt meist Empörung, weil Phantasien mit Lügen verwechselt werden – eine Folge der »schwarzen Pädagogik« (ein Buchtitel von Katharina Rutschky) unwissender Eltern, die einem im »magischen Denken« phantasierenden Kind vorwerfen, dass es lüge.

Tatsächlich ist es ein Zeichen großer seelischer Reife, seine Ahnungen, Phantasien, Vorurteile, Hoffnungen und Befürchtungen bereits im Entstehen bewusst wahrzunehmen und ehebaldigst auf ihre Realität zu überprüfen. Auch dieses Verhalten kann man einüben: Zuerst braucht es einige Zeit, weil man sich innerlich die konkrete Frage stellen muss, wie wirklich die gedachte Wirklichkeit ist – aber je öfter man diese Selbsterfahrung praktiziert, desto schneller und letztlich sogar synchron verfügt man über diese Fähigkeit (einer der Gewinne einer Psychoanalyse). Dazu erklärt auch Erich Fromm, »die vom sogenannten gesunden Menschenverstand geprägten Meinungen des normalen, das heißt gesellschaftlich angepassten Bürgers« würden für rational und keiner tiefenpsychologischen Analyse bedürftig gehalten. »Diese Annahme ist jedoch falsch. Unsere bewussten Motivationen, Ideen und Überzeugungen sind eine Mischung aus falschen Informationen, Vorurteilen, irrationalen Leidenschaften, Rationalisierungen und Voreingenommenheit, in der einige Brocken Wahrheit schwimmen, die uns die (freilich falsche) Gewissheit geben, dass die ganze Mischung real und wahr sei. Unser Denkprozess ist bestrebt, diesen ganzen Pfuhl voller Illusionen nach den Gesetzen der Logik und Plausibilität zu organisieren.« Logik ist eine Möglichkeit, nämlich des sachlichen Denkens. Man kann aber auch intuitiv, nämlich fantasievoll denken und sich damit gute, liebevolle Gefühle machen. So verstehe ich Niklas Luhmann, der es für legitim hält, sich in seinem Verhalten durch Illusionen bestimmen zu lassen und dasselbe vom Partner zu erwarten, selbst wenn man weiß, dass es Illusionen sind – und das besonders in Angelegenheiten der Liebe: »Die Differenz von Illusion und Realität wird dann selbst zur Realität, und genau dies legitimiert der Code als Liebe, die über den bloßen plaisir hinausgeht.« Ich meine: jede Liebe ist ein Wagnis, egal wie groß oder klein, tief oder oberflächlich das Gefühlte ist, das man für Liebe hält, und entweder wurzelt es im Vertrauen zum anderen oder im Selbstvertrauen, dass man Enttäuschungen überwinden wird. (So heißt es in einem Lied von Hans Albers (1891–1960): »Beim ersten Mal, da tut's noch weh. Da glaubt man, dass man es nie verwinden kann. Doch mit der Zeit – so peu à peu – gewöhnt man sich daran.« – Das wäre dann Resilienz.)

Der chinesische Universalgelehrte Stephen T. Chang erinnert, dass der Taoismus jede Art von Phantasieren während des Geschlechtsakts verbietet: »Wenn der Geist sich nicht auf das konzentriert, was der Körper tut, sondern an anderes denkt, spalten die geistigen und seelischen Aspekte des Körpers sich ab.« Wenn wir ganzheitlich – Körper, Seele und Geist in Einheit – lieben, verringert jedes gedankliche Abgleiten die Poesie der Hingabe. Das zu verhindern hilft es, sich auf sein Herz zu konzentrieren, auf den Anblick der anderen Person, und beides tief in sich hinein zu atmen. Damit kommt man auch wieder in die exakte Gegenwart, ins Sein (ins Lieben anstelle des Geschlechtsverkehr-Habens) und lebt wirklich Beziehung. Allerdings deklariert Michael Nast, Jahrgang 1975, seine Generation mit: »Zu einer Beziehung fähig und bereit sein, heißt auch leidensfähig zu sein. Und dazu sind wir immer weniger bereit.«

◆ Manche Personen verwechseln Gefühlsausdruck oder auch Absichtserklärungen mit Versprechen. Sie präsentieren quasi **Bezugsscheine auf Verwirklichung.** Wieder fällt mir ein Songtext ein, diesmal von der Spider Murphy Gang, bei dem der Refrain lautet: »Ich hab' doch nichts von Liebe g'sagt, des müsst' i wissen. Ich hab' bloß g'sagt, dass i di mog! Schau mi doch ned so traurig o, sonst plagt mi's G'wissen! I hab bloß g'sagt, dass i di mog!« Das traurige Anschauen oder andere Formen von Vorwürfen sind wieder Taktiken des strafenden Eltern-Ichs, den anderen zu Anpassung und Folgsamkeit zu drängen. Als mir einmal so eine »Transaktion« passierte, sah mich mein damals 16-jähriger jüngerer Sohn sehr ernst an und fragte: »Willst du mir Schuldgefühle machen?« Seitdem benenne ich meine Sorgen oder Wünsche konkret und bitte um mehr Information, damit ich nicht »phantasieren« muss.

◆ Lieben zählt zu den Hochgefühlen; das Wort Hoch verweist auf Zustände des gefühlten Abhebens, Schwebens und damit Verlusts von Bodenhaftung. Schon Sigmund Freud hat lakonisch festgestellt, dass die »Grade der Verliebtheit« eine »gewisse Beeinträchtigung des Ichs« mit sich bringen. David Boadella verweist darauf, dass **Erdung** (eine Worteinführung von Stanley Keleman) zweierlei Bedeutung besitzt: als Bezeichnung für die Entladung von Erregung, »wie ein Blitz die atmosphärische Ladung erdet«, sowie im Sinne eines gestärkten Realitätsgefühls. Beides spiegle die Polarität von Kind und Erwachsenen. Dazu zitiert Boadella den amerikanischen Orgonom Bernard Rosenblum, der in seinen Therapieklienten »Erwachsene, für die es wichtig sei, ihr [inneres] Kind zu finden, und Kinder, die ihren [inneren] Erwachsenen entdecken müssen« sieht.

◆ In der Grundschule lernen wir, dass wir fünf Sinne besitzen. Wir lernen nicht, wie sich diese Sinne entwickeln. Und wir lernen auch nicht, dass es mehr sinnliche Wahrnehmungen gibt als diese fünf.

Allerdings werden wir immer wieder aufgefordert, uns **nur auf einen Sinn** zu konzentrieren – oder auch nicht. Mit Befehlen wie »Hör zu!«, »Schau her!« oder Verboten wie »Greif da nicht hin!« oder auch »Spuck das aus!« wird die geballte Drohungsenergie auf den anderen Menschen – nicht nur Kinder! – losgelassen, und damit die Familie der »Kopfbewohner« aufgebaut, die später Selbstsicherheit und Selbstachtung gefährdet.

Das Neugeborene nimmt die Welt – und das ist vorerst die Nahrung spendende Brust und der haltende Arm – primär übers Riechen und Spüren wahr. Zu diesem Spüren gehört auch der »bioelektrische« Sinn (den man als »elektrischen Hautwiderstand« mittels Biofeedbackgeräten messen kann, was z.B. zur Stressprophylaxe eingesetzt wird), der durch liebevollen Zuspruch gefördert werden kann, wie etwa Caroline Eliacheff nachgewiesen hat. Leider reden nicht alle »Bezugspersonen« mit Säuglingen, weil sie meinen, die verstünden ja ohnedies noch nichts – oder aber aus Depression, Abgestumpftheit, Ermüdung, Überforderung oder einfach Desinteresse. Diese Vermutung stimmt nicht: Wenn Babys auch nicht die Grammatik verstehen, so erspüren sie dennoch den Sinn der Sätze und in welchem Geist sie gesprochen werden.

◆ Der Soziologieprofessor Niklas Luhmann entschlüsselt derartige **Trends** aus der Literatur – beispielsweise der Romantik im 19. Jahrhundert. Für die Gegenwart sehe ich nach der Befreiungswelle im Zuge der Verfügbarkeit der empfängnisverhütenden »Pillen« und spekulativen Experimenten zur sexuellen »Befreiung des Kindes« (heute als sexuelle Ausbeutung konträr interpretiert) die Safer-Sex-Kampagnen für alle (!) nach dem Auftreten von Aids als neue Trends in Fachbüchern und Bekenntnisliteratur. Etwa parallel dazu zeigt das unverborgene Aufblühen der Pornoindustrie und Prostitutionsszene samt Frauenhandel wie auch das Phänomen der Privatoutings von »Otto Normalverbraucher« und »Lieschen Müller« in den Nachmittags-Talkshows die laufenden Grenzverschiebungen weg von dem »alten« Wert, »Liebeskraft auf *einen* Menschen zu konzentrieren« (Hans Jellouschek). Das allerdings war ein wesentliches Motiv in den politisch unterstützten Bemühungen um juristische Gleichstellung von homosexuell orientierten und Transgender-Personen, die für ihre Paarbeziehungen gesellschaftliche Anerkennung verlangten. Demgegenüber taucht seit der Jahrtausendwende neben den sogenannten Neosexualitäten auch der Begriff der offenen Polyamory auf (allerdings noch nicht als »Breitenbewegung« oder organisiertes Lobbying, all diese Erscheinungsformen gab es ja insgeheim schon immer, und es steht auch keine Industrie dahinter, die eine besondere »Kultur« damit vermarkten könnte).

◆ **Selbstaktualisierung** ist ein in der personzentrierten Gesprächspsychotherapie geläufiger Begriff, mit dem die psychische Selbstheilkraft verletzter bzw. verwahrloster Menschen unter fördernden Bedingungen umschrieben wird. Eine markante Stelle aus dem Schrifttum Carl Rogers' lautet: »Diese Selbstverwirklichungstendenz kann natürlich gehemmt und deformiert werden, aber man kann sie nicht zerstören, ohne den Organismus zu vernichten. Ich erinnere mich, dass wir in meiner Kindheit unseren Wintervorrat an Kartoffeln im Keller aufbewahrten, etwa einen Meter unterhalb eines kleinen Fensters. Die Bedingungen waren ungünstig, dennoch begannen die Kartoffeln zu treiben – blasse Schösslinge, so ganz anders als die gesunden grünen Triebe, die aus dem Boden sprießen, wenn man die Knollen im Frühling in die Erde pflanzt. Aber diese dürftigen, spindeldünnen Schösslinge streckten sich immerhin einen halben oder dreiviertel Meter hoch dem Lichtschein des Fensters entgegen. Diese Schösslinge waren in ihrem bizarren aussichtslosen Wachstum eine Art verzweifelter Ausdruck jener zielgerichteten Tendenz, von der ich gesprochen habe. Sie würden nie zu Pflanzen werden, nie reifen, nie ihr eigentliches Potenzial erfüllen. Aber noch unter den ungünstigsten Bedingungen strebten sie danach zu ›werden‹. Das Leben gab nicht auf, selbst wenn es nicht zur Blüte gelangen konnte. Beim Umgang mit Klienten, deren Leben schrecklich deformiert ist, bei der Arbeit mit Männern und Frauen in den abgeschiedensten Stationen der psychiatrischen Krankenhäuser muss ich oft an diese Schösslinge denken. Die Bedingungen, unter denen sich diese Menschen entwickelt haben, waren so ungünstig, dass ihr Leben oft abnormal, verkrüppelt, ja kaum menschlich erscheint. Dennoch kann man der zielgerichteten Tendenz in ihnen vertrauen.« Nach Rogers sind drei wesentliche Eigenschaften benannt, die in allen psychosozialen Berufen Standard sein sollten: die Menschen, mit denen man arbeitet, *bedingungslos* in ihrem So-Sein anzunehmen (Akzeptanz), sich so tief in sie einzufühlen, dass man ihr Leben aus ihrem Inneren heraus versteht (Empathie) und absolut echt (authentisch) zu sein, d.h. sich in der Begegnung nicht zu verstellen oder gar zu verbiegen (Kongruenz).

◆ »Echte« Musiker – also nicht nur Dilettanten – pflegen sich, während sie spielen, zu bewegen. Sie können gar nicht anders als mitzuschwingen. Im Auditorium still sitzen zu sollen, beeinträchtigt die heilsame Wirkung der **Musik** – außer man öffnet sich, saugt die Musik quasi in sich, d.h. in sein Herz hinein. Genau so etwas ereignet sich bei der »ungeteilten Aufmerksamkeit« auf den, die oder das Geliebte.

◆ Wenn wir in unser **Herz** hineinspüren, merken wir: Das Herz umfasst mehr als nur die »Pumpe mit Gefühl«. Es füllt den ganzen Brustraum aus und öffnet sich in den Mund hinein. Auch der Mund ist mehr als nur ein Instrument zur Nahrungsaufnahme (und gelegentlich -abgabe), zu allerlei Getön und zum Küssen. Der Mund ist auch ein Kanal zum Austausch von Energie.

Martin Buber erzählt in »Ich und Du« aus dem »Brahmana der hundert Pfade«, vom Wettstreit der Götter und Dämonen, wem sie ihre Opfergaben darbringen sollte. Die Dämonen legten alle Gaben in ihren eigenen Mund, die Götter aber legten sie *einander* in den Mund. Da gab Pradschapati – der Urgeist – sich den Göttern.

◆ Es macht energetisch einen Unterschied, ob man sich als Paar geistig-seelisch gegenübersteht oder Seite an Seite. Steht man einander gegenüber und tauscht bereits über den Blick Energie aus, kann bei achtsamer Entschleunigung die Spannung so stark ansteigen, dass man gemeinsam eine Lichtkapsel schafft und mit Zeitverzögerung einen nach oben hin offenen Lichtkanal bildet. Erich Fromm schreibt: »In Wirklichkeit gibt es nur den *Akt des Liebens*. Lieben ist ein produktives Tätigsein, es impliziert, für jemanden (oder etwas) zu sorgen, ihn zu kennen, auf ihn einzugehen, ihn zu bestätigen, sich an ihm zu erfreuen – sei es ein Mensch, ein Baum, ein Bild, eine Idee. Es bedeutet, ihn (sie, es) zum Leben zu erwecken, seine (ihre) Lebendigkeit zu steigern. Es ist ein Prozess, der einen erneuert und wachsen lässt.« Fromm spricht damit auch dieses »Sich-miteinander-empor-Entwickeln« an zu einer Einheit, in der alle Gegensätze verschwinden – für diesen Augenblick.

Seite an Seite stehend, findet kein Energieaustausch statt, aber wenn man ein gemeinsames Ziel im Auge hat, kann daraus ein wundervolles Zusammenspiel entstehen – oder auch **Konkurrenz**, wer zuerst da ist. Aber auch wenn man einander gegenübersteht, besteht diese Gefahr: Wenn Größen- oder Massenunterschiede auffallen, droht der »mimetische Furor« (René Girard), die Wut des Kain auf den scheinbar bevorzugten anderen. Besonders gefährdet sind Ehepaare im gleichen Beruf.

Ich erinnere mich an ein Rechtsanwaltsehepaar, das in der gemeinsamen Kanzlei ihre Büroräume rechts und links des Mittelzimmers, in dem ihre Sekretärinnen saß, angeordnet hatten. Vor allem der Mann beargwöhnte die größeren Aktenstöße auf der »Frauenseite« und wähnte, seine Gattin würde ihm bewusst Klienten vorenthalten. Dass ihre stärkere Auslastung möglicherweise ihrer Spezialisierung auf Familienrecht zu verdanken war, kam ihm nicht in den Sinn – und Mitfreuen schaffte er nicht, weil er den »Zu-Fall« persönlich nahm.

◆ Tatsächlich kann man von dem **Tier in uns** sprechen, das zu Revierkämpfen (Verteidigung inbegriffen) neigt, wenn das Stammhirn – der älteste Teil der menschlichen Gehirnentwicklung, oft auch »Reptiliengehirn« genannt – viele affektgesteuert agieren und reagieren lässt, anstatt dass sie sich der Vernunft ihres Großhirns bedienen (in dem das Sprechenkönnen und die Fähigkeit, über die Gegenwart hinauszudenken, verortet sind). Wenn also die Zeit zum Aushandeln eines Vertrages – und sich vertragen bedeutet, Verträge schließen! – fehlt und schnelle Lösungen gefordert sind, übernimmt das Stammhirndenken die Führung. Und das bedeutet meist rohe Gewalt.

◆ Meist lauern hinter **Masken** ausbeuterische Absichten oder das Bestreben, sich vor solchen zu schützen. Auch Tiere können täuschen und tun dies der Beute wegen oder um nicht selbst zur Beute zu werden. In der gegenwärtigen »Gesellschaft des Narzissmus« haben viele durch die »Selbstdarstellung, die unsere Gesellschaft verlangt« – egal wie alt man ist – das »Gefühl für sich selbst verloren«. Wenn man immer daran denkt, wie man wohl gut ankommen kann (oder als Enfant terrible Anstoß erregen kann, wie es manche Künstler tun), weicht man nicht nur einer wirklichen Beziehung aus – was schon auch sein darf – sondern man verliert die daran aufgewendete Energie für eigentliche Kreativität. Erich Fromm wählte für diese Lebensform die Bezeichnung »Marketing-Charakter« und schreibt über ihn: »Aufgrund seiner allgemeinen Beziehungsunfähigkeit ist er auch Dingen gegenüber gleichgültig. Was für ihn zählt, ist vielleicht das Prestige oder der Komfort, den bestimmte Dinge gewähren, aber die Dinge als solche haben keine Substanz. Sie sind total austauschbar, ebenso wie Freunde und Liebespartner, die genauso ersetzbar sind, da keine tieferen Bindungen an sie bestehen.«

Derzeit – 2018 – häufen sich in meiner Praxis die Klagen über alleinstehende Eltern, die von ihren Kindern Zuwendungsenergie fordern, ohne selbst in eine Beziehung zu ihnen einzutreten – rein aus Prestigegründen, um sich in der Nachbarschaft als Herrscher über ihr selbstgemachtes Gefolge präsentieren zu können. Wenn man in deren Sozialisationszeit – die 1940er und 1950er Jahre – zurückblickt, wird klar: Damals »hatte« man Kinder – man lebte kein gemeinsames Leben, das hätte dem hierarchischen Denken widersprochen.

Oft bietet erst eine Demenzerkrankung die Chance, einander in einer neuen, liebevolleren, menschlicheren Form zu begegnen.

◆ In meiner theologischen Masterarbeit habe ich nach fünf Jahren Hebräisch-Lernen gewagt, 1 Mose 1,28 menschenfreundlicher zu übersetzen als üblich. Ich habe als Beistand dazu Umberto Eco zitiert, dass jede Übersetzung den Geist des Übersetzenden und seiner Zeit in sich trägt. Aus meiner Sicht stellen nämlich Adam und Eva nicht unbedingt den Prototyp eines Ehepaars dar – das ist *eine* mögliche Interpretation –, sondern die Prototypen für alle Männer und alle Frauen: Wir sollen einander fördern, und dazu müssen wir immer wieder **kreativ** sein, und das besonders, wenn wir lieben wollen.

◆ Wenn wir lieben wollen, dann haben wir die Möglichkeit der **Selbststeuerung**, darauf zu achten, dass wir nicht aus der Liebe, die wir einmal erlebt haben, herausfallen. Schon Erich Fromm wusste: »Man kann eine Situation der Vergangenheit mit der gleichen Frische erleben, als geschehe sie im Hier und Jetzt; das heißt, man kann die Vergangenheit wiedererschaffen, ins Leben zurückrufen (die Toten auferstehen lassen, symbolisch gesprochen). Soweit einem dies gelingt, hört die Vergangenheit auf, vergangen zu sein, sie *ist* das Hier und Jetzt. Auch die Zukunft kann man erleben, als sei sie das Hier und Jetzt. Dies geschieht, wenn ein künftiger Zustand im eigenen Bewusstsein so vollkommen vorweggenommen wird, dass es sich nur noch ›objektiv‹, das heißt als äußeres Faktum, um Zukunft handelt, nicht aber im subjektiven Erleben.«

Das Unbewusste kennt keine Zeit – aber es kennt alle Gefühle, die man einmal durchlebt hat.

Viele Menschen schwelgen bewusst in Urlaubserinnerungen und holen sich das Zirpen der Grillen, den Duft der Pflanzen, den Geschmack der Speisen, das Gefühl von Sonne und Wind auf der Haut und die Bilder der Landschaft immer wieder ins Gedächtnis – nur auf den liebenden Blick eines anderen Menschen vergessen sie. Vielleicht weil keiner da war. Vielleicht weil sie nicht wissen, dass man solche durch eigene liebevolle Blicke hervorrufen kann. Vielleicht aber auch, weil sie Missverständnisse fürchten und nicht wissen, dass man nur ehebaldigst freundlich zu sagen braucht: »Ich fürchte, Sie verwechseln meine Freundlichkeit mit erotischem Interesse.«

Wenn man »alte« Gefühle im Hier und jetzt wiedererleben will, braucht man das nur so wie oben beschrieben genussvoll langsam durchführen – allerdings besser in anderer Reihenfolge: sich zuerst an das Gesehene erinnern, dann an das Gehörte, Gerochene, Geschmeckte und Gespürte, und dann daran, welche Körperhaltung man eingenommen hat und wie man damals geatmet hat ... aufs Denken kann man dabei total verzichten, es würde nur das Fühlen vermindern.

◆ Viele Menschen verachten **Autosuggestionen,** weil sie diese für Selbstbetrug halten. Dabei ist der Großteil unserer Wahr-Nehmung autosuggestiv – beispielsweise Wärme- und Kälteempfindungen, wie Experimente, in denen die Hände schnell in heißes und kaltes Wasser getaucht wurden, nachgewiesen haben. Es liegt an der Zeit, die man sich zugesteht, um seine subjektiven Wahrnehmungen objektiv zu überprüfen – wenn man das will. Joachim Bauer hat auf die minimale Zeitlücke zwischen dem Feuern der Wahrnehmungs- und der Handlungsneurone hingewiesen. Sie ist der Freiraum für den sogenannten Freien Willen: Wir können uns entscheiden, was wir tun und wie wir es tun. Auch wenn eine ignorante Partnerperson von ihren unzureichenden sogenannten Liebesgewohnheiten nicht abrücken will, kann sich ihr Gegenüber entscheiden, in der Liebe zu bleiben.

◆ Was Benson als praktiziertes **erinnertes Wohlbefinden** anrät, ist eine Autosuggestion, um in einen bestimmten Zustand – beispielsweise des Liebens – zu gelangen. Üblicherweise ist das Autogene Training (AT) nach J. H. Schultz bekannt, aber vielen dauert es zu lange, bis sie durch liebevolles Besprechen ihrer Körperteile die Reaktionen hervorrufen, die gegen die unerwünschten Seinsweisen wirksam sind (beispielsweise Wärme gegen Muskelverspannungen). Dabei sind die Kurzformeln des AT bereits im Volksgut vorhanden: »Nur ruhig Blut!« ist solch ein Selbstzuspruch – im AT lautet er nur, langsam, ruhig und sanft gesprochen, während man ebenso ein- und ausatmet: »Ruhe.«

Benson konnte darüber hinaus feststellen, dass für gläubige Menschen Gebetszeilen wie »Der Herr ist mein Hirte« (Psalm 23) oder »Schalom« (zu Deutsch: Friede) die gleiche augenblickliche Entspannung herbeiführten. Die Wirksamkeit liegt darin, dass man mit diesem häufig und innig erinnerten »Codewort« das adäquate Gefühl verbunden hat – und meist ist es Vertrauen.

◆ Von **Affirmationen** à la Émile Coué, »Es geht mir von Tag zu Tag besser«, oder Louise Hay, »Ich bin am richtigen Ort, zur richtigen Zeit und tue genau das Richtige«, halte ich weniger, besteht doch die Gefahr, sich »blind« und selbstgefällig an die Aussage der vorgegebenen Worte zu binden und reale Gegebenheiten zu ignorieren. Mich erinnern die vorgeschlagenen Autosuggestionen Hays an Sätze, mit denen sich Klienten von alten Glaubenssätzen lösten. Sie hatten diese »Entscheidungen« aus eigener Erkenntnis geformt, waren daher »ganz bei sich« – und nicht bei einem Guru. Möglicherweise entstammen Hays Vorschläge ihrer eigenen Selbsterfahrung und Analogbildungen.

◆ **Nikolai Dmitrijewitsch Kondratieff** (1892–1938) entwickelte die Theorie der zyklischen Wirtschaftsentwicklung in »Langen Wellen« von etwa 50 Jahren, in denen eine bestimmte Technologie dominiert:

1780–1840	Dampfmaschine
1840–1890	Eisenbahn, Dampfschiffe
1890–1940	Elektrotechnik
1940–1990	Automobil, Computer, Kernenergie
1990–(2040?)	Informations- und Kommunikationstechnik

◆ Bildung soll nach meinem Verständnis nicht allein Wissen vermitteln und persönlichkeitsbildend wirken, sondern vor allem die Hintergründe menschlicher Entscheidungen **aufdecken**. In der von mir entwickelten Methode PROvokativpädagogik (siehe mein gleichnamiges Buch) sind die dazu nötigen psychologischen Ansätze in der Didaktik integriert.

◆ Man kann die Frage, ob **Identifizierungen** Gefühlsbindungen hervorrufen, auch umkehren: Wenn man sich an jemanden oder etwas gefühlsmäßig bindet, liegen dort Eigenschaften vor, mit denen man sich identifiziert oder zumindest identifizieren möchte. Besonders deutlich wird das bei Ideologien oder Religionen, solange man sie verstandesmäßig zu erfassen sucht. Je mehr man mit deren Vertretern Zeit und Aktionen teilt, desto mehr wird man in deren Energiebereich hineingezogen und passt sich an, identifiziert sich – bis ein gewisser Sättigungsgrad oder die persönliche Weiterentwicklung eine kritischere Sicht und Distanzierung ermöglichen.

Identifizierung wird meist mit Aufgabe der eigenen Persönlichkeit oder wesentlicher Anteile davon verstanden. Ich erlebte einmal, wie die geschiedene Gattin eines Psychoanalytikers in Gesellschaft krude, angeblich psychoanalytische Theorien von sich gab, und fragte sie ob dieser Kompetenzüberschreitung freundlich, »Du bist wohl sehr mit deinem Ex identifiziert?«, worauf sie mich überrascht ansah, aber ehrlich antwortete, »Ja – total!«

Man kann den Begriff Identifizierung aber auch anders interpretieren, nämlich nicht als intellektuelle Gleichsetzung, sondern als emotionale: In weiter Herzoffenheit spürt man die Gefühle und auch körperlichen Empfindungen, ja sogar Gedankenansätze des anderen und bleibt doch eine eigenständige, selbstsichere Person. Das entspricht dem Grad an Empathie, der von Psychotherapeuten des klienten- bzw. personzentrierten Ansatzes nach Carl Rogers gefordert wird.

◆ **Schmuckstücke** zählen ebenso zu den archaischen Identifizierungshilfen wie Haarlocken, Kleidungsstücke oder Waffen: Man glaubte daran, dass die Energie des Vorbesitzenden in ihnen eingeschlossen sei und nunmehr dem neuen Träger zugutekommen würde. Das kann man als kraftspendende Autosuggestion deuten – oder aber als eine Art »geistigen Nährstoff«, der für hochsensible Menschen wahrnehmbar ist und von anderen als Glaube übernommen wird.

Herbert Benson beschreibt etwa den von ihm so genannten »Franziskus-Effekt«: Eine Frau, der ihre exotischen Vögel nicht zugingen, erlebte mit Erstaunen, dass diese ganz nah an sie herankamen, als sie einmal im Garten meditierte, und sogar ihre Köpfe in ihren Schoß legten – wie die Tiere bei Franz von Assisi. Er schreibt dazu: »Ich habe den ›Franziskus-Effekt‹ immer den Pheromonen oder Gerüchen zugeschrieben, die Menschen oder Tiere verströmen, wenn sie ruhig und körperlich entspannt sind.«

◆ Besonders im Sexualstrafrecht und im Familienrecht spiegeln sich die Veränderungen im gesellschaftlichen Denken des 20. Jahrhunderts und dabei der Einfluss von Frauenorganisationen wider. Das beginnt mit dem Strafverzicht bei Abtreibungen im ersten Trimenon, der Straffreiheit homosexueller Beziehungen unter Erwachsenen und andererseits Strafbarkeit des Besitzes pornographischer Darstellungen von bzw. mit Kindern. Im nunmehr partnerschaftlichen Familienrecht wurde beispielsweise die Vorrangstellung des Mannes gegenüber der Frau beseitigt und die vorher von seiner Zustimmung abhängigen Rechte der Frau selbst zugerechnet.

◆ Sich etwas vorstellen zu können, erfordert die Begabung des Visualisierens, und auch die muss »erlernt« werden – beispielsweise durch das Nachzeichnen von »Modellen«. Wenn dies von Erziehungspersonen als unnütz verachtet wird, bleibt oft die Hemmung »Ich kann nicht zeichnen« zurück und damit gleichzeitig die Abwehr der geistigen Szene, in der man sich bei dieser Tätigkeit sieht. Umgekehrt hilft aber die wiederholte bildhafte Vorstellung des künftigen Tuns, dieses leichter zu erlernen. Darauf basieren ja auch viel Mentaltrainings.

◆ Sich eins zu fühlen, wäre nach Sigmund Freud das »ozeanische Gefühl«, von dem er gleich zu Beginn im »Unbehagen in der Kultur« schreibt, dass er es nicht in sich entdecken konnte (wobei etwas nicht zu kennen nicht heißt, dass es das nicht gibt). Ein Freund – Romain Rolland (1866–1944), Schriftsteller und Nobelpreisträger – habe es als »Quelle der Religiosität« beschrieben: »Ein Gefühl, das er die Empfindung der ›Ewigkeit‹ nennen möchte, ein Gefühl wie von etwas Unbegrenzten, Schrankenlosen, gleichsam ›*Ozeanischem*‹.« Der Religionskritiker und Kulturpessimist Freud steht dem »Gefühl der unauflösbaren Verbundenheit, der Zusammengehörigkeit mit dem Ganzen der Außenwelt« skeptisch gegenüber, denn »nach außen wenigstens scheint das Ich klare und scharfe Grenzlinien zu behaupten«, wohingegen »das Ich sich vielmehr nach innen ohne scharfe Grenzen in ein unbewusst seelisches Wesen fortsetzt, das wir als Es bezeichnen ...« Und er schreibt später: »Nur in einem Zustand, einem außergewöhnlichen zwar, den man aber nicht als krankhaft verurteilen kann, wird es anders. Auf der Höhe der Verliebtheit *droht* die Grenze zwischen Ich und Objekt zu verschwimmen« [Beide Hervorhebungen von mir]. Diese Sichtweise entspricht dem Forschungs- und Wissensstand zur Zeit Freuds. Die Formulierung deutet aber auch an, dass Freud diesen Zustand (den er vermutlich mit Erinnerungen an psychotische Patienten verband) fürchtete, nicht ersehnte – und außerdem in diesem Fall ziemlich überheblich auf Menschen mit anderen Erfahrungen als den seinen herabsah.

Wenn wir aber davon ausgehen, dass alle Erfahrungen in unseren Nervenzellen bewahrt sind und durch Auslösereize (Trigger) aktiviert werden können, scheint es durchaus nachvollziehbar, dass die Basis der Sehnsucht nach diesem »Ozeanischen« aus der Schwerelosigkeit im Mutterleib stammt – und dass es auch im erdgebundenen Dasein erlebbar wird, wenn mehrere Variable zusammentreffen. Fritz Riemann etwa schreibt: »So ist es nicht zu verwundern, wenn wir uns immer wieder nach Geborgenheit sehnen, und da wir die erste Geborgenheit in der Liebe fanden, suchen wir sie in der Liebe wiederzufinden.« Geborgenheit zeigt sich hierbei aus meiner Sicht als Hilfsausdruck für eine Empfindung von »umschließender Weite« – also einer Einigung der Gegensätze.

Jede »liebende« Begegnung überbrückt Gegensätze. Jedoch warnt Erich Fromm, »körperliche Vereinigung kann die menschliche Entfremdung nicht heilen«.

Gegenwärtig kann man der Medienberichterstattung entnehmen, dass in Schweden ein umstrittenes Gesetz in Kraft trat, nach dem der körperlichen Vereinigung ausdrücklich zugestimmt werden muss, d.h. nur Passivität nicht mehr als stillschweigendes Einverständnis gilt – eine Herausforderung für die künftige Sexualpädagogik: Es gilt dann nämlich, den Umgang mit der eigenen Sexualenergie so zu steuern und zu verlangsamen, dass ohne Manipulationen Liebe erfahrbar wird und Intimität entstehen und zelebriert werden kann. Allerdings ist zu beachten, dass nicht das eintritt, was Wolfgang Schmidbauer so beschreibt: »Die Intimsphäre, die noch eine Zeitlang Schutz vor den herrschenden Leistungs- und Warenzwängen bot, wird nun selbst der Ort von Leistung, Konkurrenz, von immer wechselnden Anforderungen.« Das wäre nach seinem (und meinem) Verständnis die »Konsequenz einer Entwicklung, in der es keine verbindlichen Männer- und Frauenrollen mehr gibt, sondern jedes Paar das wechselseitige Verständnis aushandeln muss.« Und das wäre vielleicht eine Voraussetzung für wirklich »freie« Liebe.

Bibliographie

Alberoni Francesco, Erotik. Weibliche Erotik – Männliche Erotik – was ist das? Piper, München 1987/91[4].

Balint Michael, Die Urformen der Liebe und die Technik der Psychoanalyse. dtv, München 1988.

Bauer Joachim, Schmerzgrenze. Vom Ursprung alltäglicher und globaler Gewalt. Karl Blessing Verlag, München 2011.

Bauer Joachim, Selbststeuerung. Die Entdeckung des freien Willens. Blessing, München 2015.

Bauer Joachim, Warum ich fühle, was du fühlst. Intuitive Kommunikation und das Geheimnis der Spiegelneurone. Hoffmann und Campe, Hamburg 2005/06[9].

Benson Herbert, Heilung durch Glauben. Die Beweise. Selbstheilung in der neuen Medizin. Wilhelm Heyne Verlag, München 1996.

Berne Eric, Spielarten und Spielregeln der Liebe. Psychologische Analyse der Partnerbeziehung. Rowohlt Taschenbuch Verlag, Reinbek bei Hamburg 1974/79[6].

Berne Eric, Spiele der Erwachsenen. Psychologie der menschlichen Beziehungen. Rowohlt Taschenbuch Verlag, Reinbek bei Hamburg 1970/76[9].

Berkéwicz Ulla, Engel sind schwarz und weiß. Suhrkamp, Frankfurt/Main 1992.

Boadella David, Befreite Lebensenergie. Einführung in die Biosynthese. Kösel-Verlag, München 1991.

Brecht Bertolt, Der Jasager und Der Neinsager. In: Bertold Brecht, Lehrstücke. Rororo theater, Taschenbuch-Ausgabe 1966.

Brecht Bertolt, Geschichten vom Herrn Keuner. Suhrkamp Verlag, Frankfurt/Main 1967/72[16.-30.000].

Bruckner Pascal/Finkielkraut Alain, Die neue Liebesunordnung. Carl Hanser Verlag, München Wien, 1979/80[2].

Brückner Margit, Die Liebe der Frauen. Über Weiblichkeit und Misshandlung. Fischer Taschenbuch Verlag, Frankfurt/Main 1988.

Brüne Martin, »Stalking«-Verhalten – evolutionspsychologisch gesehen. In: J. Hoffmann/H.-G-W. Voß s.u.

Buber Martin, Ich und Du. In: Martin Buber, Das dialogische Prinzip. Verlag Lambert Schneider, Heidelberg 1984[5].

Buddeberg Claus, Sexualberatung. Eine Einführung für Ärzte, Psychotherapeuten und Familienberater. Ferdinand Enke Verlag, Stuttgart 1983/87[2].

Buss David, Die Evolution des Begehrens. Geheimnisse der Partnerwahl. Kabel, Hamburg 1994.

Canetti Elias, Masse und Macht. Fischer Taschenbuch Verlag, Frankfurt/Main 1980/88[78.–82.000].

Chang Jolan, Das Tao der Liebe. Unterweisungen in altchinesischer Liebeskunst. Rowohlt, Reinbek bei Hamburg 1978/95[80.–83.000].

Chang Stephen T., Das Tao der Sexualität. Von der tieferen Weisheit des Liebens. Goldmann Verlag, München 1995.

Chodorow Nancy, Das Erbe der Mütter. Psychoanalyse und Soziologie der Geschlechter. Verlag Frauenoffensive, München 1985.

Cohn Ruth, Von der Psychoanalyse zur themenzentrierten Interaktion. Von der Behandlung einzelner zu einer Pädagogik für alle. Klett-Cotta, Stuttgart 1975/91[10].

Dawkins Richard, Das egoistische Gen. Springer Verlag, Berlin Heidelberg New York 1978.

De Becker Gavin, Mut zur Angst. Wie uns Intuition vor Gewalt schützt. Wolfgang Krüger Verlag, Frankfurt/Main 1999.

De Saint-Exupéry Antoine, Der kleine Prinz. Verlag Die Arche, Zürich 1983.

De Nannie Dr. med. M., Carezza. Liebe in Liebkosung. Verlag Karl Schustek, Hanau/Main 1969.

Eugen Drewermann, Wege in ein unentdecktes Land. In: Rudolf Walter (Hg.), Angst, Wandlung und Befreiung, Verlag Herder, Freiburg/Breisgau 1987 (zitiert nach Eugen Drewermann, Zeit der Liebe, Verlag Herder, Freiburg Basel Wien 1992).

Dunde Siegfried Rudolf (Hg.), Geschlechterneid – Geschlechterfreundschaft. Distanz und wiedergewonnene Nähe. Fischer Taschenbuch Verlag, Frankfurt/Main 1987.

Eco Umberto, Quasi dasselbe mit anderen Worten. Über das Übersetzen. dtv, München 2009.

Ekmekcioglu Cem/Ericson Anita, Der unberührte Mensch. Warum wir mehr Körperkontakt brauchen. Edition a, Wien 2011.

Eliacheff Caroline, Das Kind, das eine Katze sein wollte. Psychoanalytische Arbeit mit Säuglingen und Kleinkindern. Verlag Antje Kunstmann, München 1994.

Elias Norbert/Scotson John L., Etablierte und Außenseiter. Suhrkamp, Frankfurt/Main 1990.

Erikson Erik H., Identität und Lebenszyklus. Suhrkamp Verlag, Frankfurt/Main 1966/73.

Freud Sigmund, Massenpsychologie und Ich-Analyse. In: Sigmund Freud Studienausgabe Band IX Fragen der Gesellschaft. Ursprünge der Religion. S. Fischer Verlag, Frankfurt/Main 1974/2003[10].

Fromm Erich, Anatomie der menschlichen Destruktivität, Rowohlt, Reinbek bei Hamburg 1977/79[56.–65.000].

Fromm Erich, Die Kunst des Liebens. Ullstein, Frankfurt/Main 1979.

Fromm Erich, Haben oder Sein. Die seelischen Grundlagen einer neuen Gesellschaft. dtv, München 1979/80[3].

Gay Peter, Die Macht des Herzens. Das 19. Jahrhundert und die Erforschung des Ich. Verlag C.H. Beck, München 1997.

Goulding Mary, »Kopfbewohner« oder: Wer bestimmt dein Denken? Junfermann Verlag, Paderborn 1988/93[4].

Gracián Baltasar, Handorakel und die Kunst der Weltklugheit. Alfred Kröner Verlag, Stuttgart 1992.

Groneman Carol, nymphomanie. Die Geschichte einer Obsession. Campus Verlag, Frankfurt New York 2001.

Gruen Arno, Der Verrat am Selbst. Die Angst vor Autonomie bei Mann und Frau. dtv, München 1986.

Guggenbühl-Craig Adolf, Die Ehe ist tot – lang lebe die Ehe! Kösel, München 1990.

Hass Hans, Energon. Das verborgene Gemeinsame. Verlag Fritz Molden, Wien München Zürich 1970.

Hay Louise L., Gesundheit für Körper und Seele. Wie Sie durch mentales Training Ihre Gesundheit erhalten und Krankheiten heilen. Wilhelm Heyne Verlag, München 1898/93[16].

Henley Nancy M., Körperstrategien. Geschlecht, Macht und nonverbale Kommunikation. Fischer Taschenbuch Verlag, Frankfurt/Main 1988.

Herthoft Preben, Orgasmus und Nähe. In: Tor Nøerretranders s.u.

Hirsch Mathias, Realer Inzest. Psychodynamik des sexuellen Missbrauchs in der Familie. Springer-Verlag, Berlin Heidelberg 1987/90[2].

Hoffmann Jens, Risikoanalyse und das Management von Stalkingfällen. In: Jens Hoffmann/H.-G. W. Voß (Hg.) s.u.

Hoffmann Jens/Voß Hans-Georg W. (Hg.), Psychologie des Stalkings. Grundlagen – Forschung – Anwendung. Verlag für Polizeiwissenschaft Dr. Clemens Lorei, Frankfurt/Main 2006.

Jacobi Jolande, Die Psychologie von C. G. Jung. Eine Einführung in das Gesamtwerk. Fischer Taschenbuch Verlag, Frankfurt/Main 1977/82[21.–25.000].

James William, Die Vielfalt religiöser Erfahrung. Insel Verlag, Frankfurt/Main Leipzig 1997.

Jellouschek Hans, Wie Partnerschaft gelingt – Spielregeln der Liebe. Beziehungskrisen sind Entwicklungschancen. Herder spektrum, Freiburg Basel Wien 1998/200[13].

Jensen Olav Storm, Körperpsychologie und Orgasmus. In: Tor Nøerretranders (Hg.) s.u.

Jonas A. David, Orientierungshilfen zur Psychotherapie in der Allgemeinpraxis. Archaische Relikte in psychosomatischen Symptomen. Verlag Socio-medico, Gräfelfing 1985.

Kiley Dan, Das Peter-Pan-Syndrom. Männer, die nie erwachsen werden. Ernst Kabel Verlag, Hamburg 1983.

Kohut Heinz, Narzissmus. Eine Theorie der psychoanalytischen Behandlung narzisstischer Persönlichkeitsstörungen. Suhrkamp Taschenbuch Verlag, Frankfurt/Main 1976.

Kösters Winfried, Vom Ich zum Wir. Selbsthilfegruppen – Finden, gründen, führen. Georg Thieme Verlag, Stuttgart 1992.

Lasch Christopher, Das Zeitalter des Narzissmus. Hoffmann und Campe, Hamburg 1995.

Lerner Gerda, Die Entstehung des Patriarchats. dtv, München 1997.

Lowen Alexander, Körperausdruck und Persönlichkeit. Grundlagen und Praxis der Bioenergetik. Kösel-Verlag, München 1981/85[9.–11.000].

Lowen Alexander, Liebe, Sex und dein Herz. Rowohlt Taschenbuch Verlag, Reinbek bei Hamburg 1993.

Luhmann Niklas, Liebe als Passion. Zur Codierung von Intimität. Suhrkamp Taschenbuch Verlag, Frankfurt/Main 1982.

Mann Thomas, Die vertauschten Köpfe. In: Thomas Mann, Der Tod in Venedig und andere Erzählungen. Fischer Bücherei, Frankfurt/Main, 1954.

Mecacci Luciano, Das einzigartige Gehirn. Campus, Frankfurt New York 1986.

Moser Tillmann, Literaturkritik als Hexenjagd. Ulla Bérkewicz und ihr Roman »Engel sind schwarz und weiß«. Eine Streitschrift. Piper, München Zürich 1994.

Nast Michael, Generation Beziehungsunfähig. Edel, Hamburg 2016[5].

Nefiodow Leo A., Der sechste Kondratieff. Wege zur Produktivität und Vollbeschäftigung im Zeitalter der Information. Rhein-Sieg Verlag, Sankt Augustin 1996/2001[5].

Nietzsche Friedrich: Nietzsches Werke in zwei Bänden, Band I. Verlag »Das Bergland-Buch«, Salzburg 1952.

Nøerretranders Tor (Hg.), Hingabe. Über den Orgasmus des Mannes. Rowohlt Taschenbuch Verlag, Reinbek bei Hamburg 1983/88[32.–35.000].

Nøerretranders Tor, Männer reden nicht über ihre Orgasmen. In: Tor Nøerretranders (Hg.), Hingabe s.o.

Onken Julia, Herrin im eigenen Haus. Weshalb Frauen ihr Selbstbewusstsein verlieren und wie sie es zurückgewinnen. C. Bertelsmann Verlag, München 2000.

Osho, Sex – das missverstandene Geschenk. Sexualität, Liebe und höheres Bewusstsein. Wilhelm Goldmann Verlag, München 2005.

Osho, Tantra, Spiritualität und Sex. Innenwelt Verlag, Köln 2005/13[12], S. 65.

Perner Rotraud A., Als Pfarrerlehrling in Mistelbach. aaptos Verlag 2017.

Perner Rotraud A., Die reuelose Gesellschaft. Residenz Verlag, St. Pölten Salzburg Wien 2013.

Perner Rotraud A., Heute schon geliebt? Sexualität und Salutogenese. edition roesner, Mödling-Maria Enzersdorf 2012 (Originalausgabe aaptos Verlag, Matzen 2007).

Perner Rotraud A., Liebe macht gesund. Die Heilkraft von salutogenen Beziehungen – essayistische Beiträge zu Liebe, Lust und Sexualität. edition roesner, Mödling-Maria Enzersdorf 2012/15[2] (Originalausgabe aaptos Verlag, Matzen 2004).

Perner Rotraud A., Madonna UND Hure, ankh Verlag, Weichselboden 1997.

Perner Rotraud A., Sexuelle Reformation – Freiheit und Verantwortung. LIT Verlag, Berlin Münster Wien 2017.

Perner Rotraud A. Tabuthema Kindliche Erotik. LIT Verlag, Berlin Münster Wien 2015.

Pilgrim Volker Elis, Der Vampirmann. Über Schlaf, Depression und die Weiblichkeit. Eine Forschungsnovelle. Claassen Verlag, Düsseldorf 1989.

Platon, Das Trinkgelage oder Über den Eros. Übertragung, Nachwort und Erläuterungen von Ute Schmidt-Berger. Insel Verlag, Frankfurt/Main Leipzig 2004.

Pogačnik Marko, Elementarwesen. Die Gefühlsebene der Erde. Knaur, München 1995.

Redfield James, Die Prophezeiungen von Celestine. Ein Abenteuer. Wilhelm Heyne Verlag, München 1994[9].

Reich Wilhelm, Die Entdeckung des Orgons 1: Die Funktion des Orgasmus. Sexualökonomische Grundprobleme der biologischen Energie. Fischer Taschenbuch Verlag, Frankfurt/Main 1972/83[10].

Reich Wilhelm, Die Massenpsychologie des Faschismus. Kiepenheuer & Witsch, Köln 1971/86.

Riemann Fritz, Die Fähigkeit zu lieben. Kreuz Verlag, Stuttgart 1982/84[2].

Riemann Fritz, Grundformen der Angst. Eine tiefenpsychologische Studie. Ernst Reinhardt Verlag, München 1984/[240.000].

Rogers Carl. R, Der neue Mensch. Klett-Cotta, Stuttgart 1983[2].

Satir Virginia, Selbstwert und Kommunikation. Familientherapie für Berater und zur Selbsthilfe. Verlag J. Pfeiffer, München 1975/85[6].

Schaef Anne Wilson, Die Flucht vor der Nähe. Warum Liebe, die süchtig macht, keine Liebe ist. dtv, München 1992/94[23.-27.000].

Schmidbauer Wolfgang, Die Angst vor Nähe. Rowohlt, Reinbek bei Hamburg, 1985[16.-23.000].

Schmidbauer Wolfgang, Von der Sehnsucht nach Verliebtheit und der Angst vor Liebe. In: S. R. Dunde, Geschlechterneid – Geschlechterfreundschaft, s.o.

Selby John, Einander finden. Übungen zur Psychologie der Begegnung in Freundschaft, Beruf und Liebe. Rowohlt Taschenbuch Verlag, Reinbek bei Hamburg 1986.

Sheridan Lorraine/Blaauw Eric, Stalkertypologien und Interventionsstrategien. In: J. Hoffmann/H.-G. W. Voß (Hg.) s.o.

Sigusch Volkmar, Sexuelle Welten. Zwischenrufe eines Sexualforschers. Psychosozial-Verlag, Gießen 2005.

Staemmler Frank M., Das Geheimnis des Anderen – Empathie in der Psychotherapie. Wie Therapeuten und Klienten einander verstehen. Klett-Cotta, Stuttgart 2009.

Stephan Cora, Ganz entspannt im Supermarkt. Liebe und Leben im ausgehenden 20. Jahrhundert. Rotbuch Verlag, Berlin 1985/86[12.-14.000].

Stewart Ian/Joines Vann, Die Transaktionsanalyse. Eine neue Einführung in die TA. Herder Freiburg/Breisgau 1990/93[3].

Tannen Deborah, Du kannst mich einfach nicht verstehen. Warum Männer und Freuen aneinander vorbeireden. Ernst Kabel Verlag, Hamburg 1991.

Tausch Reinhard, Hilfen bei Stress und Belastung. Rowohlt Taschenbuch Verlag, Reinbek bei Hamburg 1989/1993.

Theweleit Klaus, Männerphantasien 1. Frauen, Fluten, Körper, Geschichte. Rowohlt Taschenbuch Verlag, Reinbek bei Hamburg 1980.

Thiele-Dohrmann Klaus, »Schwatzende Zungen – lüsterne Ohren«. Zur Psychologie des Klatsches. Wilhelm Heyne Verlag, München 1988.

Urban von Urbantschitsch Rudolf, Sexuelle Erziehung von der Kindheit bis zur Ehe. Neue Wege zu einem vollkommenen Geschlechtsleben und einer glücklichen Ehe. Verlag Rudolf Cerny, Wien 1951.

Van Gennep Arnold, Übergangsriten (Les rites de passage). Campus Verlag, Frankfurt/Main 1986.

Voss Jutta, Kann denn Gehorsam Sünde sein? Nachdenkliches über den ganz normalen Faschismus in Kirche und Gesellschaft. Selbstverlag 2000.

Watzlawick Paul, Vom Schlechten des Guten oder Hekates Lösungen. Piper, München Zürich 1986.

Winnicott Donald W., Vom Spiel zur Kreativität. Klett-Cotta, Stuttgart 1979[2].

Zepf Siegfried, Lust und Narzissmus. Vandenhoek & Ruprecht, Göttingen 1997.

Personenangaben

Alberoni Francesco (*1929) war Soziologieprofessor an den Universitäten Catania, Lausanne und Mailand sowie Verfasser von Zeitungsartikeln und populärwissenschaftlichen Sachbüchern.

Antonovsky Aaron (1923–1994) war ein amerikanisch-israelischer Medizinsoziologe und Universitätsprofessor.

Aristophanes (ca. 450–ca. 380 v. Chr.) war ein antiker griechischer Komödiendichter.

Aristoteles (384–322 v. Chr.) war ein antiker Philosoph, Universalgelehrter und Schüler des Platon.

Balint Michael (1886–1970) war ein ungarischer Psychoanalytiker, der auch Medizin und Biochemie studiert hatte und 1939 nach Großbritannien emigrierte.

Bauer Joachim (*1951), Internist, Psychiater und Psychosomatiker, war Professor für Psychoneuroimmunologie an der Universität Freiburg und nachfolgend Gastprofessor an der International Psychoanalytic University Berlin.

Benson Herbert (*1935) ist ein amerikanischer Arzt/Kardiologe, Gründungskurator des American Institute of Stress und unterrichtete Mind-Body-Medicine an der Medizinischen Fakultät in Harvard.

Berne Eric (1910–1970) war ein kanadisch-US-amerikanischer Psychiater und Psychoanalytiker und Begründer der psychotherapeutischen Schule Transaktionsanalyse.

Boadella David (*1931) ist ein britisch-schweizerischer Psychotherapeut; er studierte Pädagogik, Literaturwissenschaft und Psychologie, wandte sich danach der Reich'schen Vegetotherapie zu und entwickelte seine eigene Körpertherapieform Biosynthese.

Brecht Bert (Bertolt) (1898–1956) war ein gesellschaftskritischer (kommunistischer) Dramatiker, Lyriker und Regisseur, dessen Bücher zu den 1933 von den Nationalsozialisten verbrannten gehörten. Nach Jahren des Exils kehrte er nach Ost- Deutschland zurück.

Bruckner Pascal (*1948) ist ein französischer Schriftsteller und Vertreter der Nouvelle Philosophie und Gegner der Ideen Wilhelm Reichs.

Buber Martin (1878–1965) war ein österreichisch-israelischer jüdischer Religionsphilosoph. Die von ihm propagierte Form des Dialogs verzichtet auf intellektuelle Vorausplanung und Manipulation und beeinflusste viele psychotherapeutische Schulgründer.

Buddeberg Claus (1946–2017) war Psychiater und Psychotherapeut und Professor für Psychosoziale Medizin an der Universität Zürich. Seine Forschungsschwerpunkte waren Psychosomatik, Transplantationsmedizin und Geschlechterforschung.

Canetti Elias (1905–1994) war ein altösterreichisch-britisch-schweizerischer Philosoph, Schriftsteller und Dramatiker. 1981 erhielt er den Nobelpreis für Literatur.

Chang Stephen T. ist praktizierender Arzt der westlichen und traditionell chinesischen Medizin.

Chang Jolan (1917–2002) war ein chinesisch-kanadischer Taoist und Sexuologe.

Cohn Ruth (1912–2010) war eine deutsche Psychologin. Nach der nationalsozialistischen Machtergreifung emigrierte sie zuerst in die Schweiz, wo sie sich auch zur Psychoanalytikerin ausbilden ließ, und dann in die USA. In die Schweiz zurückgekehrt, gründete sie das Institute for Living Learning (WILL) und unterrichtete die von ihr begründete Themenzentrierte Interaktion (TZI). Sie zählt zu den großen Gründerpersönlichkeiten in der Psychotherapie. Ihre letzten Lebensjahre verbrachte sie wieder in Deutschland.

Émile Coué (1857–1926) war ein französischer Apotheker, der basierend auf seiner Entdeckung, dass Medikamente besser wirkten, wenn er im Verkauf positiv verstärkende Sätze sprach seine Methode der Selbstbeeinflussung aufbaute.

Darwin Charles (1809–1882) war ein britischer Naturwissenschaftler (Zoologe, Geologe und Botaniker). Als Naturforscher bemühte er sich um den Beleg seiner Evolutionstheorie, seiner Theorie der Anpassung an den Lebensraum und der natürlichen Auslese.

Dawkins Richard (*1941) ist ein britischer Zoologe und Evolutionsbiologe, Dozent an verschiedenen Universitäten sowie Autor populärwissenschaftlicher Bücher.

De Becker Gavin (*1954) ist Sicherheitsexperte für Regierungen, Großunternehmen und öffentliche Personen.

De Saint-Exupéry Antoine (Antoine Marie Jean-Baptiste Roger Vicomte de Saint-Exupéry) (1900–1944) war ein französischer Pilot und Schriftsteller.

Eco Umberto (1932–2016) war ein italienischer Semiotikprofessor, Philosoph, Medienwissenschaftler, Schriftsteller und Kolumnist.

Eliacheff Caroline (*1947) ist eine französische Fachärztin für Kinder- und Jugendpsychiatrie und Psychoanalytikerin.

Elias Norbert (1897–1990) war ein deutscher Soziologe, der nach seiner Emigration 1933 in Paris, Großbritannien und den Niederlanden als Universitätsprofessor lebte, jedoch auch wieder in Deutschland lehrte.

Erikson Erik Homburger (1902–1994) war ein deutsch-amerikanischer Psychoanalytiker und Vertreter der Ich-Psychologie. Von ihm stammt ein Stufenmodell der psychosozialen/ethischen Entwicklung des Menschen.

Finkielkraut Alain (*1949) ist ein französischer Philosoph und Mitglied der Académie française.

Forel August (1848–1931) war ein Schweizer Psychiater, Hirnforscher (Professor an der Universität Zürich), Philosoph und Sozialreformer und Begründer des Internationalen Vereins für medizinische Psychologie und Psychotherapie.

Franz von Assisi (Geburtsname Giovanni Battista Bernardone) (1181–1226), entsagte als Sohn eines reichen Kaufmannes dem Luxusleben und begründete den Orden der Minderen Brüder (Franziskaner) und der Klarissen. Trotz Konflikte mit dem Papst wurde er bereits zwei Jahre nach seinem Tod heiliggesprochen.

Freud Sigmund (1856–1939) war ein altösterreichischer Neurologe, Privatdozent für Neuropathologie an der Universität Wien und Begründer der Psychoanalyse.

Fromm Erich (1900–1980) war ein deutsch-amerikanischer Soziologe und Psychoanalytiker (im marxistischen Kreis um Wilhelm Reich). Nach der nationalsozialistischen Machtergreifung emigrierte er zunächst nach Genf und dann in die USA und dann nach Mexiko, wo er an der Universität von Mexico City unterrichtet. Er gilt als Begründer des normativen Humanismus und zählt auch zu den einflussreichsten Psychoanalytikern.

Gay Peter (1923–2015), geboren als Peter Joachim Fröhlich in Berlin, emigrierte nach der nationalsozialistischen Machtergreifung in die USA und war dort hochdekorierter Professor für Geschichte an den Universitäten Denver, Columbia und Yale.

Goulding Mary (1925–2008) war eine amerikanische Sozialarbeiterin und Transaktionsanalytische Psychotherapeutin.

Gracian Balthasar (1601–1658) war ein spanischer Jesuit, Philosoph, Hochschullehrer und Schriftsteller.

Gruen Arno (1923–2015) war ein deutsch-schweizerischer Psychologe und Psychoanalytiker. Nach der nationalsozialistischen Machtergreifung emigrierte er für 40 Jahre in die USA, wo er zuletzt Professor für Psychologie an der Rutgers University in New Jersey war.

Guggenbühl-Craig Adolf (1923–2008) war ein Schweizer Psychiater und Jungianischer Psychoanalytiker.

Hay Louise L. (1926–2017) war eine amerikanische Sachbuchautorin der Neugeist-Bewegung.

Henley Nancy M. (1934–2016) war Professorin für Psychologie und Leiterin der Abteilung Frauenstudien an der University of California, Los Angeles.

Hertoft Preben (*1928) ist Psychiater und Dozent an der Universität Kopenhagen.

Hirschfeld Magnus (1868–1935) war ein deutscher Arzt und Sexualwissenschaftler und Mitbegründer der ersten Homosexuellen-Bewegung. Nach nationalsozialistischen Attacken und sogar schweren Körperverletzungen verließ er Deutschland und widmete sich Vortragsreisen von Moskau bis in die USA, nach Asien und in den Orient, bis er in der Schweiz und Frankreich Exil fand.

Hirsch Mathias (*1942) ist ein deutscher Psychiater und Psychoanalytiker.

Jacobi Jolande (1880–1973) war eine ungarische Psychologin und langjährige Mitarbeiterin von C. G. Jung.

James William (1842–1910) war ein amerikanischer Arzt, Psychologe und Philosoph, der auch als Professor an der Harvard University unterrichtete.

Jellouschek Hans (*1939) ist ein österreichisch-deutscher Psychologe, katholischer Theologe und (verheirateter) Ex-Jesuit. Als Psychotherapeut zählt er zu den Transaktionsanalytikern.

Jensen Olaf Storm (*1942) ist Psychologe und Dozent am Psychologischen Seminar der Universität Kopenhagen.

Jonas David Adolphe (1913–1985) war Arzt und Psychotherapeut und Begründer der idiolektischen (d.h. auf die Eigensprache Rücksicht nehmenden) Sprachführung.

Jung Carl Gustav (1875–1961) war ein Schweizer Psychiater, dissidenter Schüler Sigmund Freuds und Begründer der Analytischen Psychologie.

Keleman Stanley (*1931) ist ein ungarisch-stämmiger amerikanischer Physiotherapeut und auch an Alfred Adler orientierter Körperpsychotherapeut aus dem Umkreis von Alexander Lowen.

Kleinspehn Thomas (*1949) ist Sozialwissenschaftler und Lehrbeauftragter an den Universität Oldenburg und Bremen.

Kohut Heinz (1913–1981) war ein österreichisch-amerikanischer Neurologe und Psychoanalytiker.

Kolle Oswalt (1928–2010) war ein deutscher Journalist, der in den 1960er für Illustrierte wie Neue Revue und Quick popularisierende Aufklärungsserien schrieb und Aufklärungsfilme produzierte.

Kondratieff Nikolai Dmitrijewitsch (1892–1938) entwickelte die Theorie der zyklischen Wirtschaftsentwicklung in »Langen Wellen« von etwa 50 Jahren, in denen eine bestimmte Technologie dominiert.

Kösters Winfried (*1961), Journalist, Mitbegründer der Kölner Selbsthilfe für Allergie und Asthma e. V., Mitglied des Kölner Gesundheitsforums e. V., Bundesvorsitzender einer Patientenorganisation.

Lasch Christopher (1932–1994) war ein amerikanischer Historiker und Sozialkritiker. Er war Professor für Geschichte an der University of Rochester.

Lerner Gerda (1920–2013) war eine österreichisch-amerikanische Historikerin. Nach dem Anschluss Österreichs an Nazi-Deutschland floh sie ohne Eltern in die USA, wo sie von den Kommunistenverfolgungen betroffen war und erst spät studieren konnte. Sie wurde 1966 Gründungsmitglied der NOW (National Organization for Women) und 1968 Professorin am Sarah Lawrence College, danach an der University of Wisconsin. Ihr wurden 18 Ehrendoktorwürden verliehen, u.a. von der Universität Wien und der Hebräischen Universität Jerusalem.

Lorenz Konrad (1903–1989) war ein österreichischer Zoologe, Verhaltensforscher und selbsternannter Tierpsychologe. Trotz seiner NS-Belastung erhielt er 1973 den Nobelpreis.

Lowen Alexander (1910–2008) war ein amerikanischer Arzt und Psychotherapeut nach Wilhelm Reich und Begründer der Bioenergetischen Analyse.

Luhmann Niklas (1927–1998) war ein deutscher Soziologe und Gesellschaftstheoretiker. Er gilt als wichtigster Vertreter der soziologischen Systemtheorie.

Mecacci Luciano (*1946) ist ein italienischer Psychologe und Universitätsprofessor.

Nast Michael (*1957) ist ein deutscher Bestsellerautor und Kolumnist.

Nefiodow Leo A. (*1939) ist Informationstechniker, international angesehener Experte der Theorie der Langen Wellen und Regierungsberater.

Nietzsche Friedrich (1844–1900) war ein deutscher klassischer Philologe, Philosoph, Dichter und Komponist.

Onken Julia (*1942) ist eine Schweizer Psychotherapeutin und Bestsellerautorin.

Osho (Geburtsname Chandra Mohan Jain) oder auch Bhagwan (wörtlich: Gesegneter) Shree Rajneesh (1931–1990) war ein indischer Philosophie-Professor an der Universität Jabalpur. Nach Gründung der Sannyas-Bewegung und eines Ashrams in Poona als Projekt eines multidisziplinären Gesundheitszentrums und dessen Verlegungen an andere Orte nach Feindseligkeiten aus der Bevölkerung (bis zum Mordanschlag, Brandanschlägen und Brunnenvergiftung) folgten Skandalisierungen in den Medien, die mehr seine Anhängerschaft als den körperlich geschwächten »Guru« betrafen.

Paracelsus (Philippus Aureolus Theophrastus Bombastus von Hohenheim) (1493–1541) war ein schweizerisch – österreichischer Arzt, Astrologe und Naturphilosoph.

Paulus von Tarsus (ca. 10–vermutl. nach 60, in Rom unter Nero hingerichtet) war ein Missionar des Urchristentums und einer der ersten Theologen.

Peck M. Scott (1936–2005) war ein amerikanischer Psychiater, Psychotherapeut und Schriftsteller.

Pilgrim Volker Elis (*1942) ist ein deutsch-australischer Jurist und Psychologe und Theaterwissenschaftler und in den 1970er Jahren bis zur Jahrtausendwende der bekannteste Vertreter der deutschen Männerbewegung. Als Schriftsteller publiziert der Privatforscher unter mehreren Pseudonymen, derzeit unter Max Melbo.

Platon (ca. 428–348 v. Chr.) war ein antiker griechischer Philosoph, Schüler des Sokrates.

Pogačnik Marko (*1944) ist ein slowenischer Bildhauer, Geomant und Autor.

Redfield James (*1950) ist ein amerikanischer Soziologe und Jugendtherapeut, der sich zunehmend auf das Studium östlicher Philosophie und Spiritualität konzentriert.

Reich Wilhelm (1897–1957) war ein altösterreichischer Psychiater, Psychoanalytiker und Sexualforscher und Schüler Sigmund Freuds. Mit seiner Charakteranalyse und Vegetotherapie gilt er als Begründer der Körperpsychotherapien. Seine Schriften wurden von den Nationalsozialisten verbrannt, doch war er schon vorher als Jude und Kommunist von Berlin nach Dänemark und Norwegen und schließlich in die USA emigriert, wo er aufgrund des gerichtlichen Verbots seiner Energie-Forschungen wegen »Missachtung des Gerichts« zu einer zweijährigen Haftstrafe verurteilt und inhaftiert wurde. Er starb nach einem halben Jahr in der Haft. Sein Werk polarisiert noch immer, obwohl vieles durch die heute verfügbaren bildgebenden Methoden nachweisbar ist – vermutlich aus Unwilligkeit, sich ernsthaft damit zu befassen und nicht an seinen Formulierungen zu stoßen.

Reichenbach Karl Ludwig Friedrich von (1788–1869) war ein deutscher Ingenieur, Chemiker, Naturforscher, Erfinder und Entdecker und Philosoph und Industrieller. Berüchtigt wurde er durch seine Forschung an der – nicht sichtbaren, aber spürbaren – Lebensenergie, die er Od (von Odin abgeleitet) nannte.

Riemann Fritz (1902–1979) war ein deutscher Psychologe und Psychoanalytiker.

Rogers Carl R. (1902–1987) war ein amerikanischer Erziehungsberater und Psychotherapeut und Entwickler der non-direktiven Beratung. Er gilt als Begründer der klientenzentrierten bzw. personzentrierten Gesprächspsychotherapie.

Sanger Margaret Higgins (1879–1966) war eine amerikanische Krankenschwester und Frauenrechtlerin. Sie gilt als Vorreiterin für das Recht der Frauen auf Empfängnisverhütung, ist aber wegen ihrer Befürwortung von Eugenik und Zwangssterilisation auch umstritten.

Satir Virginia (1916–1988) war eine amerikanische Sozialarbeiterin und Psychotherapeutin. Sie gilt als Begründerin der Familienrekonstruktion und Familientherapie.

Schmidbauer Wolfgang (*1941) ist ein deutscher Psychologe, Psychoanalytiker und Schriftsteller.

Sigusch Volkmar (*1940) ist ein deutscher Psychiater und Sexualwissenschaftler.

Spitz René Arpad (1887–1974) war ein österreichisch-amerikanischer Psychoanalytiker und Wegbereiter der Säuglingsforschung.

Stephan Cora (*1951) ist eine deutsche Historikerin und Politikwissenschaftlerin, Kulturredakteurin, Schriftstellerin und Publizistin.
Stewart Ian (*1940) ist ein britischer transaktionsanalytischer Psychotherapeut.
Tannen Deborah (*1945) ist eine amerikanische Universitätsprofessorin für Soziolinguistik.
Tausch Reinhard (1921–2013) war ein deutscher Universitätsprofessor für Psychologie; er verbreitete vor allem auch die Gesprächspsychotherapie nach Carl R. Rogers in Deutschland.
Theweleit Klaus (*1942) ist ein deutscher Literaturwissenschaftler und Kulturkritiker.
Thrysøe Willy (*1945) ist Sexualwissenschaftler und Dozent am Universitätszentrum Roskilde.
Tschechow Anton Pawlowitsch (1860–1904) war ein russischer Schriftsteller und Dramatiker.
Urban von Urbantschitsch Rudolf (1879–1964) war ein österreichisch-amerikanischer Facharzt für Neurologie, Psychoanalytiker und Schüler Sigmund Freuds.
Van Gennep Arnold (1873–1957) war ein französischer Ethnologe.
Watzlawick Paul (1921–2007) war ein österreichisch-amerikanischer Philosoph, Sprachwissenschaftler und jungianischer Psychoanalytiker mit Weiterentwicklung in Richtung Konstruktivismus und systemischer Therapie.
Winnicott Donald (1896–1971) war ein britischer Kinderarzt und Psychoanalytiker.
Zepf Siegfried (*1937) ist Internist und Psychosomatiker und war Universitätsprofessor am Homburger Institut für Psychoanalyse, Psychotherapie und Psychosomatik.

Zitatquellen chronologisch nach Seitenzahlen

Einleitung

Sigmund Freud, Massenpsychologie und Ich-Analyse, S. 85.

Lieben für Anfänger

Frank Staemmler, Das Geheimnis des Anderen, S. 104.
David Boadella, Befreite Lebensenergie, S. 41.
Caroline Eliacheff, Das Kind, das eine Katze sein wollte, S. 20 ff.
Joachim Bauer, Warum ich fühle was du fühlst, S. 36.
Donald Winnicott, Vom Spiel zur Kreativität, S. 129.

Heinz Kohut, Narzissmus, S. 142
Ds., s.o., S. 331.
Matthias Hirsch, Realer Inzest, S. 56.
Eric Berne, Spiele der Erwachsenen, S. 123.
Stewart/Joines, Die Transaktionsanalyse, S. 118.
Alexander Lowen, Körperausdruck und Persönlichkeit, S. 192.
Wilhelm Reich, Massenpsychologie des Faschismus, S. 43
Ds., s.o. S. 39.
Tilmann Moser, Literaturkritik als Hexenjagd, S. 92.
Volkmar Sigusch, Sexuelle Welten, S. 15 ff.
Sigmund Freud zitiert nach Adolf Guggenbühl-Craig, s.o., S. 78.
Arnold van Gennep, Übergangsriten, S. 13 ff.
Margaret H. Sanger zitiert nach Carol Groneman S. 57.
Jutta Voss, Kann denn Gehorsam Sünde sein?, S. 113.

Lieben für Fortgeschrittene

Eric Berne, Spielarten und Spielregeln der Liebe, S. 105.
Ds., s.o., S. 79.
Hans Hass, Energon, S. 9
Ds., s.o. S. 49.
Hans Jellouschek, S. 86.
Gerda Lerner, s.o., S. 106.
David Buss, Die Evolution des Begehrens, S. 21.
Adolf Guggenbühl-Craig, Die Ehe ist tot, S. 50.
Ds., s.o., S. 29 f.
Fritz Riemann, s.o., S.89
Volker Elis Pilgrim, Der Vampirmann, S. 70.
Ds., s.o., S. 121.
Francesco Alberoni, Erotik, S. 13.
Anne Wilson Schaef, Die Flucht vor der Nähe, S. 53.
Eric Berne, Spielarten und Spielregeln der Liebe, S. 72 ff.
Ds., s.o., S. 94.
Bert Brecht, Der Neinsager, S. 17
Eric Berne, s.o., S. 87.
Eric Berne, s.o., S. 105.
A.David Jonas, Orientierungshilfen zur Psychotherapie in der Allgemeinpraxis, S. 98 ff.
John Selby, Einander finden, S. 42 ff.
Antoine de Saint-Exupéry, Der kleine Prinz, S. 72.

Eric Berne, Spiele der Erwachsenen, S. 216.
Nancy Chodorow, Das Erbe der Mütter, S. 20 ff.
Margit Brückner, Die Liebe der Frauen, S. 63.
Sigmund Freud, Massenpsychologie und Ich-Analyse, S. 97.
Lorraine Sheridan/Eric Blaauw, Stalkertypologien und Interventionsstrategien, S. 73 ff.
Cora Stephan, Ganz entspannt im Supermarkt, S. 89.
Joachim Bauer, Schmerzgrenze, S. 89.
Martin Brüne, »Stalking«-Verhalten – evolutionspsychologisch gesehen, S. 106.
Gerda Lerner, s.o., S. 129.
Jens Hoffmann, Risikoanalyse und das Management von Stalkingfällen, S. 193 ff.
John Selby, s.o., S. 138.
Jutta Voss, s.o., S. 113.
Erich Fromm, s.o., S. 49.
Eugen Drewermann, Wege in ein unentdecktes Land, S. 32.

Lieben für Meister*innen

Tschechow Anton, zitiert nach Peter Gay, Die Macht des Herzens, S. 306.
Peter Gay, Die Macht des Herzens, S. 112.
Platon, Das Trinkgelage, S. 41 ff.
Erich Fromm, Die Kunst des Liebens, S. 155.
Arno Gruen, Der Verrat am Selbst, S.30 f.
Wolfgang Schmidbauer, Von der Sehnsucht nach Verliebtheit, S. 299.
David Boadella, Befreite Lebensenergie, S. 55.
Thomas Kleinspehn, Der flüchtige Blick, S. 41
Ds., s.o., S. 77 (Originalstelle: Baltasar Gracián, Handorakel S. 97).
Antoine de Saint-Exupéry, s.o., S. 72.
Niklas Luhmann, Liebe als Passion, S. 209.
M. de Nannie, Carezza, S. 29.
Preben Hertoft, Orgasmus und Nähe, S. 70.
Tor Nøerretranders, Männer reden nicht über ihre Orgasmen, S. 14.
Wilhelm Reich, s.o., S. 83.
Ds., s.o., S. 69.
Ds., s.o., S. 34.
Olav Storm Jensen, Körperpsychologie und Orgasmus, S. 127.
Ds., s.o., S. 117.
Eric Berne, Spielarten und Spielregeln der Liebe, S. 95.
M. de Nannie, s.o., S. 38.
Martin Buber, Ich und Du, S. 111.

Ds., s.o., S. 32.
Ds., s.o., S. 64.
Rudolf Urban v. Urbantschitsch, Sexuelle Erziehung, S. 93 ff.
Wilhelm Reich, s.o., S. 29.
M. de Nannie, s.o., S. 59.
Platon zitiert nach Urbantschitsch, s.o., S. 102 f.
Wilhelm Reich, s.o., S. 102.
Ds., s.o., S. 281.
Ds., s.o., S. 120.
Platon zitiert nach Urbantschitsch, s.o., S. 103
Osho, Sex – das missverstandene Geschenk, S. 113.
Herbert Benson, Heilung durch Glauben, S. 124.
M. de Nannie, s.o., S. 57.
Friedrich Nietzsche, Also sprach Zarathustra, Von alten und neuen Tafeln, 24. S. 484
Jolan Chang, Das Tao der Liebe, S. 29.
Ds., s.o. S. 48 f.
Osho s.o., S. 80 ff.
Wilhelm Reich, s.o., S. 152.
Fritz Riemann, s.o., S. 25.
Bert Brecht, Geschichten vom Herrn Keuner, S. 33.
Fritz Riemann, s.o., S. 25.
Julia Onken, Herrin im eigenen Haus, S. 95.
Fritz Riemann, s.o., S. 113.
M. Scott Peck, Der wunderbare Weg, S. 81.
Eugen Drewermann, Zeiten der Liebe, S. 20.
Erich Fromm, Haben oder Sein, S. 53.
Ruth Cohn, Von der Psychoanalyse zur Themenzentrierten Interaktion, S. 226.
M. Scott Peck, s.o., S. 74.
Herbert Benson, Heilung durch Glaube, S. 124 f.
Alexander Lowen, Liebe, Sex und dein Herz, S. 73.
Erich Fromm, s.o., S. 13.
»Die Roboter sollen bei der Pflege zur Hand gehen«: Salzburger Nachrichten/ aus Stadt und Land, 8.6.2018.
»Maschinensturm«: profil Nr. 27, 2.7.2018, S. 68 ff.
»Sex machine«: profil Nr. 28, 9.7.2018, S. 86 ff.
Erich Fromm, Anatomie der menschlichen Destruktivität, S. 385 ff.
Leo A. Nefiodow, Der sechste Kondratieff, S. 135.
Erich Fromm, Haben oder Sein, S. 168 f.

Sigmund Freud, Das Unbehagen in der Kultur; S. 232.
Ds., s.o., S. 237.
Ds., s.o., S. 249.
Ds., Massenpsychologie und Ich-Analyse, S. 97.
Ds., s.o., S. 106.
Elias Canetti, Masse und Macht, S. 119.
Ds., s.o., S. 351.
Bruckner/Finkielkraut, Die neue Liebesunordnung, S. 51.
Erich Fromm, Die Kunst des Liebens, S. 107.
Winfried Kösters, Vom Ich zum Wir, S. 53.
Erich Fromm, s.o., S. 46.
Erich Fromm, Haben oder Sein, S. 39.
Osho, Tantra, Spiritualität und Sex, S. 65.

Das Buch im Buch

Einleitung

Thomas Kleinspehn, s.o., S. 324.
Luciano Mecacci, Das einzigartige Gehirn, S. 32 ff.
Ulla Berkéwicz, Engel sind schwarz und weiß, S. 96.
Alexander Lowen, Liebe, Sex und dein Herz. S. 74.
David Boadella, s.o., S.77.
Gavin de Becker, Mut zur Angst, S. 17 f.

Lieben für Anfänger

David Boadella, s.o., S. 45 f.
Jutta Voss, s.o., S. 130.
Caroline Eliacheff, s.o., S. 24.
Frank Staemmler s.o., S. 170 ff.
Hans Jellouschek, Wie Partnerschaft gelingt, S. 113.
Rotraud A. Perner, Tabuthema kindliche Erotik, S. 255 ff.
Nancy M. Henley, Körperstrategien, S. 141 ff.
Norbert Elias, Etablierte und Außenseiter, S. 24.
Paul Watzlawick, Vom Schlechten des Guten, S. 79 ff.
Jolande Jacobi, Die Psychologie von C. G. Jung, S. 111 ff.
Ds., s.o., S. 36 ff.
Michael Balint, Die Urformen der Liebe, S. 151 ff.
Ds., s.o., S. 155.

Eric Berne, Spiele der Erwachsenen, S. 165.
Claus Buddeberg, Sexualberatung, S. 38 ff.
Thomas Mann, Die vertauschten Köpfe, S. 149.
Rotraud A. Perner, Madonna UND Hure, S. 6.

Lieben für Fortgeschrittene

Joachim Bauer, Schmerzgrenze, S. 58 f.
Erich Fromm, Die Kunst des Liebens, S. 49
Wolfgang Schmidbauer, Von der Sehnsucht nach Verliebtheit, S. 301.
Niklas Luhmann, Liebe als Passion, S. 88.
Richard Dawkins, Das egoistische Gen, S. 226 f.
Christopher Lasch, Das Zeitalter des Narzissmus, S.71.
Cora Stephan, Ganz entspannt im Supermarkt, S. 79.
Deborah Tannen, Du kannst mich einfach nicht verstehen, S. 76 f.
Cora Stephan, s.o., S.49.
Reinhard Tausch, Hilfen bei Stress und Belastung, S. 17.
Virginia Satir, Selbstwert und Kommunikation, S. 86 ff.
James Redfield, Die Prophezeiungen von Celestine, S. 162 f.

Lieben für Meister*inn en

Eric Berne, Spiele der Erwachsenen, S.174.
Mary Goulding, Kopfbewohner, S. 20.
Erich Fromm, Haben oder Sein, S. 97.
Niklas Luhmann, Liebe als Passion, S. 115.
Stephen T. Chang, Das Tao der Sexualität, S. 134.
Michael Nast, Generation Beziehungsunfähig, S. 55.
Sigmund Freud, Massenpsychologie und ich-Analyse, S. 97.
David Boadella, s.o., S. 141 f.
Hans Jellouschek, s.o., S.104.
Carl Rogers, Der neue Mensch, S. 69.
Martin Buber, Ich und Du, S. 64.
Erich Fromm, s.o., S. 52.
Ds., s.o., S. 96.
Michael Nast, s.o., S. 164.
Erich Fromm, s.o., S. 143 f.
Rotraud A. Perner, Sexuelle Reformation, S. 35 f.
Umberto Eco, Quasi dasselbe mit anderen Worten, S. 202 f.
Erich Fromm, s.o., S. 125.
Herbert Benson, s.o., S. 176 f.

Louise Hay, Gesundheit für Körper und Seele, S. 68.
Herbert Benson, s.o., S. 245.
Joachim Bauer, Warum ich fühle, was du fühlst, S. 36.
Sigmund Freud, Das Unbehagen in der Kultur, S. 197 f.
Fritz Riemann, s.o., S. 73.
Erich Fromm, s.o., S. 120.
Salzburger Nachrichten, 2. 7. 2018, S. 9.
Wolfgang Schmidbauer, Die Angst vor Nähe, S. 139.

Zitatquellen aus dem Internet

http://www.songtextemania.com/du_bist_mein_problem_songtext_daliah_lavi.html
(abgerufen am 1.6.2018)

Adolf Hitler, Rede vom 14. September 1935 auf
https://www.youtube.com/watch?v=rTv9V9w1VXg
(abgerufen am 14.4.2018)

Bryn Terfel:
https://www.youtube.com/watch?v=NqPcb1nKZYg

https://www.youtube.com/watch?v=bJoHoYmoTnY

Fred Sinowatz: https://diepresse.com/home/meinung/gastkommentar/698685/
Inserate-als Ersatz-fuer-Politik

http://www.stefaniewerger.at/index.php/deswegen-steh-i-so-auf-mi
(abgerufen am 3.6.2018)

http://songtexte.com/songtext/connie-francis/die-liebe-ist-ein-seltsames-spiel-1bd0bdcc.html
(abgerufen am 2.6.2018)

http://www.murashev.com/opera/Rigoletto_libretto_German_Act_1.
(abgerufen am 31.5.2018)

https://de.wikipedia.org/wiki/MeTo
(abgerufen am 15.7.2018)

www.songtexte.com/songtext/falco/egoist-6bdc8e9a.html
(abgerufen am 2.6.2018)

http://www.songtexte.com/songtext/georg-danzer/schau-schatz-bd9e9
(abgerufen am 2.6.2018)

http://www.sting.com/discography/lyric/song/130
(abgerufen am 2.6.2018)

https://www.jusline.at/gesetz/stgb/paragraf/107a
(abgerufen am 15.7.2018)

www.songtexte.com/songtext/engelbert-humperdinck/release-me-1bd05580.html
(abgerufen am 2.6.2018)

http://www.songtexte.com/songtext/roland-kaiser/frei--das-heisst-allein-3385dOed.html
(abgerufen am 15.7.2018)

http://www.songtext.com/songtext/franz-lehar/das-land-des-lachelns-dein-ist-mein-ganzes-herz-bfc59da.html
(abgerufen am 26.6.2018)

http://www.songtexte-kostenlos.com/joan-baez/live-song-to-a-stranger
(abgerufen 3.6.2018)

http://www.songtexte.com/songtext/hans-albers/beim-ersten-mal-da-tuts-noch-weh-238c28cf.html
(abgerufen am 8.7.2018)

http://www.songtexte.com/songtext/spider-murphy-gang/pfuati-gott-elisabeth-6bc38602.html
(abgerufen am 8.7.2018)

Georg Parlow
https://www.zartbesaitet.net/georg_parlow-2/
(abgerufen am 30.8.2018)